평생학습이 국가를 바꾼다

日本 평생학습도시 프런티어

김득영 편

학지사

머리말

학습사회의 건설은 '누구나, 언제나' 평생학습이 가능한 사회를 목표로 하고 있다. 그 일은 누구나 사회적 실천의 주체자로서 참여하여 가정과 마을 그리고 지역의 공동과제를 협동하여 해결하는 학습공동체의 주역 만들기를 기점으로 출발한다.

지구환경과 공해, 평화와 인권, 인간 성장 격차(human gap), 정보화와 세계화, 지역 교육과 청소년 교육 등의 문제는 한 개인만의 문제가 아니다. 이러한 지구적 문제와 지역의 문제는 중앙정부나 지방정부, 소수 기업이나 시민단체의 힘만으로는 해결할 수 없는 한계점에 다다랐다. 변화를 창조할 개인과 집단의 아이덴티티의 학습과 교육이 필요하며, 각 지역의 주체적 역량 · 국가와 시민 사회의 새로운 파트너십이 요구된다.

유네스코(UNESCO)는 제5차 국제성인교육회의 '성인 학습에 관한 함부르크 선언' (1997)에서 '인류의 지속 가능하고 공정한 발전을 위해서는 인간중심 개발과 참여형 사회가 필요' 하고, 평생학습에 있어서 성인학습은 '사회발전의 약속' 이며 '21세기의 열쇠' 임을 선언하였다. 이미 선진국은 평생학습사회의 건설을 착실하게 준비하면서 사회 구조적 안전을 유지해 온 것이다.

이러한 상황에서 1980년대부터 평생학습도시 만들기를 시작한 일본의 실천전문가의 노하우를 살펴보고 연구하는 것은 의미 있는 일이라 할 수 있다. 그동안 평생교육에서 평생학습으로 바뀌면서 일본의 지역은 엄청난 사회 자본이 형성되어 왔다. 우리 사회도 자기 지역의 주인으로서 책임 있는 참여와 결정을 하는 학습지원이 필요할 때다.

여기 소개한 일본의 사례는 자기 일과 학습을 삶의 보람으로 여기고 실천한, 소박한 지역실천전문가의 활동 내용이다. 필자는 일본의 평생학습 도시만들기를 추진하는 전문가, 평생학습 볼런티어, 학교와 지역의 연계·협동 등을 주도하고 있는 지역전문가들과 교류하면서 우리나라에 소개하고 싶은 생각이 들었다. 그들의 정열이 바로 지역을 바꾸고, 나라를 변화시키는 원동력이라고 확신하기 때문이다. 그들은 그동안 배우고 익힌 사회 경험과 노하우를 평생학습 활동을 통해 업그레이드하여 지역 사람들과 나누면서 보람을 찾고, 지역을 변화시키는 사람들이다.

일본에는 '평생학습은 사람 만들기이고 마을 만들기' 라는 단순하고 명료한 슬로건이 있다. 다소 논의의 여지가 있지만 평생학습 국가 건설에 시민 개개인의 자율적 참여와 책임을 유도한 평생학습 마을 만들기는 국가를 변화시키고 있다.

2001년부터 2004년까지 필자는 일본 기후(岐阜)한국교육원장으로 파견되었다. 한국교육원은 재외동포 평생교육 기관으로서 한국어, 한국 역사, 한국 문화를 보급하고 국제 이해 교육과 한·일문화 상호 교류 등을 추진하는 기관이다. 한국 평생학습 관계자의 일본 방문을 계기로 평생학습 코디네이터 우찌다 씨와 교류하게 되었고, 일본 전국평생학습마을만들기연구회에도 가입하였다. 그 덕에 많은 일본 내 지역전문가와 교류하면서 현장의 실상을 파악할 수 있었다.

원고를 보내 주신 분들은 전 시장, 전 교육장, 공무원, 평생학습 볼런티어, NPO 대표 등 24명의 현장전문가들이다. 원고 내용은 평생학습과 관련하여 자신의 라이프 스토리, 추진 사업, 사업 성과 등이다. 원고는 2004년 8월에 모두 받았지만 한·일 역사교과서 문제, 독도 문제 등으로 부득불 출판 시점이 미루어졌다. 그러나 이제 더 이상 미룰 수는 없다고 판단하였다.

이 책이 나오기까지는 일본에서 많은 현장체험과 활동에 참여하고 교류한 인연이 있다. 성덕대학 후쿠도메 선생과 상지대학 가카와 선생, 우쓰노미야대학 히로세 선생, 문부과학성 평생학습마을만들기 마쓰사와 자문위원 한·일평생학습교류회의 후지이 회장과 우치다 사무국장, 일본생애학습마을만들기협회 관계자, 전일본평생학습마을만들기연구회 회원의 적극적인 협조에 감사드린다. 또한 귀중한 자신의 라이프 스토리를 써 준 분들께 감사드린다.

평생교육과 일본 연구를 안내해 주신 고또 세이야, 김도수, 한경수, 남정걸, 황종건, 정우현 교수께 머리숙여 감사드린다. 그리고 최운실 아주대학교 교수, 중앙대학교 이희수 교수, 한국교육개발원 최상근 박사의 따뜻한 격려와 도움으로 이 책이 세상의 빛을 보게 된 것을 깊이 감사드린다. 또 흔쾌하게 출판을 승락해 주신 학지사 김진환 사장님과 편집부 김순호 과장 및 관계자 여러분에게도 진심으로 감사드린다.

끝으로 한국의 평생학습사회 구축을 위해 애쓰고 계시는 모든 분의 건승을 기원하며, 우리나라에서도 하루빨리 학습사회가 건설되길 기원한다.

2006. 8.

김득영

차 례

제1장

평생학습도시(마을) 만들기

1. 평생학습마을 만들기의 이해

1) 마을 만들기의 이해

마을 만들기는 마을 개발, 지역 개발, 도시 개발, 지역 만들기, 지역 활성화, 지역 회생 등의 용어로 다양하게 사용된다. 이렇게 다양한 용어는 안전하고, 안심하고, 살맛나고, 자랑스러운 마을 만들기를 목표로 하며, 각 나라의 역사 발전과정에 따라 다소 개념의 차이를 보인다.

미국의 지역 만들기는 '지역사회의 발전에 관한 광범위한 과제의 가장 유효한 해결책으로써 개인이 민주적 활동에 참여하는 데 필요한 개념, 기술, 태도 습득을 지원하는 계획 · 실행이다' (Mezirow, 1961: 16). 영국의 지역 만들기는 '주민의 적극적인 참여를 통해 혹은 지역주민의 주도권에 기초하여 지역사회 전체 생활의 충실을 촉진하는 것을 목표로 하는 운동' 이다(Roberts, 1979; 175). 통상적으로 지역 만들기는 다음과 같이 구성된다(Hamilton, 1992: 68).

- 성인 문해 교육 및 기초적인 성인교육
- 여성 및 청소년을 위한 특별활동
- 자조 노력의 태도를 배양하는 교육사업
- 국가건설의 분야인 교육 확충

일본의 마을 만들기는 '일정 지역에 살고 있는 사람들이 자신의 생활을 지탱하고, 보다 편리하고 인간다운 생활을 하기 위한 공동의 장을 만드는 일' (田村明, 1980)이다. 이러한 내용을 통해 알 수 있는 것은 마을 만들기가 하드웨어보다 소프트웨어적 개념으로 사용되고 있다는 것이다. 즉, 지역개발을 하는 데 주민참여를 유도한 공동체 형성, 행정 주도에서 주민과 함께하는 지역을 다스리는 협치(協治: governence) 실현, 생활과 지역과제 해결에서 교육과 학습의 결합, 세계화 경쟁에 지역 생존 전략으로서 지역 특성화, 인간과 환경이 공존하는 세상 등의 소프트 파워로서 평생학습이 강조되고 있다.

일본의 경우 마을 만들기는 1970년대부터 도시 개발, 지역 개발, 지역 정비 계획이라는 용어를 대신하여 사용되었다. 이처럼 마을 만들기는 국제적으로 개발의 부작용으로 말미암아 도시화 문제, 공해 · 환경파괴 등의 부정적인 문제가 파생됨에 따라 누구나 쉽게 알 수 있고 접근이 가능하며, 참여할 수 있는 용어로 바꾸어 사용하게 된 것이다.

2) 평생학습마을 만들기의 개념

평생학습마을 만들기는 평생학습과 마을 만들기의 합성어다. 누구나,

언제나 평생학습을 할 수 있고, 그 학습 성과가 정당하게 인정되고 평가되는 사회가 학습사회다. 이러한 사회를 만드는 일이 평생학습마을 만들기다. 여기에는 이념적으로 재생산으로 가는 길과 민주화로 가는 길, 그리고 이 두 가지가 함께하는 제3의 길이 있다. 즉, 더불어 배우고 창조하는 학습의 길인 것이다.

일본에서는 평생학습사회 건설이라는 거창한 표현보다 1980년대부터 초등학생에서 어른까지도 모두 알 수 있는 평생학습마을 만들기라는 표현을 사용하고 있다. 이러한 일본의 평생학습마을 만들기는 일반적으로 '평생학습을 위한 마을 만들기', '평생학습에 의한 마을 만들기'로 구분된다. 전자는 평생학습을 목적으로 하고, 후자는 평생학습을 수단으로 하고 있다. 이를 담당부서, 중점, 추진체제 등에 따라서 대략적으로 구분하면 〈표 1-1〉과 같다.

일본에서는 초창기인 1980년대에는 센터의 건립과 학습정보 및 상담 시스템 구축 등이 평생학습을 위한 마을 만들기의 중심이었고, 1990년대 중

〈표 1-1〉 '평생학습마을 만들기'의 두 가지 시점

	평생학습을 위한 마을 만들기	평생학습에 의한 마을 만들기
기본 사고	평생학습이 목적	평생학습이 수단
주목적	사람들이 평생학습을 실천할 수 있는 좋은 학습 기반을 정비하는 것	사람들의 평생학습 실천이 마을을 활성화시키는 것(학습에서 실천을 향한 지원책의 탐색)
담당부서	교육위원회 사회교육 관계자	시·도청 부국의 마을 만들기 담당자
중 점	평생학습의 추진체제의 정비	종합적인 행정이나 지역의 활성화
추진체제	교육위원회 사회교육과 평생학습추진회의 평생학습마을 만들기 모델 사업	도청 부·국에 평생학습추진 평생학습선언도시
성 과	자기 충실, 생활 향상 등	지역 활성화

반부터는 개인 및 조직의 평생학습 성과를 활용한 마을 만들기로 발전하고 있다.

평생학습을 위한 마을 만들기 '평생학습을 위한 마을 만들기' 는 목표가 평생학습이며, 평생학습이 가능하도록 환경을 만드는 일이다. 즉, 학습 환경으로서 하드웨어(hardware) 만들기뿐만 아니라 소프트웨어 부분을 충실히 하는 것이 중점이 된다. 이것은 교육위원회 사회교육 관계자가 적극적으로 활동하고 있는 형태이며, 현재 일본에 가장 많은 형태이기도 하다. 그 중점은 지역의 평생학습 추진체제의 정비다. 지방자치단체는 평생학습추진회의나 평생학습심의회, 추진본부 등을 만들고, 주무부처는 주로 교육위원회 사무국을 중심으로 사회교육적인 활동을 하고 있다. 이 때문에 자치단체의 부 · 국(部局)은 평생학습을 교육위원회의 한 사업으로 오해하는 경우가 많으며, 때로는 지방자치단체장이 평생학습에 전혀 관심을 보이지 않는 경우도 있다.

평생학습에 의한 마을 만들기 '평생학습에 의한 마을 만들기' 는 평생학습을 수단으로 여기는 경우다. 명확하게 그렇게 인식하고 있는 것은 아니지만, 기본적으로 평생학습을 통해 마을 만들기를 진행하는 사고방식이다. 대체로 교육위원회 직원보다도 기초지방자치단체(시청, 군청, 면사무소) 부 · 국의 마을 만들기 담당자가 더 적극적이다. 그 예로 지방자치단체의 부 · 국에 평생학습 추진을 위한 부 · 국을 만드는 경우가 늘어나고 있으며, 평생학습추진실이나 '시민이 주역 추진실' (사이타마현 야시오시) 등과 같이 시청 전체에서 평생학습을 추진하고 있는 경우도 많다. 이러한 예는 평생학습 이념을 행정에 접목한 종합행정으로서 지역의 활성화에 기여하고 있다. 현재 일본에서 전국적으로 추진되고 있는 대부분의 '평생학습 선언 도시' 는 전청(全庁)적으로 추진하고 있다.

그러나 이러한 개념은 엄밀하게 구별되지 않으며, 실제로 가장 많이 사용되는 '평생학습마을 만들기' 는 이 두 가지 개념을 혼합한 의미를 갖고 있다.

2. 일본 지방분권과 커뮤니티 변화과정 모델

1) 평생학습마을 만들기의 추진 배경

일본의 평생교육정책은 역사적으로 보면 3단계로 발전되어 왔다. 명치유신(明治維新, 1868년) 이후 강대국의 위협에서 탈출하기 위한 근대화의 수단으로써 학제개혁과 사회교육 추진, 패전 이후의 미 점령군에 의한 민주주의 교육개혁, 1970~1980년대에 걸친 평생학습사회의 개혁이 그것이다. 이러한 세 차례의 교육개혁 속에서 사회교육과 평생교육은 국가 이데올로기 주입장치의 역할, 지역과 사회문제를 해결하는 사회자본 형성, 개개인의 인적자본과 아이덴티티 자본 등을 형성해 왔다. 그 결과 명치유신 이후 교육개혁의 에너지로 동아시아의 패권을 잡게 되었고, 패전 이후 일련의 민주교육 개혁의 영향은 세계 제일의 경제대국에서 문화대국으로 발전하게 하였다.

일본의 고도 산업성장의 신화에는 정계 · 재계 · 관료의 삼두마차식 경영과 근면, 성실한 국민성이 뒷받침되었다고 평가할 수 있다. 그동안 제2차 세계대전 패망 이후 미국 따라잡기를 위한 부국부민의 꿈은 산업사회형 인간 육성, 학력주의와 종신고용 관행 등으로 성공하였다. 그러나 산업사회의 신화가 지식정보사회에 통용되지 않는 부작용이 생겨나게 되었다. 이 과정에서 유교적 덕목 상실, 가정과 지역사회의 공동체 파괴, 청소년 비행 증대, 행정의 비대화, 학교붕괴현상, 청년실업 증가, 고령사회화 문제, 연금증대, 정보화 · 세계화의 적응, 기업의 경쟁력 강화 등의 다양한 문제군이 동시에

터져 나왔다.

이처럼 일본에서는 더 이상의 삼두마차식 경영이 어렵게 되자, 지식사회형의 평생학습사회 구축, 시민참획(참여와 기획)과 협동, 파트너십의 사회구축, 지방분권형 사회 구축을 부추기는 정책이 등장하였다. 이 과정에서 새로운 지식사회의 신화를 창조할 일본적 모델 만들기 시나리오가 1980년 중반에 나오게 되었는데, 이것이 바로 평생학습사회의 건설이다.

1980년 초 일본 문부과학성의 '평생학습모델 시 · 정 · 촌 사업'이 시작된 이후 타 정부 부처에서도 경쟁적으로 이와 유사한 '평생학습마을 만들기' 사업이 추진되었다. 즉, 국토성의 '평생학습의 고향 만들기', 건설성의 '평생학습촌', 우정성의 '텔레토피아' 등이 그것이다(鈴木敏正, 2001: 167). 학력병 사회의 병폐를 시정하고, 개성 중시의 사회구조로의 전환을 위한 종합적인 사회공공정책으로 평생학습사회 건설이 추진된 것이다. 평생학습사회의 실현은 정보사회와 지식기반사회의 대응, 국가 경쟁력의 강화, 개인의 고용 창출 및 실업 감소, 소외집단 포섭의 보증수표로 인정받고 있기 때문에 선진국들이 국가 기간산업으로 막대한 재정을 투자하고 있는 것이다.

그동안 저출산과 고령화, 정보화, 국제화, 학력사회 병폐 시정 등이 평생학습 추진의 배경이 되었다. 그러나 최근에는 이와 더불어 청년실업 증가에 따른 고용 해결책, 청소년 범죄 증가와 가정 · 지역 교육력의 현저한 저하, 평생학습 활동을 통한 고령자의 의료비 감소화로 사회보장 관련 경비 감액, 기업의 사회적 책임(CSR)과 사회적 투자(CSI)로 기업과 지역사회, 그리고 학교와 연계 · 협력의 강화, 지방분권과 지역 통폐합, 주 5일 사회에의 대응 등이 추가되고 있다.[1)]

1) 김득영, 일본 농촌지역 평생학습도시 사업의 전개, 2003년도 한국평생교육연합회 연차대회 발표(한국평생교육총연합회, 2003).

2) 지방분권의 추진

일본은 관료체제와 기업 선단식 경영으로 미국을 따라잡았지만, 저출산 · 고령화, 정보화 · 세계화 시대의 대응, 지역경제 활성화의 대응에 대한 차질로 새로운 정책이 불가피해졌다. 이에 따라 관(官) 주도에서 민(民) 주도로의 전환, 선단식 경영에서 시장경제로의 이행, 지역 살리기를 위한 행정 부처의 통합적인 운영관리 등을 꾀하면서 과도한 중앙집권체제에서 지방분권체제로 큰 전환을 추진하고 있다(김득영, 2004).

현재 일본의 지방자치단체의 행정이 직면한 중대한 도전들은 다음과 같다.

- 약 3,300개의 시 · 정 · 촌[2)]이 현재 1,822개(2006. 3. 31)로 합병되었다. 시 · 정 · 촌마다 의회와 교육위원회가 없어져 지방재정이 긴축되고, 광역 행정으로 전환되고 있다. 또한 지방분권 개혁에 따라 지역주민과 지방자치단체의 '자기결정과 자기책임'을 실현해야 하는데, 지역사회를 관리하고 운영하는 데 필요한 기획능력과 서비스 제공능력의 한계가 노출되고 있다.
- 경제의 세계화와 사회의 성숙화에 따라 세수의 감소와 저출산 · 고령화 사회에 따른 이용 가능한 자원의 감소 등이 나타나고 있다.
- 행정과 시장(민간기업)의 장점을 접목한 제3섹터 방식의 실패로 행정의 재정 부담을 안고 있다. 더불어 행정과 시장 메커니즘에도 공급되지 않는 시민활동 조직과 NPO · NGO가 시민섹터 담당자로 부상하고 있다. 따라서 2003년부터 민간기업과 비영리민간단체(NPO)도 지

2) 일본의 광역지방자치단체는 도 · 도 · 부 · 현(도쿄도, 홋카이도, 오사카부와 교토부, 43현)이고, 기초자치단체는 시 · 정 · 촌으로 우리나라의 시와 읍, 면에 해당된다.

방자치단체의 관련 시설을 관리할 수 있는 지정관리자제도[3]를 도입하고 있다.

'지방분권법' 이 1995년에 제정되었고, 다시 지방분권 추진을 꾀하기 위한 관계 법률 정비 등에 관한 법률(지방분권 일괄법)이 1999년에 제정되면서 기관위임사무 폐지, 규제 완화 등을 과감하게 추진하고 있다. 일본 총무성에서는 중앙집권형 행정시스템제도의 폐해를 다음과 같이 진단하면서, 지방분권의 이유를 자체 분석하고 있다.

- 권한, 재원, 인간, 정보를 중앙에 과도하게 집중시켜 지방의 재원 · 활력을 빼앗음
- 전체 획일적 통일성과 공평성을 중시한 나머지, 지역의 다양한 조건 경시

일본의 지방분권 추진 정책은 다음과 같다.

- 기관위임사무제도의 폐지
- 지방공공단체에 대한 관여의 새로운 룰–지도 · 감독 지시 등 119건 폐지, 감축이 387건
- 권한 위양의 추진
- 지방공공단체의 자주조직권의 존중
- 국고보조 부담금의 정비 · 합리화와 지방세원의 충실 확보
- 도 · 도 · 부 · 현과 시 · 정 · 촌의 새로운 관계 설정

3) 공공시설의 관리 · 운영을 지방자치단체가 지정하는 민간 지정관리자에게 대행시키는 제도다. 그 동안의 위탁운영제도가 변화하는 것으로 민간기업 · 시민단체의 노하우를 도입하여 서비스 향상과 예산절감을 목적으로 하고 있다.

• 지방공공단체의 행정체제 정비 · 확보 등으로 지방행정의 자기결정권과 자기책임의 확대

일본은 지방분권시대에 재원과 권한을 어떻게 이양하느냐의 정치적 문제와 주민자치를 위한 시민정치 역량과 지역책임을 어떻게 확보하느냐 등의 산적한 문제를 해결하기 위해 시민주체, 시민참가형 사회 만들기에 주력하고 있다.

그 하나로 '지방분권법일괄법' 의 영향으로 전체 법률의 1/3 이상이 개정되었고, 평생교육 관련법도 개정되었다. 또한 평생학습 볼런티어나 NPO의 평생교육사업 위탁, 일반 행정의 평생학습진흥사업 추진, 민간기업과 NPO의 교육문화사업 및 시설 관리의 참여를 허용하고 있다.

3) 커뮤니티 변화과정 모델

산업사회 이후 지역사회의 변화는 [그림 1-1]과 같은 커뮤니티 변천 틀로 분석할 수 있다.[4] 지역사회 형태가 그림의 I과 같은 지연형 커뮤니티에서 산업화와 공업화로 말미암아 사회적 부를 축적하지만 그림의 III과 같이 커뮤니티가 붕괴되어 가는 사회로 변하게 된다. 이 과정에서 도시화 · 서구화로 가정과 지역의 전통이 파괴되고, 지역과 민족적 아이덴티티가 점차 약화된다. 의식 또한 합리성이 지배하면서 '시장 지배적 이성' 으로 변화하게 된다.

급격한 사회변동기에 일본에서는 가정과 지역의 해체를 막기 위해 가정교육과 지역문화 전통을 되살리는 사회교육이 나름대로 중요한 역할을 수

4) 김득영, 지역행정 경쟁력 확보를 위한 평생학습마을 만들기 추진, 한국좋은인간관계학회, 좋은 인간관계(2권 2호, 2004. 12.), p. 6.

지역성

보편성 ↔ 특수성	
II **테마형 커뮤니티** • 자원봉사사회 • 평생학습사회, 지방분권 • 개성과 학습 강조 • 참가형 시민사회 조성 • 일본 1980년 이후 • 한국 2000년 이후	I **지연형 커뮤니티** • 농촌형 혈연과 지연사회 • 관혼상제, 교육 사사성 • 인의예지신 강조 • 대가족 중심 사회 • 일본 1950년 이전 시대 • 한국 1960년 이전 사회
III **붕괴과정의 커뮤니티** • 산업사회, 개인의 합리성 • 도시화, 근대화 • 물신 강조 사회 • 핵가족 중심 사회 • 일본 1960년대 • 한국 1980년 이후	IV **아노미(anomie)화된 커뮤니티(양극화 사회)** • 규범 와해, 혼돈의 시대 • 성장의 위기 • 총체적인 시스템 위기 • 일본 1980년대 이후 • 한국 1990년 중반 이후 탈권위 민주화 이후 사회

보편성 (좌) / 특수성 (우)

광역성

[그림 1-1] 지역과 커뮤니티 변천 틀

행해 왔다. 이에 비해 우리나라에서는 유교적 지배 이데올로기가 가정과 사회 해체를 어느 정도 막아 왔다. 그러나 민주화 시대가 도래하면서 가정교육과 지역교육의 대응력이 진공상태가 되었다. 그림의 III에서 지역과 가정의 재생 프로그램이 작동하지 못한 나라에서는 그림의 IV로 급격하게 발전되어 엄청난 사회 비용을 지불하고서야 커뮤니티 재생을 위한 처방을 내놓게 된다. 그림의 III에서는 사회의 통합과 항상성의 유지를 위해 테마형 커뮤니티 형성을 위한 각종 전략을 구사하기도 한다. 일본의 경우 1980년 초부터 평생학습사회 구축 및 추진을 위해 국가적 사업으로 시민사회의 적응과 지역과제 해결을 위한 지역재생 평생교육사업을 추진하여 왔다. 이 과정에서 시민적 자율성과 사회적 공공성을 살린 평생학습 추진 행정이 작동한다. 선진국은 시민활동의 활성화와 지역 특성화 커뮤니티 형성을 위한 평생학습사회 구축에 주력하고 있는 것이 추세다.

3. 일본 역사 속의 평생학습마을 만들기 프런티어

일본의 역사는 한반도와 중국, 그리고 서구 열강 등을 벤치마킹하면서 추월하는(catch up) 역사였다. 이제 더 이상 따라잡을 수 있는 나라가 없어진 현재 스스로 설 수밖에 없어 주저하고 있는 면도 보이고 있다.

일본의 평생학습마을 만들기는 크게 보면 역사발전 과정의 산물이며, 사람의 역사다. 필자가 알고 있는 극히 일부의 선구자를 필자의 눈높이에서 조심스럽게 소개하면 다음과 같다.

1) 평생학습 선구자(고대부터 중세까지)

일본의 역사는 지금까지 선진문화의 벤치마킹을 통해 부(富)와 번영을 누려 왔다. 이것은 한반도를 중심으로 불교와 유교, 그리고 각종 선진 기술이 일본에 들어가 일본의 고대국가를 만들었다고 보는 설이다. 현재 일본 내에 조상신을 모시는 신사가 약 8만 개가 있는데, 최근 것이 3~4백 년이고, 나머지는 거의 고대 일본 형성기부터 전해 내려 온 것이다. 그중 상당수가 백제와 신라, 그리고 고구려에서 문화를 전해 준 이들의 사당이다. 그 가운데 일부를 소개하자면, 오사카 히라가타시(校

▶▶▶ 왕인(王仁) 박사 묘 전경

▶▶▶ 일본 화엄종 본찰인 동대사 전경

方市)에는 왕인공원과 백제왕 신사가 있다. 왕인(王仁) 박사는 일본 인덕천왕의 스승으로 일본에 천자문과 논어를 전해 주었다. 그래서 현재 히라가타시는 일본 '문화의 시조'로 왕인 박사를 존경하고 있다. 왕인 박사는 일본에 대장장이, 토목 기술자, 양잠 기술자, 양조 기술자 들을 데리고 건너와 고대 일본 국가 만들기에 기여하였다. 또한 백제 의자왕의 5대 손자인 경복이라는 사람은 금광을 개발하여 동대사 큰 부처상을 만드는 데 도움을 주었다고 백제왕 신사에 기록되어 있다. 현재 그의 집은 백제왕 신사가 되었고, 바로 옆에 백제사 터가 남아 있다.

또한 임진왜란 때 포로로 끌려간 강항(姜沆) 선생은 후지와라 세이카(藤原惺窩)라는 승려에게 조선 성리학을 전해 주어 일본 주자학의 시조가 되었고, 약 200년간 12번의 조선통신사와 교류를 통해 에도시대의 철학과 윤리적 기반을 만드는 계기가 되었다.

우리 조상이 역사적 우월감과 자만감에 빠져 있을 때, 일본은 조선의 유교와 실학의 장점을 살려 변화의 역사를 이어갔다. 이 과정에서 우리나라는 첨단무기인 조총 등의 위력 앞에 굴복하는 아픈 역사를 맛보았으며, 지금도 일본의 변화를 읽는 학습이 여전히 부족해 안타까운 마음이다.

현재 일본 최초의 평생학습도시라고 일컫는 가케가와시는 니노미야 긴지로(二宮 金次郎)의 보덕사 운동, 이시다 바이간(石田梅岩)의 심학(心学)과 상업활동을 접목하여 직업능력과 상인의 도를 만들어 갔다. 긴지로(金次郎, 1787~1856)는 독학으로 논어, 대학, 중용 등을 익혀 약 615개 농촌마을을 부흥시킨 마을 만들기의 전설적인 인물이다. 그는 유교의 효행, 근검, 학문, 자영의 4덕목을 농촌마을 만들기에 접목시켰다. 그의 성공 모델은 명치시대에 거의 모든 초등학교에 동상으로 세워져 어려움을 극복하는 용기와 실천, 그리고 학문사랑의 상징이 되었다.

미국 페리제독의 일본 강제 개항(1854년)은 에도 후기 최대의 위기상황이었다. 이때 미국 흑선의 일본 입항에 따른 충격은 젊은 지도자에게 서구의 동경과 함께 새로운 도전의식을 갖게 하였다. 그들은 목숨을 걸고 서구로의 밀항을 기도하였다. 또한 신진문화를 배워 일본의 자주독립을 유지하기 위한 방법을 생각하였다. 그때 에도의 변혁을 주도하였던 젊은 지도자 중 야마구치현(山口県) 하기시(萩市)의 요시다 쇼인(吉田松蔭, 1830~1959)과 후쿠자와 유키치(福沢諭吉, 1835~1901)가 있다. 이들에 대해 깊게 연구해야 한·일 역사문제도 풀릴 것으로 보인다. 이 두 사람은 일본의 독립을 위해 노력한 선각자이자 명치유신을 통해 천왕 아래 모든 제도개혁을 디자인하고 인재를 키운 장본인이다. 또한 대륙의 침략을 부채질한 장본인이기도 하다. 요시다 쇼인은 일본 근대화 변혁의 원점인 쇼카손주쿠(松下村塾)에서 1년 반 동안 새로운 교육방법으로 명치정부의 초대 총리를 비롯하여 다수의 정부 요인을 제자로 키웠다. 그는 누구에게나 지성(至誠)으로 대하고, 실천 위주의 살아 있는 교육으로 일본을 위해 목숨을 바치는 혁명가를 배출하였다.

후쿠자와 유키치는 평생을 서구열강으로부터 자주독립과 근대적 문명개화를 위해 민간 차원에서 일본에 영향을 미친 인물로 현재 게이오 대학의 창시자다. 그는 현재 일본 화폐 1만 엔 권 지폐에 그려진 인물이기도 하다. 그는 1871년 초등학생에게 학문을 권장하기 위해서 『학문의 권장』이라는 책을 썼는데, 이 책은 당시 성인 4명 중 1명이 읽었을 정도였으며, 지금도 읽히고 있는 베스트셀러다. 이 책은 '일신의 독립이 일국의 독립을 성취한다.'는 내용으로 공리주의, 시민적 자유, 인권사상, 합리주의 사상의 문명개화운동에 관한 전 국민적인 학습서다.

2) 민주사회 이후 지역과 생활, 그리고 교육을 결합한 공동학습 운동 제창자

사회교육실천운동으로서 공동학습운동 도입 1950년대 대표적인 사회교육실천운동은 생활기록운동, 공동학습, 소집단 학습이다. 그중에서 공동학습운동은 1950년 초반부터 1959년 사회교육법의 대개정이 있기 이전까지 매우 활발하게 청년회와 부인회의 자주성과 공동성을 기반으로 한 것으로 평가되고 있다.

미군의 점령시대가 끝나고 자립의 시대가 도래하면서 사회교육의 하나인 민간의 자주적인 서클활동은 문화학습운동으로 새로운 전기를 맞이하게 된다. 1953년의 청년학급법제화를 계기로 청년단의 공동학습은 부인학급으로 파급되고, 이어 정부의 사회교육 실천방법으로 반영되면서 일반화하게 된다.

제2차세계대전 이후 일본의 민주화 계몽기에 미국의 그룹워크(group work)이론과 존 듀이(J. Dewey)의 생활과제 해결 학습, 그리고 각종 토론방법이 소개되면서 일본의 민주화에 도화선이 마련된다. 전쟁이 끝나고 지역으로 모인 청년의 생활문제, 지역사회문제를 공동으로 해결하고자 하는 학습방법론이 공동학습이다. 이 공동학습은 일본 청년단협의회(이하, 일청협)가 요시다 노보루(吉田昇) 등 연구자의 협력에 의해 지역과 생활, 그리고 학습을 결합한 학습운동으로 지금도 지역현장에 영향을 미치고 있다.

이 공동학습 방법은 이후 민주주의 헌법 정신, 존 듀이의 문제해결 학습, 그룹워크, 소집단 학습, 토론학습, 서클학습 등이 도입되면서 생활과 지역문제 해결에서 자기교육, 상호 교육활동으로 발전하게 된다.

지역 민주화운동으로 지역교육과 생활이 결합된 공동학습 실천의 기수들 미국 점령군의 7년간 통치 아래 민주주의 교육은 학교뿐만 아니라 지역주민에게도 지속적으로 진행되었다. 이 과정에서 민주주의의 형식성과 한계가 대중에 알려졌고, 미국의 단독적인 미 · 일강화조약으로 일본인의 독립의식이 생겨났으며, 원자폭탄 실험을 계기로 평화운동과 평화지향을 위한 다양한 학습방법 및 활동이 소개되었다. 이 시점에서 대중적 운동과 교육방법이 지역과 직장에서의 소집단, 서클활동과 어머니대회 · 핵무기 금지대회 등 전국 수준으로 확산되었다.

지역과 생활, 그리고 교육을 결합한 사상은 일본 교육실천의 역사 속에서 중요한 흐름을 형성하였다. 사회교육 또한 예외가 아니다. 생활과 교육이 결합한 사상은 전전(戰前)의 피폐한 농촌에서 국가 통제 아래에서도 젊은 교사의 교육실천그룹으로 생활기록운동과 작문교육운동 · 생활학교 등을 통해 민주화의 씨를 키워 왔다. 이러한 사상과 활동은 전후 미국에 의한 민주화과정에 따라 헌법과 사회교육법의 제정에 의한 자유로운 활동이 보장되었다. 생활기록운동, 작문교육운동은 일반 성인에게도 파급되었고, 최근 '살아가는 힘' 을 키우는 종합학습으로 학교현장 속에 들어가게 되면서 부활하게 된다.

생활의 빈곤함과 실생활의 불합리성의 제거를 과제로 삼아 출발한 교육실천은 전후 민주화의 기운을 부활시켰다. 이에 따라 새로운 평화국가와 문화국가, 그리고 사회에 공헌하는 인간교육을 목표로 한 지역 교육과정이 작성되었다. 대표적인 지역 교육계획은 동경대학교 교수인 카이고 도키오미(海後宗臣)와 사이타마현 가와구치시의 교사, 지역 인사에 의한 '가와구치(川口) 플랜', 오다 다카시(大田堯) 교수와 히로시마현(広島県) 혼고(本鄕) 마을의 교사들에 의한 '혼고 플랜' 등이 있다.

또한 전후 가난한 농촌의 부흥운동으로 사회교육 활동이 지역에 뿌리내리면서 활발하게 전개되는데, 미야하라 세이이치(宮原誠一) 교수는 전후 일본 사회교육을 구축한 주인공이다. 그는 사회교육을 역사적 범주로 파악하면서 사회교육이 사회적 민주주의 발전을 수반하여 민중(아래로부터)의 요구로 발전하지만, 한편으로는 민중의 민주주의 자각에 대한 지배계층(위)으로부터의 대응책으로 보았다. 그리고 대학과 현장중심의 민주적 사회교육 활동을 헌신적으로 추진하였다. 농촌 청년의 활동 가운데 1950년 초반에 무수히 많은 서클이 이러한 사상적 기반을 갖고 있던 교수 · 교사들에 의해 생겨났다. 미야하라 세이이치가 지도한 군마현(群馬県) 시마무라(島村)의 사회교육 계획은 일본 청년단협의회가 청년단 활동의 주체적 자각과 농촌의 근대화를 목표로 한 소위 '공동학습' 의 선구가 되었다.[5)]

국민의 학습권 보장 자기교육운동 주창자 1960~1970년대를 중심으로 고도 경제성장 아래 지역과 가정의 해체, 환경파괴가 인간의 생명과 생활을 지키는 권리의 자각을 일깨우면서 국민의 학습권 사상이 등장하게 된다.

일본 사회교육법에서는 사회교육의 본질을 '자기교육이자 상호 교육' 으로 제정하고 있다. 자기교육은 인간 생활에 불가결한 요소로 학습을 보장받은 학습권과 결합하여 공적 사회교육의 기본 개념이 되었다. 자기교육운동은 학습하는 주체가 자신의 생활 세계와 사회 시스템 속에서 스스로 살아가는 법과 정체성을 결정하기 위하여 학습하는 운동이다. 자기교육은 타자를 상호 주체적인 존재로 인정하는 상호 학습과정의 관계 속에서 확인하고 자각하는 활동으로 다음 두 가지 방향으로 발전하였다. 첫째는 사회변혁의 주체를 형성하는 자기교육운동론이며, 둘째는 평생교육 시스템적 통합으로

5) 島田修一, 藤岡貞彦, **社会教育概論**(동경: 青木書店, 1989), pp. 205-222.

평생학습마을 만들기 건설자로서 자기교육력 형성이다.

자기교육운동은 학습권 사상과 권리 주체로서 사회교육을 자각함에 따라 사회교육 행·재정을 국민적 입장에서 민주적으로 재편성하는 것을 목표로 하여 왔다. 이러한 자기교육운동의 모체는 모친교육운동이었다.

1960년 이후 국민의 자기교육론의 입장에서 사회교육실천운동을 벌여온 대표적인 학자는 학습주체론의 오가와 토시오(小川利夫, 1964, 1973, 1977), 주체형성론의 미야사카 고사쿠(宮坂広作, 1982, 1987, 1992)다. 또한 일본의 사회교육학회의 주도적 역할을 하는 학자로는 모치다 에이이치(持田榮一, 1971), 후지오카 사다히코(藤岡貞彦, 1977), 구라우치 시로(倉內史郎, 1983), 시마다 슈이치(島田修一, 1985)도 있으며, 야마다 마사유키(山田正行, 1987), 스즈키 도시마사(鈴木敏正, 1992) 등에 의해 마을 만들기의 주체 형성에 관한 연구와 실천으로 발전해 오고 있다.

평생학습 시대의 평생학습마을 만들기 주창자 일본에 최초로 평생교육을 소개한 사람은 하타노 간지(波多野完治)다. 그는 교육심리학자이며, 일본 유네스코(UNESCO) 대표로 1965년 12월 유네스코 성인교육추진위원회에 참석하였다. 유네스코 성인교육 부장이었던 폴 랑그랑이 만든 교육개혁의 대안으로 평생교육이 만장일치로 채택되었다. 하타노 간지는 평생교육의 중요성을 직감하고 귀국하자마자 회의자료를 번역하여 1967년 『사회교육의 새로운 파도』라는 책으로 출판하였다. 당시 문부과학성 고위관료는 그 책을 읽고 "평생교육이 무엇인데, 평생교육은 될 수 없지요."라고 술회하였다고 한다. 그러나 독일 유학파인 모리 다카오(森隆夫) 오차노미즈 여자대학(お茶の水女子大學) 교수 등 극히 일부 학자의 연구와 노력이 10년 이상 지속되면서 평생교육은 자리를 잡게 된다.

1989년(평성 원년)부터는 평생교육에서 평생학습으로 일대 개념 전환이 이루어진다. 따라서 자치행정의 방향에도 큰 변화가 생겼다. 모든 주민이 각자의 경험과 지식을 살려 스스로 마을 만들기에 참여하는 것을 원조하는 행정으로 전환하게 된 것이다. 즉, 하드웨어 행정에서 소프트웨어 행정으로 전환이 이루어졌다. 또한 각 지방에서는 평생학습에 의해 평생학습 기반 만들기를 꾀하기 시작하였다.

이러한 지역의 특성과 생활과제를 결합하여 평생학습마을 만들기를 주창한 사람은 평생교육 전공 학자와 실천가들이었다. 1971년 사회교육심의회, 1981년 중앙교육심의회, 1984~1987년까지의 임시교육심의회에 관여한 평생교육 전공교수 · 일본평생교육학회 교수들이 주도하였다. 그중에서도 오카모토 가네지(岡本包治) 교수가 주도적인 역할을 하였다. 그는 평생교육학회 회장으로 『평생학습의 마을 만들기 시리즈』를 출판하였고, 평생학습사회의 일대 붐을 조성하는 데 중심적 역할을 하였다. 또한 현재의 평생학습인 스트럭트 인증 시스템을 만들기도 하였다.

문부과학성 사회교육관을 역임한 성덕대학 후쿠도메 쓰요시(福留强) 교수도 실천 차원에서 현재까지 주도적인 역할을 하고 있다. 그는 1989년부터 전국평생학습마을 만들기 연구회와 협회를 만들어 평생학습 애니메이터(animator)와 평생학습마을 만들기 코디네이터를 양성하고 있다. 또한 전국평생학습마을협의회 자문교수로 활동하면서 각 지역의 활성화를 위한 평생학습마을 만들기를 추진하고 있다. 문부과학성에서 추진하고 있는 학술 프런티어 추진사업으로 문부과학성의 사립학교 시설정비 보조금 100억 엔을 교부받아 대학 개방의 상징으로서 '성덕대학 평생학습사회공헌센터'를 운영하고 있기도 하다. 그는 '대학의 살 길은 대학을 지역에 완전 개방하는 것' 이라고 늘 주장하고 있다.

4. 평생학습마을 만들기 유형

평생학습사회의 추진과정에서 나타난 지역(마을) 만들기는 평생학습마을 만들기 유형과 같다. 일본의 경우 [그림 1-1]의 III, IV, I순으로 발전하고 있다.

제3 상한 III유형은 행정에 의한 마을 만들기로 하드중심의 기반 정비다. 1980년대 전후 행정 중심으로 평생학습을 위한 지역 만들기가 여기에 속한다. 사업으로는 평생학습 기회 제공 사업 및 상담체제 구축과 평생학습센터의 신축 등이다. 제4 상한 IV는 평생학습 추진에 의한 마을 만들기로 그동안 축적된 시민의 평생학습 성과를 살려 지역 볼런티어와 NPO 촉진 등을 통해 지역 재생을 꾀한다. 제1 상한의 시민 참획과 협동에 의한 마을 만들기는 성숙한 시민사회, 지방분권 시대에 추진하는 사업으로 2000년을 전후하여 각 지역에서 각광을 받고 있다. 도시 지역에서 주로 추진되고 있으나, 야시오시, 다카하타초(町) 등에서는 전 시민참획형 마을 만들기 형태를 띠고 있다.

이러한 유형은 동시에 추진될 수도 있으나, 일본의 경우 현재는 III, IV유형의 마을 만들기에서 I유형의 마을 만들기로 옮겨 가고 있는 실정이다. 탑다운(top-down)형 행정 내지는 탑다운형 네트워크에서 보턴업(botton-up) 행정 내지는 협동형(Collaborative) 네트워크로 바뀌고 있는 것이다. 이렇게 되면 사회교육 전문직의 '지도조언' 기능에서 학습 기회의 다원화에 대응한 학습활동 촉진자, 코디네이터, 네트워크 워커의 기능으로 전환된다. 따라서 주민의 학습 요구의 파악, 학습 · 문화활동의 조직화와 원조, 평생학습 활동에 필요한 제 조건 정비 등이 새로운 역할로 부상한다. 이를 위한 평생교육 전문가의 적극적인 활용이 기대된다.

일본의 지역교육 정책은 문화정책, 사회정책, 그리고 노동 · 산업정책과 결합하여 통합적으로 운영되고 있다. 즉, 지역의 생활과 교육과제를 해결하는 적응형 교육에서 시민참획 창조형 · 협동형으로 지역 재생을 추진하고 있다. 현재 모든 지방자치단체에서 '시민 주체의 지역(마을) 만들기'와 '사람 만들기', '참획(참여와 기획), 협동, 네트워크' 등의 슬로건이 많이 사용되고 있는 것이 그 증거다. 교육, 문화, 산업, 환경 등의 총체적인 과제 해결을 위해 주민과 협동하여 추진함에 따라 지역이 변모한다.

우리나라는 [그림 1-2]와 같이 평생학습마을 만들기 유형을 입체적으로 추진할 정부 조직과 전문인력 양성 및 배치가 가장 시급하고, 지역 평생학습 볼런티어의 양성 및 배치로 지역의 과제를 해결할 수 있는 시민적 공공성을 배양하여야 한다. 공무원이 변하든지, 시민이 변하면 지역 혁신은 이

적극적인 시민참여

현상 유지형 행정 ↔ 혁신형 행정		
적극적인 시민참여	II **시민에 의한 마을 만들기** • 시민주체형 평생학습마을 만들기(citizen directedness, participation) • 지구환경보존 • 인권의 마을 • 자기교육운동	I **민관 상생의 마을 만들기** • 가마학(가정 · 마을 · 학교) 협동의 평생학습마을 만들기(collaboration, partnership, network governance) • 파트너십, 컬레버레이션(collaboration) 마을
소극적인 시민참여	III **행정에 의한 마을 만들기** • 평생학습을 위한 마을 만들기(maintenance) • 지역 활성화 사업 • 일반 행정의 마을 만들기 • 평생학습추진센터 개설 등 • 평생학습 추진체제 구축	IV **시민을 위한 마을 만들기** (community innovation) • 평생학습에 의한 마을 만들기 • 평생학습 추진체제 진흥 • 평생학습 자원봉사 활용 • 학습성과의 인정 및 활용 • 비영리민간인단체(NPO) 활성화

(왼쪽: 현상 유지형 행정 / 오른쪽: 혁신형 행정)

소극적인 시민참여

[그림 1-2] 평생학습마을 만들기 유형

루어진다고 확신한다. 따라서 모든 지역에서 주민 요구에 대응한 평생교육 사업(일본의 출장배달강좌의 사업)에 공공단체의 공무원과 그 임직원을 우선 적극적으로 활용하는 전략이 필요하다. 현재 우리나라의 시민대학 · 지역의 평생학습센터 · 자치센터는 공적 기관으로서 지역 주민의 가려운 부분을 긁어 주는 생활과제와 지역과제의 프로그램화와 실천에 좀 더 눈을 돌려야 된다.

제2장

일본의 평생학습 정책의 특징[1)]

1. 교육개혁의 틀에서 구조적으로 추진

1872년의 학제개혁에 의한 제1의 교육개혁은 의무교육제도와 사회교육의 공교육화에 초점이 맞추어져 있었으며, 1945년 제2의 교육개혁에서는 민주주의 교육체제로의 변화, 고도 경제성장기였던 1960년대에는 산업인력 양성 정책이 교육개혁의 핵심 과제였다. 제3의 교육개혁인 평생학습사회로의 전환은 1971년 초 교육개혁부터 1980년대 교육개혁으로 이어지면서 문부과학성의 한 부서 정책에서 국가적 규모의 정책으로 바뀌게 되었다.

1971년 사회교육심의회의 답신에서 평생교육 이념이 도입되었고, 1980년대 중반에 전후 교육 총결산으로 평생학습사회의 창조가 정책 구상의 골간

1) 김득영, 일본의 평생학습정책의 특징과 시사점, 한국평생교육총연합회, 한일 평생학습 발전 국제포럼(대전대학교, 2003. 3. 10), pp. 13-39.

을 이루게 되었다. 학력사회의 병폐를 시정하고, 학습성과가 적절하게 평가된 학습사회 구축은 21세기 세계 제1의 국가 목표가 내재된 개념이다. 일본의 평생학습사회로의 전환은 평생교육의 통합화 단계에서 평생교육 지원체제 구축의 단계로, 평생학습체계의 이행 단계에서 진흥 단계로, 다시 평생학습체계의 제도화 단계로 발전하고 있다.

1990년에 제정된 '평생학습의 진흥을 위한 시책의 추진체제 등의 정비에 관한 법률' 은 임시교육심의회의 정책 구상을 구체화한 것이다. 지방자치체에서도 평생학습진흥구상제도, 민간기업의 교육산업의 참여, 평생학습추진센터의 정비 등을 규정하고 있다.

2. 신자유주의 이념에 기초한 민간 활력의 활용

임시교육심의회(1984~1987년)의 교육개혁 이념에 신자유주의 · 신보수주의를 도입하였다. 시장원리가 초래한 고전주의적 시장만능론의 복귀와 동시에 정부의 규제를 완화하고 경제적 자유주의 경쟁원리의 도입, 그리고 새로운 공공성을 만들어 내는 과정으로 진행되고 있다. 이것은 영국의 대처이즘과 미국의 레이건이즘에 기인한 조류로, 복지국가론의 큰 정부에서 학습국가론의 작은 정부로의 지향이다. 이러한 것으로는 시장 메커니즘을 공공부문에 도입하여 비대한 복지국가의 예산 감소, 관료사회의 경쟁력 제고, 민간기업 및 단체의 공공개입 등이 있다. 일본의 나카소네 야스히로(中曾根康弘) 전 총리는 1981년부터 1983년 임시행정개혁을 통해 공공재정 감축, 민간기업의 교육문화산업 참여 및 민간위탁, 감량화, 합리화를 추진하였다.

신자유주의의 교육자유론은 교육 관계자의 저항에도 불구하고 학교교육에서는 자유화론, 즉 개성 존중이라는 이념으로 반영되었고, 사회교육 면에서는 학습자의 자유 의지, 자기 능력에 의한 학습을 존중하고, 그 기회의 제공을 민간 교육산업에도 분담시켜 민간 활력이라는 이름으로 교육산업에 참여할 수 있는 길을 마련해 주었다.

신자유주의 영향으로 지방분권법이 제정되었고, 그에 따라 평생교육 관련법도 개정되었다. 또한 평생학습 볼런티어나 NPO(비영리민간단체)의 평생교육사업 위탁, 일반 행정의 평생학습진흥사업 추진, 민간기업과 NPO의 교육문화사업 및 시설 관리의 참여가 허용되었다. 그러나 신자유주의 이념으로 정책을 펴 온 지 10년이 되면서 다음과 같은 많은 병폐를 초래하고 있다고 미야모토 겐이치(宮本憲一)는 지적하고 있다.[2)]

- 산업공동화와 실업문제
- 빈부의 대립
- 인종 · 여성 차별
- 남북문제
- 지구환경의 위기 등

평생학습 면에서 보면 그동안 국민의 학습권 보장 의무를 갖는 큰 정부의 복지국가 정책에서 학습자의 자기 선택에 의한 작은 정부의 정책이 속출하고 있다. '평생학습체제로의 이행' 정책이 그것이다. 결국, 평생학습은 자기의지와 자기책임, 그리고 수익자 부담 원칙에 의한 학습자의 책임이기 때문에 국가는 학습기회 제공 및 시스템 구축만으로 효과가 있다고 판단하고 있다. 물론, 학습성과의 활성화를 위한 학습 볼런티어 강화, 네트

2) 宮本憲一, 地方自治と働きがいのある仕事のための協同, **非營利協同の時代 · 研究年報** ①(東京: アンドシー出版, 1995).

워크형 행정 추진, 민간 활동의 활성화의 효과도 기대하고 있으며, 충분한 평생학습 기반시설이 있고, 고령화사회의 활력을 위한 학습볼런티어제도의 교육과 학습이 잘 정비되어 있는 일본에서는 큰 효과를 거두고 있기도 하다.

그러나 충분히 학습기반이 정비되어 있지 않으면서 자율과 참가, 개성과 창의, 협동과 연계 등을 추진하는 사회에서 신자유주의적 교육정책의 전면 도입은 시민의 정보 격차와 학습 격차를 가중시키고, 또 다른 사회문제를 파생시킨다. 따라서 우리나라는 '신자유주의가 표방하는 자립, 자조 노력, 볼런티어주의가 시민의 경쟁적 고립으로 치닫는 제도가 아니라 자연과의 공생, 자립하는 개인의 사회적 연대'를 향한 평생교육의 기회와 장(場)을 보장하는 것이 급선무다.

최근 유럽에서도 비영리적 섹터, 볼런티어 집단, 중앙행정정권의 지방분권화에 의해 그 성과가 서서히 등장하고 있다. 큰 정부를 비판적으로 받아들이면서, 신자유주의에 의한 영리기업주의의 자유주의적 개혁에 대항해서 시민사회 주도의 자유주의적 개혁을 모색하고 있는 것이다.[3)] 따라서 신자유주의의 작은 정부에 의한 사회와 복지사회가 병존하는 시책이 강구되어야 한다. 또한 시골 지역과 서민에게 적합한 교육복지 정책과 도시 지역과 중산층 이상에 적합한 신자유의주적 정책이 동시에 추진되는 전 시민 참여형 협치(governance)의 운영이 필요하다.

---

3) 日本社會教育學會 編, ボランティア・ネットワーキング(東京: 東洋館出版社, 1997), p. 19.

3. 재계의 인적 자원 개발 요청에 의한 평생학습의 건설

1970년대 초반을 기점으로 일본은 고도 산업사회로 진입하게 된다. 제3차 산업인구가 제2차 산업인구에 비해 50%를 넘어서고, 정보를 주축으로 자본 증식의 메커니즘을 이전하였다. 이 때문에 급격한 노동시장의 구조 변화에 따른 인적 능력 개발과 이를 수혈할 교육제도 개혁이 필요하게 되었다.

1969년 국토청의 신전국총합개발계획(신전총), 1970년 경제기획청의 '신경제사회개발계획' 에서 평생교육이 정책과제로 등장하게 되었다. 또한 통산성의 '구조심의회' 등에 의하여 순환교육(recurrent education)의 발상으로 통합적인 평생교육 정책론이 제기되기 시작하였으며, 1970년대 후반부터 1980년대 초반까지 노동성이나 후생성과 같은 부처와 정부 출연 싱크탱크 기관 등에서도 일본에 알맞은 평생학습을 실천적으로 연구하였다.[4)]

1983년 8월에 일본 정부는 1990년도까지 경제 운영의 지침이 되고 있는 경제심의회의 답신 '1980년대 경제사회의 전망과 지침' 과 1984년 11월 사전총(四全總) 장기전망 작업 중간 결산으로서 '일본 · 21세기의 전망' 을 제출하였다. 또한 1985년 7월 통산성 인재개발연구회의 「전환기의 인재개발 ―21세기를 향한 산업의 활력과 보람을 위하여」라는 보고서도 나왔다. 이와 같은 정책에서 창조성 있는 인재 육성, 테크로폴리스법에 의한 지역과 대학, 그리고 기업의 산학연계, 주 5일제 대비, 사회인 입학제도 도입 등의 평생교육 정책의 범주가 확장되었다.

4) 後房雄, ワーカーズ・コープ, NPO, 社會的協同組合− '市民社會主導の自由主義的改革' のために, NPOと新しい協同組合 · 研究年報 ②(東京: アンドシー出版, 1996).

4. 평생학습사회의 일본적 모델 창조

일본의 평생학습 정책은 일본 전 국민의 생활 전반에 영향을 미치는 사회 정책으로서 전 부처에서 수행되고 있다. 특히, 모든 정부 부처의 정책에는 장수사회 · 여유사회 · 학습사회 · 보람 있는 사회 구축, 마을 만들기(まちづくり) 등이 필수적으로 내재되어 있다. 삶의 보람(生きがい), 일하는 보람(はたちきがい), 사는 보람(くらしがい)의 학습과 같이 외국어로 번역하기 어려운 일본어 특유의 용어가 빈번하게 사용되고 있는데, 이것은 평생학습의 토착화 단계에 접어들었다는 증거라고 볼 수 있다.

일본의 평생학습체계로의 이행은 성인에 초점을 맞추고 있는 서구의 평생교육보다 훨씬 폭이 넓은 라이프스팬(lifespan)을 대상으로 하고 있으며, 문자 그대로 개인의 출생부터 사망에 이르기까지 전 생애에 걸쳐서 학습을 지원하는 종합적인 시스템을 정책의 대상으로 삼고 있다. 내용 면에서는 교양 · 취미를 비롯하여 철학적 인생의 목표에 이르는 '삶의 보람' 내지는 생활의 충실을 위한 프로그램이 선호되고 있는 것도 일본 평생학습의 특징이다.

평생학습사회의 구축은 관료(technocrat) · 학자 · 기업인 들의 끊임없는 관련 이론 탐색과 실천적 노력, 정치적 결정에 의해 추진되고 있다. 이와 같은 지속적인 추진은 국민의 학습성과 · 삶의 질 향상으로 나타나고, 엄청난 국가 경쟁력으로 방출되고 있다. 이 과정에서 평생학습의 개념이 단순한 교육 정책 개념의 한계를 넘어 모든 국가 정책에 깊숙이 관여할 만큼 중요한 개념으로 정착되었다.

1986년 임시교육심의회에서 평생학습사회의 개념은 '어디에서 배워도, 언제 배워도 학습의 성과가 적절하게 평가되고, 다면적으로 인간이 평가되는'[5]사회였다. 그러나 1996년 문부과학성 백서에서는 '생애 언제라도 자유롭게 학습의 기회를 선택해서 배울 수 있고, 그 성과가 적절하게 평가될 수 있는 사회'로 '어디나(any where)'가 빠지고 자기책임과 선택을 강조하고 있는 사회로 개념이 바뀌고 있다.

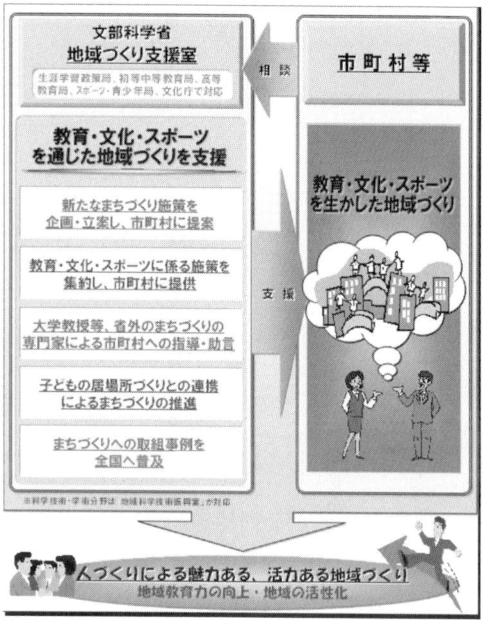

▶▶▶ 문부과학성의 지역 만들기

서구 선진국에서는 국가 경쟁력 향상을 위한 후기 중등교육 중심의 순환교육을 강조하고 있는 데 비해 일본의 경우 동양적 가치와 이념에 국제기구(UNESCO와 OECD)의 평생교육과 순환교육을 조합하여 일본식 평생학습사회의 전략 모델을 만들어 내고 있다. 이것이 바로 '평생학습체계화의 이행모델'이다. 서구의 평생교육 이념을 도입한 지 30년이 지난 현재는 평생학습과 관련한 다양한 정책을 역수출하고 있는 실정이다.

일본의 평생학습 체계화는 1986년 나카소네 정부의 임시교육심의회 제2차 답신 이후 각 행정 분야에서 정책 추진이 가속화되었다. 그러나 평생학습진흥법에서 보는 바와 같이 광역적 개발에 중점을 두는 평생학습의 체계화에 대해 사회적 과제의 주체 형성이라는 평생학습의 이념 면에서 보면, 정책적 체계화보다는 생활 · 지역 수준의 문제해결의 체계화가 요구되고 있다고 보고 있다.[6] 이는 사회교육(성인교육)과 평생교육(학습)의 개념이 서

5) 大藏省印刷局, **教育改革に關する答申** II(1988), p. 71.

6) 南里悅史, 自治體の生涯學習計劃の都市開發と地域形成の課題について, 日本社會教育學會編, **生涯學習體系化と社會教育**(東京: 東洋館出版社, 1992), p. 142.

구 선진국에서는 성인의 자율성을 중시한 데 비해 일본의 경우는 사회적 통합성을 더욱 중시하는 전통에 기인한 것이다.

5. 일반 행정의 적극적인 평생학습 정책 추진

임시교육심의회의 교육개혁이 단행되면서, 평생교육에서 평생학습체계로의 이행이 단행되고, 일반 행정에서도 평생학습 사업이 경쟁적으로 추진되었다. 그리고 모든 중앙의 행정 정책과 지방 공공단체의 행정 정책의 기본 개념으로 평생학습이 활용되고 있다. 복지후생, 노동, 일반 행정 등에서 '종합행정' 으로 평생학습 사업이 추진되면서 지역의 독자적 모델을 창조하고 있다. 즉, 종합적인 사회 정책으로써 평생학습이 채용되고 있는 것이다. 이러한 변화는 21세기 일본을 결정한다는 국민적 합의에 의한 것이다.

평생학습 추진체제를 만들기 위해서는 평생학습사업과 지방 공공단체의 평생학습 추진 조직을 구축하는 것이 가장 우선 순위다. 성공적인 조직체제의 기본 원리는 민주주의의 이념 구현을 통한 시민의 자율성과 사회적 통합성, 효율성의 추구다. 이 원리를 조직체제 구축에 활용하기 위해서는 행정기관 등에 각계 각층의 주민 대표가 행정에 참여할 수 있는 시스템이 필요하다.

1972년 아키타현(秋田県)은 평생교육추진본부와 추진협의회를 발족시켜 일본 최초의 시스템 모델 현이 되었고, 1988년 문부과학성에 '생애학습국' 이 설치되면서 평생학습추진체제의 정비가 가속화되었다. 1990년 중앙교육심의회의 '생애학습의 기반 정비에 관하여' 라는 답신의 제언을 받고 '평생학습의 진흥을 위한 시책과 그의 추진체제 등의 정비에 관한 법률' (이른바 평생학습진흥법)이 제정되었으며, 이 법률에 근거하여 지역 참가의 지

▶▶▶ 미에현 평생학습센터

역 평생학습심의회 설치, 현재 횡단적 평생학습추진회의 설치, 평생학습 기본 구상제도 실시, 민간기업(단체)의 교육산업 및 기관의 참여가 본격적으로 추진되었다. 1992년 '향후의 사회 동향에 대응한 평생학습의 진흥방책에 관하여' 라는 심의회 답신이 나오면서 지방자치단체에서는 체제 정비를 더 한층 가속화하였다. 1995년 전체 70%인 33개의 도 · 도 · 부 · 현에 평생학습심의회가 설치되었고, 이 중 20개 도 · 도 · 부 · 현에서 관련 답신이 나왔다. 그밖에 42개 도 · 도 · 부 · 현에 평생학습진흥계획 · 기본 구상이 책정되었다.

1996년도 평생학습기반 추진체제 정비비(47억 1,834만 엔)의 보조사업명을 보면 평생학습추진사업, 학교개방 · 강좌추진사업, 교육미디어 이용촉진사업, 평생학습 정보제공 시스템 정비사업, 지역 국제교류 촉진사업, 주말 서클활동 추진사업, 여성의 평생학습 추진 종합사업, 평생학습 볼런티어 활동 종합 추진사업 등이 있다.[7] 여기에는 문부과학성과 교육위원회가

7) 總務庁行政監察局編, 평생 언제나 자유롭게 배울 수 있는 사회를 목표로(東京: 大藏省印刷局, 1996), p. 189.

행하는 형태와 내무부와 도청에서 독자적으로 추진하는 형태, 통합적인 조직을 행하는 형태, 제3섹터를 활용하는 형태 등 지역사회의 여건과 일반 행정과 교육행정의 대응에 따라 다양한 형태가 존재한다. 또한 행정 주도의 체제정비와 관 · 민협동의 체제정비, 시민중심의 체제정비의 형태가 있다.

일본의 공적 평생학습 정책의 목적은 바람직한 '인간 만들기' 와 '지역 만들기' 에 있다. 이를 위해 문부과학성은 1988년부터 '평생학습모델 시 · 정 · 촌 사업' 을 추진하고 있다. 그러나 1990년 평생학습진흥정비법의 제정 이후 버블경제의 붕괴에 따른 심각한 경제불황과 지방자치단체의 재정 압박이 계속됨에 따라 모델사업 지원도 없어지면서 급격히 축소되고 있다. 특히, 2000년의 지방분권일괄법에 의한 규제 완화와 국가 관여의 축소, 지방자치단체의 자기결정과 자기책임 영역의 확대를 추진하고 있다. 이에 따라 일반 행정에 의한 교육행정의 종속화의 우려와 지역주민의 자발적인 학습의 자유가 제약되는 위험성도 존재한다.

6. 각 지역별로 특성화된 평생학습도시 구축

일본은 각 지방 공공단체를 중심으로 지역의 평생학습체계화를 사업화하고 있다. 가케가와시를 비롯하여 170여 개의 도시는 평생학습도시를 선언하고 '평생학습' 을 행정의 우선 과제로 삼으면서 지역 만들기에 나서겠다는 의지를 표명하고 있다. 이에 따라 지역의 학교 · 대학 · 직장 · 매스컴 등 다양한 교육자원과 자원센터 간의 연계체제를 모색하고 있다. 이로 말미암아 지역별로 특성화된 지역 살리기와 평생학습이 결합하여 다양한 평생학습 정책이 나오고 있다.

지역별로 종합계획의 중점 목표는 크게 '창조성이 풍부한 인간 만들기'

(인간 만들기), '개성이 풍부한 학술 · 문화의 창조' (문화 만들기), '미래를 육성하는 풍요로운 휴먼라이프' (생활 · 환경 만들기), '활력 넘치는 고장' (고장 · 지역 · 사회 만들기)의 네 가지로 분류된다. 장기계획의 중점 정책은 '삶의 보람(生きがい)' 을 실현하는 것이었다. 그 진흥 내용은 바로 평생학습, 참가형 사회 형성(고장 만들기), 미래를 위한 문화 환경 조성이었다. 이를 실현하기 위하여 임시교육심의회 정책 이념 속에 포함되어 있던 '인간 만들기' 에 대한 평생학습의 과제는 사회교육의 충실과 평생학습체계의 정비였다. 특히, 고등 성인교육의 학습기회 확대와 학습 네트워크 창조에 중점을 두는 도 · 도 · 부 · 현이 매우 많았다.

평생교육의 추진 형태는 다음과 같이 분류된다.

- 시설정비형
- 소프트 사업형
- 네트워크형
- 전통중심 사업형

제3장

일본의 평생학습도시(마을) 사례

평생학습도시(마을)는 우리나라와 달리 기초 단위의 시 · 정 · 촌 의회의 동의를 얻어 자율적으로 평생학습마을을 선언하여 추진해 오고 있다. 평생학습도시의 모습은 대략 다음과 같은 형태로 나타난다.[1)]

- 평생학습사회의 실현을 목표로 하는 마을
- 학교교육 · 사회교육이 충실한 마을
- 지역 산업과 경제의 활성화 마을
- 문화 마을
- 시민의 연대감이 높은 마을
- 자치능력이 높은 시민성
- 관 · 민 협동형 마을

1) 김득영, 일본의 평생학습도시, **평생교육소식**(한국교육개발원 평생교육센터, 서울: 2001, 가을호), pp. 16-19.

현재는 대학과 지방, 기업, 그리고 비영리민간단체(NPO) 등과의 협동에 의한 마을이 나타나고 있다. 필자가 일본의 특색 있는 평생학습도시를 10년 이상 방문 · 조사하면서 알게 된 것은 시대에 따라 평생학습도시를 운영하는 방식에 차이가 있다는 것이다. 이제부터 소개할 도시는 평생학습도시의 대표적인 두 도시, 그리고 중소도시와 농 · 어 · 산촌 지역 중에서 나름대로 벤치마킹이 가능한 사례다.

1. 일본 최초의 평생학습도시 가케가와시[2)]

1) 개 요

최초로 도시의 평생학습화를 선언하여 평생학습도시의 모델이 되었던 가케가와시(掛川市)는 신무라 준이치(榛村純一) 시장(市長)이 평생학습의 개념을 시정의 우선 과제로 삼아 평생학습운동을 전개함으로써 일본의 평생교육 정책에 많은 아이디어를 제공하였다. 그는 1977년 취임한 이래 평생교육을 제창하여 '가케가와 학사시(学事始)'[3)]로서 '지역학'(수평적 통합)과 '생애학'(수직적 통합)의 확립을 목표로 평생학습운동을 2004년까지 추진하면서 사회의 모든 부문에 평생학습의 개념을 투입하여 실천하였다.[4)]

가케가와시는 일본 시즈오카현(静岡県)의 서부에 위치(동경 137~138도, 북위 4도)하고 사방이 산으로 둘러싸인 분지형 도시다. 면적은 185.79km^2, 총인구는 81,547명(26,543세대, 1995년 가케가와시 통계서), 주요 농업 분야는

2) 김도수, 김득영, 일본의 평생학습체계화 연구(1996년도 교육부 해외지역 연구 조성비, 1995).
3) 가케가와 학사시(学事始)는 가케가와시를 배우는 일부터 평생학습을 시작하자는 의미다.
4) 김득영, 일본 평생교육정책 변천에 관한 연구(단국대학교 박사학위 청구논문, 1995).

차, 딸기, 멜론, 장미, 우유 등으로 농업 총생산액이 123억 5천만 엔이고, 공업은 다이야, 시세이도, NEC 전기 등 연간 제조 출하액이 4,712억 9천만 엔, 상업 부문은 연간 판매액이 1,815억 9천만 엔이다. 산업별 취업 구조는 제1차 산업이 9%, 제2차 산업이 43.4%, 제3차 산업이 47.5%다.[5)]

한편, 공공시설 중 교육 부문은 보육원 14개, 공립유치원 17개교, 사립유치원 4개교, 초등학교 16개교, 중학교 9개교, 고등학교 9개교, 교육센터, 도서관, 중앙평생학습센터, 학교체육관, 종합운동장, 해양센터, 캠프장 2곳, 지역평생학습센터 19곳(초 · 중등학교 부설), '역남학습센터', '미감홀'[6)], 안양사운동공원, 삼림과수공원, 시즈오카현 종합교육센터(아스나로)이고, 복지 부문에는 노인복지센터, 양호노인회관, 특별양호노인홈 2관 등 다수가 있고, 보건위생 시설 부문에는 시립종합병원(450병상), 건강진단센터 등 다수가 있다.

가케가와시는 신무라 준이치 시장이 1979년에 제창한 일본 최초의 '평생학습도시선언' 이후 3단계로 발전하여 왔다. 1단계는 1977년 신무라 시

5) 掛川市, 1995年度 伸びゆく掛川(1995: 2005년도 가케가와판 통계서)

6) 미감홀(美感 Hall)은 270석의 다목적 강당이다.

장의 취임으로부터 신칸센 민자 역의 건설까지 10년간, 2단계는 1988년의 신칸센 역 완공에서 시청 청사 건설까지 10년간, 제3단계는 1996년 청사의 완공으로부터 현재 10년간이다.

제1단계 3,000억 엔 프로젝트 1980년 4월에는 평생학습 10개년 계획에 따라 3,000억 엔의 예산을 책정하고 '좋은 도시 만들기' 와 '바람직한 인간 만들기' 를 결합한 전체 시정에 평생학습을 두고, 10년 후를 목표로 시정 전체를 다음과 같은 18개 항목으로 분류하였다.

- 가케가와를 즐겁게 배운다: 가케가와 학사시(学事始), 시의 역사, 국토조사 등
- 평생의 건강을 유지 · 관리한다: 시민병원, 보건예방, 심신의 안정
- 평생 복지를 지역 전체로 확대한다: 사회복지, 차별 철폐(동화교육, 직업교육)
- 여성에게 활력 넘치는 도시로 만든다: 식생활, 부인회, 부인의회, 소비자협회, 생활학교 등
- 가정과 영 · 유아 및 청소년에게 혼을 심는다: 유치원, 보육원, 가정교육(영 · 유아의 좋은 습관 지도)
- 학교는 지역의 태양이다: 시설 충실, 평생학습센터화(학습사회의 일원 만들기)
- 개개인의 자기 충실: 1인 1예(藝), 1인 1스포츠, 1인 1업(業), 1인 1볼런티어
- 농촌을 생각하고 농촌에 산다: 차의 문화, 농촌 정비, 농업구조 개선
- 특색이 있는 상공업 배치: 공장 유치, 공업단지 만들기, 관광상품 개발, 상점가 정비
- 토목사업으로 도시를 윤택하게 한다: 구획 정리, 도로사업, 주택단지

정비

- 산림 · 나무 · 꽃 · 녹음(綠陰)을 가득하게 한다: 녹화미화, 환경보전, 산림 이용, 야영
- 하천과 연못을 깨끗하게 한다: 상수도, 하천 개수, 치수, 연못 정비
- 쾌적한 도로와 아름다운 토지 이용: 농촌진흥 지역 · 용도 지역의 검토, 도로망
- 연대감이 넘치는 자치구 경영: 시민 총대의원회의, 방재안전, 공민관
- 신뢰가 두터운 시청: 리더집단, 데이터뱅크, 두뇌은행
- 광역행정을 철저히한다: 정주권, 동원시 · 정 · 촌권역(東遠市町村圈), 중동원 지역(中東遠地域)
- 풍요로운 국제감각과 정치력: 생애 투표율, 국정, 도정, 국제감각, 핵문제
- 이름 만들기: 신칸센역, 전시(全市) 공원화, 명물(名物), 명산(名産), 명소(名所), 명원(名園), 명인(名人), 명공(名工), 명승(名僧), 명의(名醫) 등

한편, 1980년 9월에는 통합연구개발기구와 가케가와시가 공동으로 '지금 왜 평생학습인가' 라는 제목으로 전국 평생교육 심포지엄을 개최하였다. 이후 가케가와시에서는 매년 1회 평생학습추진 시민대회를 개최하고 있다. 1983년에는 평생학습을 추진하기 위한 다목적 통합시설로서 평생학습센터를 만들었고, 시장의 평생학습도시선언으로부터 10년째가 된 1987년 1월에는 또 다시 '평생학습 이행과 그 전망 및 방법론' 이라는 제목으로 평생학습 심포지엄을 개최하였다. 여기에서 주목할 점은 평생학습 추진 장기전략으로써 '5,000억 엔 계획' 이다.

제2단계 5,000억 엔 프로젝트 평생학습 10년 계획 파트 II는 제1차 계획의 연장으로 자연과 지역, 세계의 공존을 바탕으로 한 계획이다. 18개

프로젝트 중 산업 부문은 4분야, 평생학습 분야는 학사시(学事始), 초 · 중학교의 평생학습센터화, 평생학습시설의 네트워크화, 평생학습도시 만들기 토지조례 제정, 19개 학습센터와 시민총대회의 충실, 평생학습 소프트웨어 개발 8개 분야 등으로 되어 있다. 10년 계획은 1990년 4월 1일 '지구(地球) · 미감(美感) · 덕육(德育) 도시선언'으로 전 도시공원화, 전 사회의 활성화, 전 가정의 안심화 등을 일제히 추진하는 계획이다.

평생학습선언도시인 가케카와시에서 전개하고 있는 평생학습사업 추진을 통하여 지역 · 도시에서 평생학습의 필요성을 살펴보면 다음과 같다.

- 각자가 좋은 인생을 보내기 위해서(살 가치가 있는 인생)
- 좋은 도시 만들기, 좋은 토지를 이용하기 위해서(살기 좋은 도시)
- 좋은 인간관계, 좋은 인생극장을 만들기 위해서(의지할 가치가 있는 사회)
- 좋은 문화를 만들고, 좋은 후계자를 키워 좋은 지구와 좋은 미래를 보내기 위해서(믿을 가치가 있는 자손)

이와 같이 평생학습도시에서 이룩된 평생학습운동의 성과는 다음과 같다.

- 세대 간의 모임
- 투표율 제고
- 시민 총대의원회의 시스템
- 부인의회–페미니즘 시정
- 삼층 평생학습시설[7] 네트워크
- 전 시의 공원화 만들기 · 숲의 도시 건설
- 국제도시우호협회 · 미국 유진시와 자매결연

7) 제1층은 초등학구의 학습센터, 제2층은 중학교구의 학습센터, 제3층은 시 전체를 대상으로 하는 시 평생학습센터

• 차의 문화 권장

• 평생학습 심포지엄

• 평생학습 조언자(Mentor)

• 18항목의 주제와 프로젝트 등

제3단계 프로젝트 및 평가 3단계에서는 평생학습을 위한 하드웨어 정비에서 평생학습을 통한 시민의 창조적인 활동의 활성화, 그리고 시정참여마을 만들기를 추진하고 있다. 그 하나의 예가 지역 자원인 가케가와 36경과 연계한 '은 무엇인가 학사'[8]라는 2년제 시민대학 설치(1995년)로 지역의 리더를 양성하고 있다.

가케가와시는 평생학습운동의 귀결로서 '슬로 라이프(slow life)'를 제창하고, 2003년 11월에는 1개월간에 걸쳐 '슬로 라이프 월간 in 가케가와(掛川)'를 개최하여 그 이념을 널리 시민과 세상에 알렸다. 2004년부터는 '보행문화 · 슬로 라이프 · 보덕문화[9]도시선언' 중 3개의 요소를 시정에 반영하고 있다. 또한 NPO법인 '슬로 라이프' 가케가와가 설립되어 축적된 시민단체의 성과를 반영하여 마을 만들기 활동을 실천하고 있다.

> 20세기는 '빠르고, 싸게, 편리하게, 효율적으로' 스피드를 추구하며 발전한 세기였습니다. ……(중략)…… 그러나 우리 가케가와 시민은 슬로 라이프를 제창하고, 슬로의 가치를 또 한 번 새롭게 주시해 볼 기회를 얻었습니다. ……(중략)…… 결단코 최고(first)를 부정하는 것이 아니고, 무가치하다고 머릿속에 인식되어 있었던 슬로의 가치를 다시 한 번 고쳐 보니 일회성에 그

8) '은(는) 무엇인가 학사'는 '평생학습은 무엇인가?', '학교는 무엇인가?'와 같이 시민의 궁금증을 학습하여 해결하는 학교를 의미한다.

9) 니노미야 긴지로(二官金次帝, 1787~1856)가 지성, 근로, 절제, 분수 등을 가르쳐 덕을 쌓도록 함

치지 않고, 시간을 들이지 않으면 할 수 없는 독서, 농업, 예술, 그리고 육아 등 많은 것의 가치가 새롭게 보였습니다.

이 슬로 라이프 시티운동은 시민의 실행위원회가 계속해서 매년 11월에 개최하고 있다.

시장의 도시경영 이념에서 시작된 시정개혁은 제3단계에 이르러 '주제가 풍성한 마을 만들기' 로 완성되고 있다. 사업 수행의 일관된 철학은 마을 만들기 담당자의 자주성 확립, 투명성의 담보, 역할 분담을 통한 신뢰관계의 유지, 항상 외부와의 네트워크 형성, 새로운 지식과 정보를 시정에 반영하는 열린 지도성으로써 현재의 가케가와시를 변화시켰다고 보고 있다.

2. 마을을 건강하게 하는 생애 낙습[10) 야시오시[11)

사이타마현(埼玉県) 야시오시(八潮市)는 현의 동남부에 위치하고, 인구 약 76,000명, 세대수 27,000가구의 중견 도시다. 시의 남부가 동경도(東京都) 아다치구(足立區), 가쓰시카구(葛飾區)에 접해 있으며, 서쪽으로는 센베이의 명소인 소카시(草加市), 동쪽으로는 조반(常磐)자동차 도로의 기점인 미사토시(三郷市)와 접하고 있다. 면적 18.03km^{2}의 평탄한 지형인 마을로 나카가와(中川), 아야세(綾瀨)천, 오바(大場)천의 일급 하천이 시의 구역을 에워싸듯이 흐르고 있다. 그 옛날 에도(江戶)의 쌀 창고라고 불렸으며, 생산된

10) 생애 낙습(生涯樂習)은 생애 학습과 같은 일본어 발음으로, 학습의 즐거움을 알리고 홍보하기 위해 후지나미 아키라 시장이 일본에서 제일 먼저 사용한 용어다.
11) 이 글은 후지나미 아키라(藤波彰, 전 사이타마현 야시오 시장, 전국 생애학습마을 만들기협회 부이사장) 씨의 글을 옮긴 것이다.

쌀과 야채 등을 하천을 이용하여 배로 운반하였다.

1956년에 하치조(八條), 시오카미(潮上), 야하타(八幡)라고 하는 3개의 마을을 합병하여 야시오(八潮) 촌이 탄생하였고, 8년 후인 1964년에는 읍으로, 또 8년 후인 1972년 1월 15일에는 시가 되었다.

2005년 가을에 도쿄(東京) 아키하바라(秋葉原)와 이바라기(茨城) 쓰쿠바 학원도시(筑波學園都市)를 묶는 철도 '쓰쿠바 익스프레스'가 개통되면서 야시오시에 역이 생기고, 아키하바라까지 직통으로 10여 분이면 갈 수 있게 되어 야시오시 시민의 통근 · 통학의 접근이 비약적으로 개선되었다.

시민의 평균 연령은 39세, 고령화율 12퍼센트로 젊은 도시지만, 젊은 도시이기 때문에 시민의 지역 귀속의식이 비교적 약하다.

1991년 7월, 사이타마현 내에서는 처음으로 야시오시가 생애학습도시를 선언하였다.

> **야시오시(八潮市) 생애학습도시 선언문**
> 저희 야시오(八潮) 시민은 생애에 걸쳐 즐겁게 배우면서
> 인간성이 풍부한 사람을 키우고, 행복한 가정을 쌓으며,
> 사는 보람이 있는 마을 '야시오'의 실현을 목표로 합니다.
> 시 탄생 20주년을 맞이하여 '생애학습도시'를 선언합니다.

1) 행정의 평생학습화

야시오시에서는 1992년에 기획부 내에 평생학습도시 추진실을 설치하고 나서부터 일관해서 시장 부 · 국에 평생학습마을 만들기 추진 부문을 두고 있다. 평생학습이 교육위원회의 시책으로뿐만 아니라 종합행정으로 자

▶▶▶ 야시오시 평생학습센터

리를 잡고 있기 때문이다.

'행정의 평생학습화'란 행정을 평생학습의 발상으로 재인식해 가고자 각 과와 각 시설에 평생학습추진주임(애칭: 추진 키맨)을 중심으로 전청(全庁)에서 대응하고 있는 야시오시의 독자적인 운동이다. 이해하기 쉽게 말하자면, '항상 시민 여러분이 주역인 마을 만들기를 생각해 가자.'고 하는 것이다. 그리고 '할 수 있는 곳에서 시작하며 재인식하자.'고 하는 것을 마음에 담고 있다. 여기서 중요한 것은 '시민이 주역, 직원 참가의 추진', '사무사업의 재검토', '직장의 활성화'다.

시민이 주역, 직원 참가의 추진 마을 만들기는 시민이 주역이며, 주역인 시민을 위해서 시민과 행정이 함께 마을의 과제를 생각하고 해결하는 것이 중요하다. 시민 참가는 물론이지만, 행정은 그것을 지원하기 위해서 직원 한 사람 한 사람이 각각의 입장에서 '지금, 자신이 할 수 있는 것'을 생각하자고 하는 것이다.

사무사업의 재검토 평소 진행되고 있는 사무사업을 비용절감 등에 의해 재검토하고, 항상 일에 대하여 엄격한 눈을 가지고 더 긴축하며, 깔끔하게, 시민 본의로 개선하는 것이다. 바꿔 말하면 행정개혁운동이다.

직장의 활성화 각각의 직장이 활기가 넘치고 활발하게 토론하는 직장을 만드는 것이다. 직장에 활기가 있다고 하는 것은 시민을 위해 좋은 일을 할 수 있는 환경을 조성하는 것이기도 하다.

2) 평생학습마을 만들기 출장배달강좌

야시오시의 특징적 사업에 '평생학습마을 만들기 출장배달강좌' 가 있다. 이는 1994년 4월에 시작한 사업으로 '평생학습마을 만들기 운동' 을 더욱 적극적으로 진흥시키기 위해서 기다림의 자세가 아니라 상인의 정신으로 시작한 것이다. 이 제도는 각 과 · 각 시설에서 내놓은 강좌 메뉴를 준비하고, 시민의 주문에 따라 시의 직원이 배달하는 것이다. 강좌를 신청할 수 있는 것은 원칙적으로 5명 이상의 시민으로 구성된 그룹이며, 개최 장소는 시내다. 시간은 오전 9시부터 오후 9시까지로 2시간 이내이고, 강사료는 무료다. 당초 행정 메뉴만으로 시작했지만, 시민 요망에 따라 1997년도부터 시민 메뉴, 민간기업 메뉴, 공공기관 · 공익기업 메뉴, 교직원 메뉴가 더해져서 5개 부문이며, 1999년도부터는 동아리(circle) 메뉴와 행정 요약 메뉴를 추가하였고, 2000년 7월부터는 청소년이 강사가 되는 청소년편도 더해져서 현재 8부문으로 확충되었다. 이 출장배당강좌는 시민이 주최하는 행사에 강사를 파견하는 제도며, 강의 장 준비나 행사의 홍보는 주최측에서 행한다.

시민 메뉴, 민간기업 메뉴, 교직원 메뉴, 동아리 메뉴, 청소년 메뉴의 강사는 시에 등록된 볼런티어 강사로 구성되어 있다.

실적은 2003년도에 308건의 신청으로 19,631명이 수강을 하였고, 출장배달강좌를 시작한 이래 사상 최고를 기록하였다. 인기가 있는 강좌는 행정메뉴의 교통안전, 철도정비, 간호보험, 시민메뉴에서는 국화의 명인이 가르치는 국화 만들기, 청소년 메뉴에서는 풍선으로 토끼나 개를 만드는 풍선아트 등이 유명하다.

단체에서 신청이 가장 많은 곳은 학교로 전체의 30%를 넘는다. 출장배달강좌가 행정과 시민, 시민끼리와의 배움에서 학교교육 현장으로 확대되어 가고 있다. 그 다음으로 PTA, 동아리, 마을모임(町会) 등의 순이다. 이 사업은 고향 만들기에 큰 성과를 올렸다고 하여 '재단법인 내일의 일본을 만드는 협회' 에서 2001년도 고향 만들기 상으로 내각관방장관상을 수상하였다.

3) '평생학습' 은 '평생 낙습(樂習)[12]' 에서

'배운다' 는 것은 원래 '흉내 내는 것' 이며, '모방한다' 는 것으로 알고 있다. 이렇게 '배운다' 는 것은 물건과의 만남, 사람과의 만남이며, 자기 자신과의 대화를 통해 사회 만들기, 사람 만들기, 동료 만들기, 자신 만들기를 할 수 있다. 최근 아이들이 즉시 자기통제가 되지 않는 상태가 되어 버리는 것은 인간과 사물에 무관심하기 때문이라고 이야기한다. 작은 것에도 감탄하고 민감하게 느끼는 세심한 마음을 키우는 데는 '공부' 보다도 '학습' 이 중요하다.

'공부(勉强)' 에는 원래 무리한 것을 하게 한다는 의미가 포함되어 있다. 사회인이 되어서도 남에게 강요당하는 일은 즐겁지 않은 고통이다. 일도 학습처럼 배우는 자세가 필요하다. 옛날의 장인은 우두머리의 일을 곁눈질로 보면서 똑같이 흉내 냄으로 일을 터득하였다. 그 후에는 매일 시행착오로 자신의 기술을 향상시키기 위한 학습을 되풀이한다. 그것이 좋아지면 웬만한 곤란도 극복해 갈 수 있다.

'무슨 일이든 좋아해야 열심히 하게 되어 자연히 숙달되는 법이다.' 라는 말이 있다. 그러므로 학습이라면 '즐겁게' 하고 싶을 것이다. 여기서 '즐거움' 은 계속할 수 있게 하는 원동력이다. 야시오시 평생학습도시선언은 '평

12) 역주: 낙습은 일본어 발음으로 학습과 같이 가쿠슈로 발음된다.

생을 통해서 즐겁게 배운다.' 고 씌어 있다.

4) 나, 자신의 평생 낙습(樂習)

나는 학생 시절 때 '연극부' 에 소속되어 있었다. 연극은 연기자가 담당하는 것으로 관객에게 감동을 주는 것이지만, 아무리 좋은 연기자가 있어도 무대 뒤에서 일하는 스태프의 협력이 없으면 빛을 발휘할 수 없게 되고, 좋은 연극을 만들 수 없다.

이를 마을 만들기에 비유하자면, 연기자는 시민이다. 지금까지의 마을 만들기는 단순히 주민은 세금을 지불하고, 그 뒷일은 관청이 하면 된다고 생각하였다. 이것을 연극에 비유하면, 입장료를 지불하고, 연기자가 연극하는 것을 보고, 저 사람은 연기를 잘 한다든가 서투르다고 말하면 그만이었다. 그러나 단지 보고 비평만 할 것이 아니라 무대에 올라서 함께 마을 만들기를 진행해 나가는 지금에서는 행정도 무대 뒤에서 일하는 스태프로서 공헌할 수 있다고 생각한다.

마을은 무대, 시민은 연기자, 행정은 무대 뒤에서 일하는 스태프라고 할 수 있다.

21세기가 시작되어 순식간에 몇 년이 경과하고 있다. 환경의 세기, 복지의 세기, 인권의 세기 등이라고 말하지만, 그것을 모두 포함하면 '평생학습' 이 키워드가 될 것이다. 행정, 기업 등 모든 조직이 '평생학습' 없이는 살아남을 수 없기 때문이다. 그리고 모든 사람이 배우는 즐거움, 살리는 기쁨을 체감하고, 평생학습으로 지역, 마을, 나라를 건강하게 해 나가는 것이다.

끝으로, '당신 자신의 평생학습은?' 이라고 누군가 묻는다면 나는 이렇게 대답할 것이다.

요시카와 에이지(吉川英治)의 소설 『미야모토 무사시(宮本武藏)[13)]』에서, '나 이외의 모든 이가 나의 스승이다.' 고 쓴 것을 나의 좌우명으로 삼고 있다. 여러분을 만나 서로 이야기하고, 여러분과 서로 배워 나가는 것이 나의 평생학습이며, 앞으로도 그것을 실천하면서 인생을 즐겁게 살아가고 싶다.

3. 총 참가형 마을 만들기 모델인 다카하타초[14)]

1) 지역 소개

야마가타현(山形県)의 남부에 위치한 다카하타초(高畠町)는 미야기현(宮城県)과 후쿠시마현(福島県)에 인접해 있는 전원도시다. 이 다카하타초의 산업구조는 1차 산업 21%, 2차 산업 42.8%, 3차 산업 36.2%다. 이 중에서도 농업이 기간산업이며, 포도를 중심으로 한 과수 생산이 주류를 이루고 있다. 이곳도 예외 없이 인구의 감소화(27,232명-2000년, 22,334명-2030년), 고령사회화(22.9%-2000년, 33.2%-2030년)와 출산율 저하가 동시에 진행되고 있다. 일본은 1954~1955년에 걸쳐 1정(町) 5촌(村)이 하나로 합병되어 현재에 이르고 있으나, 다카하타초는 합병을 보류하면서 독자생존을 위한 전략을 수립하고 있다. 사회교육 과장을 위원장으로 하여 젊은 공무원 중심의 '다카하타 미래창조 프로젝트' 에 '정책형성전략, 재 · 세(재정과 세금) 전략, 주민참가전략, 지원자질 향상전략' 을 주제로 한 4개 팀을 구성하여

13) 미야모토 무사시는 일본 사무라이의 대표적인 인물로 추앙받고 있으며, 만능의 재능을 갖고 있다고 알려져 있다. 그는 임진왜란 전후로 끌려간 조선의 후예라고 전해지고 있다.

14) 김득영, 일본의 학습도시, 한국평생교육총연합회, 지역평생교육활성화의 비전과 전망(2005전국평생교육포럼, 용인시 평생교육센터, 2005) .

향후 5년간 지역경영플랜을 만들었다.

공민관은 중앙공민관 1개, 지구공민관 5개, 평생학습관 1개, 자치(부락) 공민관 94개관이다. 사회교육활동은 소화 40~50년대(1965~1975년)에 걸쳐 청년단과 부인회 활동 등이 왕성하였다. 그러나 도시화 · 고도산업화 등의 사회변화로 이 활동은 거의 정지된 상태지만, 스포츠 · 취미, 소비자 문제 중심으로 생활 과제를 해결하는 서클활동과 볼런티어 활동은 적극적이다. 이 과정에서 사회참여의식이 배양되었고, 사회교육행정 운영 스타일도 서서히 바뀌어 갔다. 특히, 주민의 자율성과 창의성을 지역행정과 마을 만들기에 반영하고 있다. 이 과정에서 시민 또한 '무관심 비판형' 스타일에서 '참가 · 제언형' 스타일로 바뀌고 있다. 이것은 지속적인 평생학습 기회의 제공과 지역 공민관 등 평생학습센터라는 멍석을 깔아 준 결과다.

일본 지역주민의 가장 친근한 평생학습시설은 공민관이다. 이 시설은 지역주민의 교양 · 문화 · 스포츠 등의 활동을 통해서 주민 자치 능력을 배양하고 지역 만들기에 기여하는 종합적인 평생학습시설이다. 이 다카하타초의 공민관은 기초자치단체 행정과 교육위원회, 그리고 다른 행정위원회가 일체가 되어 종합행정의 관점에서 평생학습사회를 추진하고 있다.

2) 평생학습사회 구축을 위한 종합행정의 조직 구축

교육위원회 사회교육과는 1986년부터 시청 내의 종단적 정보교환 조직으로 다카하타초 평생교육추진행정연락회의 사무국을 겸하였지만 실질적인 역할은 제대로 수행하지 못하였다. 이후 평생학습을 위한 마을 만들기 사업은 각 부서별로 추진되어 왔다.

1998년부터 '참가', '창조', '공생'을 마을 만들기 이념으로 하여 '제4차 다카하타 종합계획'이 책정되어 계획적이고 종합적인 마을 만들기가 추진되고 있다. 그 주된 과제는 주민생활의 개성화와 다양화, 그리고 생활의 질 향상, 산업과 생활의 양적 정비단계에서 환경과 복지, 문화 등 주민생활의 질적 향상을 위한 개성적이고 창조적인 마을 만들기, 즉 '참여 · 제언형 마을 만들기' 를 추진하는 것이다. 이를 위해서는 최적의 대안이 평생학습마을 만들기였다. 이에 공무원의 의식개혁과 지역주민의 참가를 촉진하는 조직 개편과 조직 활성화가 과제로 부상한 것이다. 이러한 내용은 [그림 3-1] 다카하타초의 평생학습추진 기본 계획 개념도에서 자세히 제시되고 있다.

1999년 4월부터 사회교육 과장 밑에 '평생학습담당 과장보좌' 로 야마키 요시아키(山本義昭)가 발령을 받으면서 변화는 시작되었다. 그의 역할은 평생학습의 체계화와 공민관 역할 강화, 그리고 주민 주체의 지역 만들기 추

살기 좋은 고향	추진 목표	세부 내용
	① 자연과 역사를 중시하는 마을 만들기	• 자연과 풍경 • 역사의 존중과 전승 • 경관의 보존과 창조
	② 보람을 키우는 건강한 마을 만들기	• 건강 만들기 • 복지사회 형성 • 보건 · 의료 · 복지 서비스의 충실 • 초고령사회 대응 • 저출산 사회 대응
	③ 향토를 사랑하는 창조성이 풍부한 인간 만들기	• 평생학습 추진 • 가정 · 학교 · 지역사회의 연계 • 문화진흥 • 활력 있는 마을 만들기 • 우호교류활동 추진 • 국제교류 • 남녀공동참획 사회 추진
	④ 지역산업을 진흥시키고, 안정된 생활이 가능한 마을 만들기	• 농업 진흥 • 임업 증진 • 공업 증진 • 상업 증진 • 관광 증진 • 산업 간의 연계
	⑤ 전원생활 환경 만들기	• 질서 있는 토지 활용 • 생활환경의 향상 • 정보통신사회의 대응 • 리사이클형 사회 추진 • 안전하게 살아가는 마을 만들기

[그림 3-1] 다카하타초 평생학습추진 사업의 체계

진이다. 그에 의해 주민의 행정에 대한 의식변화와 공무원 의식개혁운동이 시작되었으며, 상의하달식 행정에서 상호 소통형 행정으로 변하였으며, 주민과 함께 주민활동을 지원하였다.

이것은 교육위원회와 일반 행정 전체가 추진하지 않으면 안 되는 과제다. 평생학습추진 기본 계획의 책정에 있어 주관 부서는 교육위원회 사회교육과가 담당하고, 책정 주체는 기초자치단체인 '다카하타초'가 되었다. 그 결과 1999년 12월에 '다카하타초 평생학습추진 기본 계획'이 책정되었다. 이 계획의 효율적인 추진을 위해 다카하타초 장(長)을 본부장으로 하는

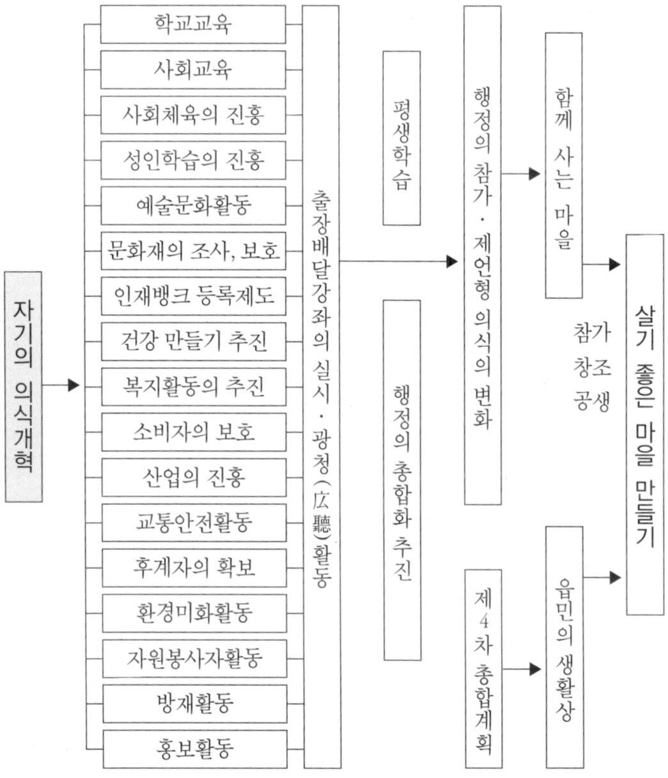

[그림 3-2] 1999년도 다카하타초의 평생학습추진 기본 계획의 개념도

출처: 야마가타현 다카하타초, 다카하타초 평생학습추진 기본 계획(1999).

'다카하타초 평생학습추진본부'를 설치하였다. 또한 주민참여를 실시하면서 시스템 운영의 코디네이터 역할과 감시, 제언 등을 할 수 있는 '평생학습추진 간담회'를 설치하였고, 계통적이며 지속적인 추진을 위해 기초자치단체 행정부서에 '지역만들기추진실'을 설치하였다. 야마키 씨는 현재 이 조직의 효과가 서서히 나오고 있다고 말하고 있다.

3) 평생학습 종합 거점시설 및 기관으로서 공민관 사업

공민관 업무에는 사회교육 업무와 사회교육 이외의 업무가 있다. 사회교육 업무 중 지구공민관 자체 사업에는 공동개최 사업, 주체 사업, 그리고 문화 · 스포츠 이벤트 개최 사업이 있다.

단체가 기획 · 입안한 공최(공동개최) 사업으로는 다음과 같은 것이 있다.

- 청소년 지도자 연수회
- 부락공민관 순회 1일 연수회
- 교육캠프
- 정교육 연수회

운영위원회가 기획 · 입안한 주체 사업으로는 다음과 같은 것이 있다.

- 고령자 강좌
- 부인회 연수
- 성인 강좌
- 어린이 놀이클럽
- 육상교실
- 만남의 살롱

공동주최로 문화 · 스포츠 이벤트 개최 사업으로는 다음과 같은 것이 있다.

- 지구 주민 운동회
- 부모와 함께하는 비치볼
- 부모와 함께하는 배구 대회
- 부락대항 비치볼 대회
- 부락대항 야구 대회 등

사회교육 이외의 업무에는 지연(地緣) · 기타 단체와 행정 관계의 업무가 있다. 지연 · 기타 단체의 업무로는 행정관계단체, 지역단체, 지역주민 이벤트 업무가 있다. 행정기관 단체 업무는 다음과 같다.

- 지구의 장(長) 회의
- 꽃과 녹음의 마을 만들기 실행위원회
- 방범협회
- 위생조합
- 식생활개선추진위원회

지역단체 업무는 다음과 같다.

- 부락공민관 연락회의
- 보건 관계자 회의
- 노인클럽 연락협의회
- 다카하타초 지구 공민관 개축 간담회
- 지역주민의 이벤트

행정관계 업무로는 행정기관 사무와 창구업무 등이다. 행정관계 사업은 다음과 같다.

• 지구 경로회

• 지구 읍민정관간담회

• 마을 만들기 추진실 관련 업무 등

지구공민관은 사회교육사업 추진만이 아니라 많은 행정정보를 제공하면서 균형 있는 마을 만들기의 추진과 지역사회의 특성을 살린 활동의 전개를 추진하고 있다. 공민관은 지역 만들기, 마을 살리기의 거점시설로서 공민관 사업을 추진하면서 주민의 의견과 제언, 아이디어 등이 용이하게 지방자치단체의 행정에 반영될 수 있는 안테나 역할(청취 · 홍보 기능)을 하고 있다. 2003년부터는 진정한 읍민 총 참가에 의한 '참여 · 제언형의 마을 만들기' 를 추진하기 위해 읍내의 6개 지구 공민관(평생학습관)에 지구진흥계장(읍장의 발령으로 기획과 마을 만들기 추진실 소속)을 배치하였다. 이 지구진흥계장은 종래의 지구공민관장 대리(교육위원회 발령)의 업무도 겸하면서

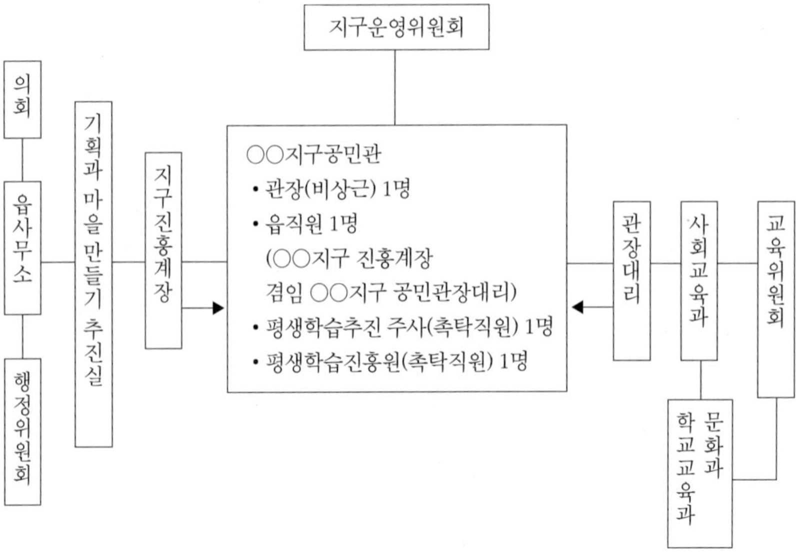

[그림 3-3] 지역 만들기 · 지역재생의 거점시설로서 공민관 조직

지구공민관 직원의 일환으로 지구의 진흥 · 발전에 노력하고 있다. 지구진흥계장의 주요 업무와 역할은 다음과 같다.

- 지구와 읍사무소의 코디네이터(조정자) 역할, 즉 공민관이 주민과 행정 각 부를 연결하고, 마을 만들기를 위한 결합점인 기관이 되게 하는 역할
- 지역 만들기 지도자 · 단체의 양성과 지구 만들기 볼런티어 조직의 설립
- 평생학습을 위한 지역 만들기와 지구의 진흥

4) 평생학습마을 만들기 사업의 성과

야마키 씨와의 면담과 자료분석을 통해서 살펴보았을 때, 다카하타초가 성과를 거둘 수 있었던 첫 번째 이유는 지도자에게 있었다. 무엇보다도 읍장 다카나시(高梨吉正)와 담당공무원 야마키 씨의 헌신적 노력과 정열에 있다는 것을 확인하였다. 둘째는 평생학습마을 만들기를 위한 공무원의 의식개혁과 주민학습 수요에 대응한 출장배달강좌사업, 그리고 평생학습추진을 위한 종합행정화로서 조직 구축 및 이행이다. 출장배달강좌의 사업으로는 건강 만들기와 영양상담, 재택 · 복지사업, 자녀교육, 커뮤니티 비즈니스로서 농업 · 상업, 건설 및 상 · 하수도, 종합계획 및 재정, 환경, 평생학습 및 마을 만들기, 재해 방지 사업 등으로 일반 행정 및 교육행정 전 부서에서 대응하고 있다. 2003년도의 경우 16개 부서에서 67개 사업을 추진하였다.

다카하타초는 공민관의 기능 개혁을 통해 지역 총 참가 마을 만들기의 선구적인 모델이 되고 있다. 지역 재생의 거점으로서 일반 행정과 교육행정, 그리고 일반 시민의 참여를 추진하고 있으며, 사업의 일환으로 지구 공민관에 지구진흥계장의 배치와 지역 인사를 공모하여 촉탁직 직원으로 채용하고 있다. 지구진흥계장은 지구와 본청의 코디네이터 역할과 지역 만들

기 리더 단체의 양성, 지구 볼런티어 조직의 설립, 평생학습에 의한 지역 만들기와 지역 진흥을 꾀하고 있다. 또한 촉탁직 평생학습 주사는 주당 30시간 근무로 한 달 급료가 약 25만 엔, 평생학습추진원은 20만 엔 정도로 각종 사업의 기획, 실시, 시설 관리 · 유지, 각종 단체의 육성, 지도, 자주 관리의 촉진, 주민과 행정의 사무연락 조정 등의 사무를 추진하고 있다. 현재 평생학습 추진 주사 5명과 추진원 5명이 활동 중이다.

또한 지역 재생사업에 민간기업 및 시민단체도 참여하고 있다. 2002년도의 실적으로 개인 및 단체에 1~3년간 조사연구사업과 연수사업, 교류이벤트 사업, 볼런티어 사업으로 16개의 사업을 위탁하고 있다.

4. 관과 민의 새로운 관계에 의한 마을 만들기[15)]

1) 평생학습과의 만남

나는 1970년에 출판사에 입사하여 사장의 명령에 따라 다음 세대의 교육 분야를 개발하는 일을 맡았다. 교육 관련 출판사의 중심 사업은 교과서와 참고서였다. 그러나 이 분야에는 전통 있는 출판사가 위세를 떨치고 있어 신규 참여가 쉽지 않았다. 그래서 학교교육, 가정교육, 사회교육의 순으로 기획하고자 하였으나 기획이 순조롭게 이루어지지 않아 히비야(日比谷) 도서관을 찾아간 것은 1972년 여름의 일이었다.

사회교육 도서출판사에 기획 · 편집 담당자로서 입사하여 2년, 지방의

15) 이 글은 구도 히데오(日出夫, 베스트 프랜드 주식회사 사장, 기타모토시 시의원) 씨의 글을 옮긴 것이다.

사회교육 · 공민관을 취재하고 현장 사회교육의 실태를 파악하였지만, 확실한 전망은 보이지 않았다. 그 전년도인 1971년 문부과학성의 사회교육심의회로부터 '급격한 사회구조의 변화에 대처하는 사회교육 본연의 모습에 대해서' 라는 보고서를 받았다. 이 가운데 '평생교육' 이라고 하는 단어가 들어 있었지만, 그 시점에서는 교육관계자인 나로서도 충분히 이해되지 않는 말이어서 그냥 스쳐 넘겨 버렸다.

그런 상황에서 히비야(日比谷) 도서관의 책장을 돌아보다가 우연히 한 권의 책이 눈에 들어왔다. 하타노 간지(波多野完治)가 번역한 폴 랑그랑 저서의 『평생교육입문』이었다. '평생교육?……' 처음으로 눈에 들어온 단어에 흥미가 생겼다. 나는 곧바로 책장을 훌훌 넘기면서 읽어 나갔다. 그 책에서는 평생교육을 학교교육과도 다르고 사회교육도 아닌 것으로, 이 두 가지의 교육을 '통합' 하는 교육이라고 정의내리고 있었다. 나는 이 책을 세 번이나 읽었다.

그런 후 내가 이해한 것은 '학교가 싫은 인간이라도 학교를 끝낸 후라도 공부하는 것이 중요하다. 인간은 일생 동안 계속 공부를 해야 한다.' 는 정도였다. '부모님이 말씀하신 것처럼 인간은 일생 동안 배워야 한다.' 는 말인가? 그리고 '자신을 위한 것이다.' 라고 단편적으로 이해했다. 그래서 사장님에게 "발견한 것이 쇼가이쿄이쿠(일본어로 평생교육과 장애교육은 같은 발음)입니다." 라고 보고하였다. 이 말을 들은 사장님은 한마디로 "장애교육은 어려울 텐데……." 라고 말했다. 전도가 난망했다.

2) 평생교육보급연구회의 탄생

회사가 성장하던 시기였기 때문에 사장님은 선행투자로 200만 엔의 예산을 사용할 수 있도록 허락해 주셨다. 그래서 우선 연구회를 만들었고 '평생교육보급회(가칭)' 설립의 취지서를 만들어 도쿄 내의 대학에 돌렸다. 이 때가 1973년의 봄이었다. 보급연구회 설립에 최초로 동의해 준 사람이 당시, 릿쿄대학(立教大學)의 오카모토 가네지(岡本包治) 교수였다. 그 후 연줄이 닿아 동경대학(東京大學) 명예교수인 기노시타 가즈오(木下一雄) 교수와 니노미야(二宮德馬) 선생 등이 참가하시면서 '평생교육보급연구회'가 발족되었다. 나는 여기서 사무국장 일을 맡게 되었다.

이 모임을 발족하면서 잊을 수 없는 일이 있었다. 모 대학의 교수를 방문하였을 때, 그 교수는 자기 연구실에서 한 시간 정도 '평생교육은 실로 분명치 않고 터무니없는 것으로 실체도 실적도 없다.'는 취지로 시큰둥한 말을 계속했다. 그런데 그 교수가 1985년에 임시교육심의회의 심의위원으로 '평생학습추진체제로의 이행'에 관한 보고서를 내고, 평생학습시대의 개막을 알리며, '평생학습의 중요성과 필요성에 대해서' 강연하고 있지 않겠는가? 대학 교수도 유행에 민감하다는 것을 그때 느꼈다. 그 교수는 평생학습 분야에서는 제법 저명해 논문도 쓰고 있다. 이름을 밝히지 않은 채 묘지까지 가지고 가겠지만 이렇듯 신용할 수 없는 학자도 있다. 그러나 오카모토(岡本) 교수는 진짜였다고 가슴을 펴고 말할 수 있다. 그 오카모토(岡本) 교수도 돌아가신 지 벌써 5년이 지났다. 10년 전에 다와라타니 마사키(俵谷正樹, 전 문부성 사회교육관, 효고 교육대학 교수) 선생도 돌아가시고 오카모토(岡本) 선생도 돌아가셨다. 일본에 계시는 사회교육·평생학습의 스승을 모두 잃어버려 외로운 생각이 든다. 마음속 깊은 곳에서 '무상함'을 느꼈다.

3) 평생교육의 고난시대

보급회에서는 우선 연구 성과로서 '평생교육'이라는 타블로이드판 신문을 발행하고 지방 교육위원회에 제1호를 배포했다. 꼭 반응이 있을 것이라고 믿고 전화기 앞에서 기다리고 있었지만 결국 전화벨 소리는 한 번도 울리지 않았다. 그로부터 반년이 지나 제2호를 발행했다. 이번이야말로 전화가 오겠지 생각했지만, 의외로 고전을 했다. 그래도 최초로 이바라키현 다이고마치(茨城県 大子町) 교육위원회의 사회교육 주사 후지타(藤田)라는 분이 소식을 보내 주어 기뻤다. 그는 일생 동안 잊을 수 없는 사람이 되었다. 이 신문은 제3호로 폐간이 되고 보급회도 개점휴업 상태가 되었다. 아마 1974년의 가을이었을 것이다.

그 다음 나는 사회교육의 조사와 출판기획에 몰두하면서 전국을 취재하며 돌아다녔다. 작은 외딴 섬과 산촌의 공민관 활동에서 사회교육의 원점을 발견하기도 하고, 도시형의 마을 만들기에서 인간 사회의 위기를 느끼기도 하였다. 무엇인가가 잘못되어 가고 있었다. 일본 교육의 방향에 위태로움을 느꼈다. 사회교육에서 본 학교교육 현장, 가정교육의 실태를 통해 고도 경제성장 속에 가려져 있지만 일본의 문화, 일본인의 전통적인 생활양식이 없어져 가는 것 같았다. 이러한 교육으로 이것을 대신할 수 있는 새로운 인간 사회를 실현할 수 있을까? 사회교육의 미래는 지금의 연장선 위에 존재하는 것인가? 자문자답을 하는 가운데 평생교육의 사고방식(이념)에 대한 생각은 매일매일 커져 갔다. 미래의 교육이념은 평생교육 이외에는 생각할 수 없다. 어떻게 하면, 평생교육을 교육제도로 받아들일 것인가?

4) 새로운 바람 평생학습

1971년의 사회교육심의회의 답신으로부터 15년이 지나 평생교육을 '평생학습' 이라고 한 중앙정부의 임시교육심의회는 교육개혁의 핵심 중 하나로 '평생학습체계로의 이행' 을 잡았다. 문교 정책이 평생학습사회의 구축을 향해서 크게 방향을 전환한 것이다.

폴 랑그랑이 유네스코(UNESCO)에서 평생교육의 이념을 발표한 지 20년, 구미 선진국에서는 순환(recurrent)교육이 일반화되고 있는 이 시기에 겨우 일본에 도착한 평생학습시대의 개막이었다. 문부과학성은 "새로운 바람–평생학습 일본 문부성은 바뀝니다."라고 선언했다. 새로운 바람은 전국지방자치단체를 향해서 불고, 평생학습의 진흥은 국가의 정책에서 지방자치단체의 정책이 되었다. 바로 이때가 지방자치체의 담당자로서 '평생학습'이라는 이 새롭고 낯선 말을 어떻게 이해시키느냐 하는 고뇌의 나날들이었다. 당시에는 사회교육이라고 생각하고 있는 사람이 대부분이었다. 이러한 오해는 평생학습을 지극히 한정적인 사회교육 또는 고령자의 여가활동으로 정착시키는 데 그 원인이 있다고 생각한다.

다만, 교육 관계자(국민 수준)들은 학교교육만으로 전인교육이 가능하다고 착각하고 있었기 때문에 사회교육과 동열에 있다고 인식된 평생학습에서는 교육개혁, 당장의 '학교교육'의 개혁이 불가능하다고 인식하였다. 이러한 상황 인식에서 임시교육심의회는 교육개혁의 개념을 '평생학습사회로의 이행'으로 잡았다. 이것은 국가의 문교 정책 '전환'과 '각오'를 표명한 것으로 이해할 수 있다. 1972년, 한 권의 책과의 만남 이후 그 영향을 받아 연구회를 만들어 200만 엔을 소비하고, 별다른 성과도 얻지 못한 채 15년이 지난 후에야, 망상이라고 누군가가 말했던 '평생교육'이 유행어가 되어 평생학습시대가 도래한 것을 생각하면 정말로 놀랄 일이다.

5) 평생학습과 마을 만들기

평생교육 또는 평생학습은 마을 만들기와 밀접한 관계가 있다. 1987년 임시교육심의회 제3차 답신, 평생학습의 기반정비 항목에서 '평생학습을 진척시키는 마을 만들기'를 제언했다. 이 제언은 몇 년 뒤에 평생학습을 국가의 정책에서 지방정책으로 전환하는 데 많은 공헌을 하였다고 생각한다. 왜냐하면 구조적인 교육개혁에 소극적인 학교교육 관계자가 사회교육과 가정교육도 포함시켜 모든 교육 기능과 교육 기회를, 인간의 평생에 걸쳐 '통합' 하는 이념으로 평생학습을 인식하고 있다고는 생각되지 않기 때문이다. 이것은 '학교교육위원회' 라고 야유를 당하는 지방교육행정의 현실이다.

임시교육심의회는 교육의 폐쇄성, 획일성, 경직성, 비국제성을 타파하고, 개개인의 존엄, 개성의 존중, 자유 · 자율, 자기책임을 기본이라고 한 '개성의 중시' 원칙 확립을 목표로 하였다. 이것은 이대로 과도한 수험경쟁과 학교 의존 체질, 편차치 교육과 학력 편중 사회의 반성과 개선을 촉진하였다고 할 수 있다. 그런 만큼 학교가 지역사회로부터 일정한 거리를 두고, 학생에 에워싸여 신앙에 가까운 '학교신화' 로 존재감을 과시해 온 교육 관계자의 저항이 강했다. 따라서 평생학습을 사회교육과 동질, 동열에 취급하는 것은 지방교육행정의 '지혜' 라고도 생각되었다. 사회교육은 공민관 활동 등을 통해서 역사적으로 지역 만들기, 마을 만들기를 추진해 왔기 때문이다. 이 평생학습마을 만들기는 결과적으로 학교교육의 평생학습화를 늦추고, 오늘날 유토리(여유 또는 융통성) 교육(나는 '학교교육의 평생학습화' 라고 인식하고 있다)의 비난과 연결되기 때문에 의심받고 있다.

그러나 임시교육심의회의 답신을 받은 문부과학성은 1990년대 '평생학습마을 만들기 모델 시 · 정 · 촌 사업' 을 진척시켰다. 이 사업은 몇 년 내 전국적으로 번지고 평생학습마을 만들기는 지방 정책으로 정착하였다. 이것은 또한 1970년대의 혁신적인 도지사에 의한 '지방시대' 선언과 선견적 예지가 1980년대의 '1촌일품운동' (오이타현 히라마쓰 지사 제창)으로 연결된 것과도 관계가 있다. 요즈음은 인프라스트럭처의 정비(하드사업)에 치우치고 있었던 도시기반 만들기에서 사람 만들기, 물건(もの) 만들기, 일 만들

기를 가미한 '마을 만들기' 로 변화된 시기이기도 하다. 흔히 말하는 '경제대국' 에서 '생활대국' 으로의 전환이며, 저출산 · 고령화 사회를 고려한 성숙화 사회의 문이 열렸다고 할 수 있다.

평생학습마을 만들기는 국가보다 지방이 선행하고 있었다. 시즈오카현(靜岡県) 가케가와시(掛川市)는 1979년 4월에, 이와테현(岩手県) 가네가사키초(金ヶ崎町)는 1979년 6월에, 야마나시현(山梨県) 니라사키시(韮崎市)는 1981년 10월에 각각 평생학습도시선언을 하였다. 그 근본 이념은 '마을 만들기는 사람 만들기' 라는 지극히 기초적인 것이다. 마을 만들기에 필요한 사람 만들기는 단지 공부의 성적이 좋든가, 학력이 높다고 하는 것뿐만이 아니라 고향을 사랑하고, 고향에 책임을 가지고, 마을 만들기를 통해서 자기실현을 목표로 하고, 자기책임을 수행하는 사람 만들기다. 즉, 진정한 '평생학습' 이다.

6) 평생학습이 사회를 바꾼다

일본은 평생학습을 필요로 하는 배경을 사회 · 경제의 변화에 대응하기 위해서라고 보았다. 이것은 21세기라는 누구도 경험하지 못한 사회의 출현에 어떻게 대응할지가 중요하다는 점에서 쉽게 납득할 수 있다. 과학기술의 진전도 그렇고, 저출산 · 고령화 사회도 그럴 것이다. 그러나 이러한 것만으로는 불충분하다.

평생학습에의 기대, 가능성은 패색(敗色)이 짙은 현상을 돌파하는 '질적' 변혁이다. 요약해서 말하면, 사회의 변화에 대응하는 것뿐만 아니라 사회의 변화를 만들어 내는 것에 그 핵심이 있다. 다시 말해, 패러다임(paradigm)의 전환으로, 버블경제 붕괴 후의 국제화나 고도 정보화에 따르는 수량적 합리성과 질적 합리성의 융합이다.

1980년대 후반부터는 '물질'에서 '마음'으로 패러다임의 전환이 여론화되기 시작하였다. 물질적으로 세계에서 가장 풍요로운 일본인의 자기모순에 빠진 모습으로 평생학습이론의 첫머리에 의도적으로 사용되기 시작한 것이다. 그러나 많은 일본인은 이를 자신들의 일이라고 생각하지 않고 있었다. 예를 들면, 지역의 유력자는 다음 시대에도 유력자로 존속할 것이라고 생각하고 있었다. 대기업이나 금융기관은 도산이나 정리 · 청산될 일은 결코 없을 것이라고 믿어 왔다. 학력만 있으면 일류기업에서 정년까지 계속해서 일할 수 있다고 생각하고 있었다. 도중에 정리 해고가 될 수 있다는 것은 꿈에서조차 생각하지 않고 있었다. 아이들은 학교에 가면 훌륭하게 성장한다고 생각하고 있었다.

또한 나라의 장래는 정치가와 관료에게 일임하면 된다고 생각하고 있었다. 자신은 작은 일이나 그날 그날의 생활이 행복하다면, 다른 나라에서 무슨 일이 일어나든지 방관자로 있을 수 있었다. 평화와 평등, 개인과 인권의 존중을 큰 소리로 외치고 있으면 항상 지켜진다고 생각하였으며, 민주주의는 정부가 보장하는 것이라고 생각하고 있었다.

이것이 1980년대 말부터 1990년대에 걸쳐서 일어난, 냉전구조의 붕괴(이데올로기의 위기), 좋은 경제성장의 종언(버블경제의 붕괴), 걸프전쟁의 발발(그 다음 국제분쟁 해결에 직접 참가) 등에 의해 정치 · 경제가 흔들리기 시작했다. 전후의 발전을 유지해 온 시스템이 더 이상 기능하지 않게 된 것이다. 정 · 관 · 재(정치, 관료, 기업가) 트라이앵글에 의한 '호송선단방식'은 국제 협조, 국제 경쟁 속에서 변혁을 재촉받게 된 것이다.

이 시기에 개혁을 착수한 것이 교육개혁이다. 임시교육심의회가 설치되어 교육의 뿌리 깊은 병적인 버릇이라고 지적된 '획일성', '경직성', '폐쇄성', '비국제성'은 공급측의 교육 시스템만의 문제가 아니라 사회 · 경제를 포함한 일본인의 생활양식 및 일본의 정치체제가 문제였다. 따라서 교육을 개혁함으로써 사회를 바꾸자는 것이었다. 그 수단으로 이제까지 공급측의 의향이 우선 강조된 학교교육 중심 체제에서 수요자(학습 수요자)의 선택과 자립에 근거한 '평생학습사회'로 이행시키려고 한 것이 아닌가 생각된다.

이 평생학습사회로의 이행은 지금까지의 사회와 연계 · 융합하려고 하지 않았던 학교교육을 바꾸는 일이다. 그리고 이 학교교육을 바꾸기 위해서는 커뮤니티의 변혁이 필요하다.

커뮤니티의 변혁은 사회교육, 가정교육이 가지고 있던 본래 기능의 부활이 불가피해지면서 요청되는 것으로 커뮤니티에 속한 구성원 한 사람 한 사람의 삶의 태도 변혁이 요구되는 것이다. 사회가 바뀌기 때문에 평생학습이 필요한 것이 아니라, 평생학습으로 사회를 바꾸는 것이다.

7) 맺음말

평생학습은 마을 만들기의 수단이다. 어떤 마을에 살고 싶은가라는 질문을 받으면, 대부분의 사람은 안심, 안전, 편리, 쾌적한 마을을 말할 것이다. 이 4개의 키워드는 염불과 같이 외친다고 실현될 수 있는 것은 아니다. 우리 한 사람 한 사람의 주민이 자신의 생활의 장에서 사회적 활동을 수행함으로써 달성되는 것이다.

일본은 전후의 곤궁한 한때를 제외하고 고도 경제성장과 함께 정부가 비대화를 꾀해 행정 서비스(공공사업)를 확충해 왔다. 이에 따라 일본 국민들은 세금을 납부하면 다음은 정부가 귀찮은 일을 잘 돌봐 준다고 믿는 사람이 많다. 난처한 일이 있을 때에 국가에 의지하고, 행정에 의지한다는 것이다. 이 때문에 국민요구나 시민요구에 의해 정부 · 지방행정은 다음 해 예산 부담이나 재정적 합리성을 무시한 채 공공사업을 벌여 왔다.

그러나 1990년대의 사회 · 경제적 변혁에 의해, 공공사업 본연의 모습이 문제시 되었다. 국가와 지방의 재정 적자가 커지고, 연금 등의 사회보장제도에 대한 장래 불안도 현실감을 띠게 되었다. 여기에 가장 민감하게 반응한 사람은 자립적 시민이었다. 이들은 전체적으로 소수이며, 남성보다 여성이 많은 것이 특징이다. 여성은 남성에 비해 지역사회와의 유대가 강하고 마을 만들기의 동향에 민감하다. 또한 지역의 사회교육 사업에도 참여해 여기에서 배운 지식과 활동, 그리고 교류로 넓혀진 인맥은 여성의 자립의식과 함께 마을 만들기를 활발하게 추진하는 원동력이 되었다.

평생학습(에 의한)마을 만들기는 공민관 사업과 지역활동에 참가한 여성이 선행했다. 낡은 관례나 기득권에 매인 남성은 비즈니스 사회에서는 유능할지 몰라도 가정이나 지역에서는 아무런 존재감도 가질 수 없었다. 아이나 가정의 문제, 지역과의 관계는 여자 · 아이의 분야며, 자신은 직장 일에만 전념하는 것이 가정의 행복에 기여하는 것이라고 생각하고 있었다. 이러한 이유로 사회 · 경제가 성숙기로 전환하기 시작한 현재, 가정과 지역에서 남성이 설 자리가 없어 커다란 사회문제로 부상하고 있다.

일본은 2007년부터 3년간 단카이(團塊) 세대[16]인 750만 명이 일시에 정년을 맞이한다. 더욱이 단카이 세대 이후 5년간 약 1,000만 명을 더하면 2015년에는 지역사회에 샐러리맨 정년자로 들끓게 된다. 이 1,750만 명의 절반인 850만 명은 지금까지 지역과의 유대가 거의 없었던 남성 샐러리맨들이다.

이제는 샐러리맨을 졸업한 사람의 세컨드 캐리어(second career)의 개발

16) 단카이 세대라는 용어는 1975년 사카이야 다이치(堺屋 太一)의 소설 『단카이 세대』에서 유래된 말이다. 1947년부터 1949년까지 태어난 세대로 제2차 세계대전 이후에 출생한 일본의 베이비붐 세대다.

과 활동의 장 만들기가 지방 정책으로 절실히 요구되고 있다. 이것은 남성의 자립을 촉진하고 남녀공동 참여사회의 실현을 위해서도 꼭 필요하며, 행정 의존형에서 시민주도 · 참여형으로의 전환도 꾀할 수 있는 계기가 된다. 비즈니스 사회에서 얻은 지식과 경험, 노하우(know-how)와 인맥은 지금까지 지역을 떠받쳐 온 여성과 선례주의의 행정에서 부족했던 기능들을 보충하는 기회가 될 것이다. 결과적으로 관과 민의 협동, 파트너십의 마을 만들기가 진전될 전망이다.

일본도 드디어 정부주도의 마을 만들기에서 지역이 자립한 커뮤니티의 시대로 전환할 것이다. 그 확실한 뒷받침은 사람들의 학습 성과가 적절하게 평가되고 상호 교환 · 교류하는 가운데 창출되는 신뢰와 네트워크가 담당할 것이다. 평생학습은 이념의 단계부터 실천이라는 '정책' 의 시대로 들어간 것이다.

제4장

평생학습도시(마을) 만들기의 추진방법

지역에서 관련 기관 상호 간의 네트워크를 꾀하면서 평생학습을 종합적으로 추진하기 위해서는 추진체제의 구축 및 정비가 반드시 필요하다. 조직이 만들어지면 학습기회 제공과 상담체제 구축, 지도자와 학습 볼런티어, 그리고 비영리민간단체(NPO)의 양성 및 연수, 지역활성화를 위한 독특한 사업 실시 등이 필요하다. 여기에서는 후쿠도메 쓰요시 선생의 『평생학습마을 만들기』의 내용을 일부 수정하여 소개하고[1], 야시오시의 출장배달강좌 사례를 소개한다.

1) 김득영 역, 후쿠도메 쓰요시 저, **평생학습마을 만들기론**(대전: 대전지역평생학습정보센터, 2003).

1. 평생학습 추진체제의 구축 및 정비

평생학습 영역은 넓다. 그러므로 우선 그것을 진흥시키기 위한 추진체제의 정비가 필요하다. 따라서 기획이나 연락조정기능을 충실하게 하는 것이 중요하다. 일본의 도·도·부·현의 평생학습 담당과의 담당업무는 평생학습의 보급 개발, 연락조정, 평생학습 정보제공, 단체 육성과 지원, 학습기회 제공, 지도자 양성 및 연수, 문화진흥, 스포츠 진흥, 기타의 순이다.[2] 또한 도·도·부·현의 종합적인 추진 조직으로 평생학습 추진본부, 간사회가 거의 모든 현(県)에 있다. 그리고 지역의 다양한 기관 및 인적 자원과의 네트워크 차원에서 평생학습심의회와 협의회가 있다. 이러한 추진체제 속에서 종합적인 계획으로 추진 계획, 진흥 계획, 기본 구상이 나온다.

또한 관청 내 평생학습의 추진을 강화하기 위해서 각 과에 평생학습 직원이나 사회교육시설 등에 전임 직원을 배치하는 등 인적 체제를 충실하게 하는 것도 필요하다. 사이타마현(埼玉県)의 야시오시(八潮市)나 후쿠오카현(福岡県)의 지쿠고시(筑後市)의 '시청 직원의 출장배달강좌'는 시민과 시청을 잇는 기회로서 큰 지지를 얻고 있다.

1) 행정조직에서 위치 부여

행정 내부의 구조가 충실하게 조직되어 있어야 한다. 예를 들면, 교육위원회의 평생학습과 내에 평생학습추진을 담당하는 담당계를 두고 독립된 실이나 과 등을 설치하는 등의 적극적인 자세를 취하는 것이다. 청 내에도

2) 생애학습과 지역만들기연구회, 생애학습에 의한 지역 만들기(문부과학성위탁연구, 1999).

경험 많은 간부 직원을 배치하고 있는 경우와 전혀 경험이 없는 간부를 배치하는 경우 등을 통해서도 성과에 큰 차이가 나타난다. 설령 경험이 없는 간부라 할지라도 의욕이 있는 사람이라 그나마 다행이지만 그렇지 않은 경우 그 마을에게는 하나의 비극이라 할 수 있다. 실제로 그러한 경우가 비일비재하다. 또한 조직이 있다고 그것으로 만족해서는 안 된다. 효과를 보기 위해서는 당연히 그 조직이 원활하게 기능하는 것이 필요하다. 그러므로 평생학습에 관한 폭넓은 이해와 연수가 철저하게 이루어져야 한다.

2) 심의회 조직, 평생학습추진회의 등의 충실

자치단체에는 평생학습추진회의 등이 설치되어 제대로 기능하도록 하는 것이 중요하다. 또한 민간 교육기관이나 단체 등과도 밀접한 연계를 꾀하는 것 역시 필요하다. 이를 위해서는 다음과 같은 사항이 필요하다.

- 위원의 구성에 관한 연구가 필요하다. 각 단체의 지도자가 참획(참여하여 기획)하는 것도 의의가 있지만, 실무에 바쁜 위원이 이름만 걸어 놓는 것은 실효성이 적다. 오히려 실무적인 활동가 수준의 사람이 위원으로 활동하는 경우가 더 효과적이다. 이것은 어느 위원회, 심의회에서도 공통적으로 해당하는 사항일 것이다. 지방자치단체의 명사로 구성할 것이 아니라 정말로 지방자치단체에 대해서 생각하고 조사하여 의견을 말할 수 있는 사람을 기용해야 한다. 또한 위원 가운데 교육 관계자뿐만 아니라 상공, 관광, 복지, 건설 · 토목 등 될 수 있는 한 각 분야의 담당자가 포함되어 있는 것이 바람직하다. 단체나 NPO 등의 관계자도 역시 포함되어야 한다. 또한 여성의 참획으로서 최근 컴퓨터로 정보지 만들기에 능력을 발휘하는 여성이 많다. 이러한 지역 사람의 참가로 회의가 활성화될 수 있다.

• 이외에 지방자치단체에는 평생학습심의회나 평생학습추진회의, 사회교육위원회, 공민관 운영심의회의 등 마을 만들기에 직접 · 간접으로 관련이 있는 각종 위원회가 존재하고 있어, 이들의 역할 분담이나 통합 등으로 조직의 활성화가 필요하다.

3) 행정기능의 활성화

아무리 뛰어난 조직을 만들어도 거기에서 일하는 직원이 의욕이 없다면 무의미하다. 직원이 기본적으로 견식을 높이지 않으면 밑에서 아무리 노력해도 안 된다. 따라서 평생학습마을 만들기에 관련된 전 직원이 평생학습의 의의나 방법 등에 대해 이해하고 있는 것이 중요하다.

더욱이 이것은 관련 부 · 국만의 문제가 아니다. 관청 전체가 이해하고 있지 않으면 효과가 오르지 않는다. 이를 위해 사이타마현 야시오시처럼 행정의 각 과에 '평생학습추진원' (별칭 키맨(key man))을 두고, 관청 전체 시스템에서 이에 대응하는 경우도 있다.

효과를 높이기 위해서는 관련 행정기관의 연계와 행정의 연수가 필요하다. 평생학습선언도시의 원조인 시즈오카현(静岡県) 가케가와시(掛川市)의 신무라 준이치(榛村純一) 시장은 "우리 마을은 10년간 약 1,000회의 평생학습에 관한 개발 연수를 실시했습니다. 그러나 아직도 반응이 없는 것이 평생학습입니다. 상층부에서는 애써 부르짖고 있지만 아랫 사람은 움직이지 않고 있는 상태입니다."라고 술회한 적이 있었다. 가케가와시가 이러한데, 하물며 연수가 없는 지방자치단체에서는 잘 될 리가 만무할 것이다.

뛰어난 지방자치단체의 관청 내에는 마을 만들기 연구조직이 존재하는 경우가 많다. 관청의 근무에서 벗어나 마을에 관해서 연구하는 것은 그것만으로 믿음직한 관청이라고 해야 할 것이다. 이것은 정말로 행정 전체가 활성화되고 있다는 증거를 보여 주는 것이다.

4) 평생학습시설의 정비 충실

평생학습시설의 정비 충실과 사회교육의 활성화는 평생학습마을 만들기의 가장 전형적인 모습이다. 평생학습추진의 거점으로서 평생학습센터를 정비하거나, 언제든지 자유롭게 이용할 수 있는 공민관, 도서관, 박물관, 문화센터, 체육관, 청소년 교육시설, 여성의 학습시설, 고령자의 학습시설 등 인구 규모에 따라 다르지만 기능적으로 모든 시설을 정비하는 것이 평생학습마을 만들기에 있어서 필수불가결한 조건이다. 당연히 이와 같은 시설에서는 많은 학습기회가 제공되고 있기 때문에 주민의 활동이 활발하고 다양한 활동을 통해서 자기를 향상시키며, 지역 연대감이나 지역의 이미지를 높이고, 지역 활성화에 공헌하고 있는 것이다. 이것은 사회교육 관계 단체 등의 활동을 포함해서 사회교육의 충실화에도 연결된다. 평생학습마을이 사회교육이 활발한 마을과 이미지가 중복되는 것도 바로 이 때문이다.

5) 관계 기관 · 단체의 충실과 연계

행정으로서는 민간의 문화센터나 은행, 방송국, 신문사 등이 제공하는 학습기회와 연계하고, 시민의 학습을 지원하는 것도 중요하다. 이 중에는 역, 백화점, 은행 등 마을의 각 시설 · 기관 등에도 평생학습을 추진하는 데 도움이 되도록 배려, 의도적으로 정비되어 있는 예도 많다. 따라서 항상 연계되어 있다는 점이 중요하다.

홋카이도(北海道) 메만베쓰초(女満別町)에서는 무인역(無人駅)이 도서관이 되어 지금은 마을의 가장 큰 관광자원으로 문화활동의 심벌로 자리 잡고 있다. 이는 원래 교육시설이 아니었지만 의도적으로 학습시설로 정비하고, 교육위원회 등과 연계하여 문화의 기반으로서 역할을 하도록 한 사례다.

당연히 각 사회교육 단체와 행정 단체 간의 교류는 일상적으로 이루어지고 있어야 할 것이다. 그 방법으로는 상호 간 정보교환, 지도자의 교류, 동일 목표에 의한 각 단체의 동일 활동, 동일 사업의 공동주최, 동일 테마의 공동연구, 사업의 개발 등이 있다.

6) 다양한 학습기회의 제공

두 말할 필요도 없이 평생학습마을의 가장 기초적인 조건은 생애 각 시기에 걸친 다양한 학습기회가 충분히 제공되는 일이다. 언제나, 어디서나, 누구나 원한다면 학습할 수 있는 환경이 있다는 것은 평생학습마을의 가장 기초적인 조건이라 할 수 있다. 따라서 체계적으로 다양한 요구에 대응하는 학습기회의 충실이 필요하다.

생애 각 시기에 대응하는 다양한 학습사업 시민에 대한 학습은 그 종류가 다양할수록 시민에게 선택의 폭을 넓혀 준다. 아동을 대상으로 하는 학습, 청년을 대상으로 하는 학습, 여성을 위한 학습기회, 고령자를 위한 학습기회 등 발달단계에 관련된 학습을 체계적으로 제공하는 것이 이상적이다. 또한 직업에 도움이 되는 학습, 예술문화의 학습 등 대상을 한정하지 않는 모든 영역의 학습도 필요하다.

이렇게 다양한 학습기회를 설정하기 위해서는 시민의 학습 요구를 항상 파악하는 프로그램이 중요하다. 예를 들면, 여성의 경우에는 아내 · 여성 · 어머니 · 시민 · 직장인으로서 학습이 요구된다. 남성의 경우도 비슷하지만 특히 가정교육에 관한 학습도 활발하게 이루어지지 않으면 안 된다. 그러나 다양하다고 해서 좋은 것만은 아니다. 예산의 제약이 있기 때문에 거기에는 우선순위가 요청된다. 따라서 담당자가 우선순위 선정을 위한 철학을 가지고 있어야 하며, 담당자의 전문성이 요구된다. 공민관뿐만 아니라 청소년의 집이나 평생학습센터, 사회교육센터 등도 학습기회를 체계적으로 제공해야 한다.

각종 기관 · 단체의 연계에 의한 사업　각종 민간단체, 기업 등도 여러 가지 연수사업을 실시하고 있다. 예를 들면, 전국평생학습마을만들기협회에서는 각 지방자치단체에서 지역 애니메이터(animator) 양성 강좌를 실시하고 있고, 지방별로 연구 사업을 실시하고 있다. 마을 만들기에 관한 다양한 사업은 민간단체가 주최하는 쪽이 더 많을지도 모른다. '상점가 탐험' 이나 '마을의 탐험지도' 만들기, 특산물 만들기 강좌, 단체 등이 발행하는 광고나 연구 잡지 등도 시민에게는 중요한 학습의 장이 된다. 이것은 공민관이나 교육위원회 등과 연계하여 실시함으로써 시민에게 매력적인 학습기회를 제공한다.

7) 학습정보의 제공 · 상담체제의 충실

학습정보의 제공　관민에서 시민에게 다양한 학습기회를 제공하는 것이 필요하다. 그러나 모처럼 제공한 학습기회도 그 존재를 시민이 알지 못하면 아무런 의미가 없다. 학습기회의 존재를 시민에게 알리는 것 또한 중요한 것이다. 언제, 어디서, 어떤 학습기회가 있는지, 어떤 지도자가 존재하고 있는지에 대하여 시민에게 정확하게 학습정보를 제공하여야 한다. 이에 대한 구체적인 활동으로는, 다른 시 · 읍 · 면 사례의 수집분석과 과거의 실시자료를 정리, 각종 광고의 전시, 해설, 평생학습 소식지의 발행, 전화 서비스 등이 행해지고 있다.

더욱이 현재는 인터넷 등을 통해서 전국적인 정보를 입수할 수 있다. 여

전히 학습정보에 관하여 상의하달식 행정 폐해가 나타나고는 있지만, 이제부터는 보다 유연한 시스템이 필요하다.

학습상담의 체제 만들기 보다 구체적으로 각각의 요구에 대응해서, 그에 맞는 학습에 관한 상담체제를 정비해 두는 것이 필요하다. 이 부분에 대해서는 공적인 시설뿐만 아니라 민간단체나 NPO 등에 의해서도 충분히 참획이 가능하다.

8) 평생학습에 관한 연수의 충실

행정직원의 연수에 의한 의식개혁 관청은 삶의 보람 만들기나 생활향상을 지원하기 위해서 존재하므로 관청이야말로 평생학습센터라고 말한 시장이 있었다. 처음에는 이상한 이야기로 치부되었으나, 현재는 관청의 전 직원에 대하여 평생학습마을 만들기의 연수를 철저하게 실시하는 자치단체가 증가하였다. 평생학습이 생활의 전 분야에 걸쳐 있으므로 평생학습과(平生学習課) 등의 담당 부 · 국(部局)뿐만 아니라 모든 직원의 질적 향상을 목표로 하는 것이다. 이 과정에서 의회의 의원 전원이 연수를 받는 곳도 있다. 이렇듯 마을 만들기의 시작은 그 전문가인 행정직원의 자질 향상에 달려 있다.

기관장과 의회 의원의 연수 평생학습이 잘 이루어지고 있는 마을에는 예외 없이 뛰어난 자치단체장이 지도하고 있다. 이들 마을에는 자치단체장이 평생학습에 관해서 잘 이해하고 있고, 열의가 있는 것이 특징적이다. 우수한 마을의 우수한 지도자, 이는 시민이 우수하기 때문이라고도 할 수 있다. 본래 자치단체장은 뛰어난 인재라고 생각되지만, 그 사람의 흥미에 의해 특히 잘하는 것과 못하는 것이 존재한다. 평생학습에 이해가 없는 사람, 문화에 관심이 부족한 사람, 스포츠에 관심이 많은 사람, 복지에 관심이 많은 사람 등 자치단체장의 관심은 다양하다. 물론 그 관심사를 인정받아 당선된 것이겠지만, 역시 지도자로서 폭넓은 연수를 하여야 한다.

인구 4만 명의 A읍은 과거 40년 동안 4대에 걸친 읍장으로부터 문화센터나 도서관을 건립하겠다는 공약이 한 번도 나온 적이 없었다. 항상 기업 유치나 토목공사 등이 최대의 관심사였다. 마침내 이 읍은 인접 시에 흡수되어 '문화'와는 더욱더 인연이 먼 지역이 되어 버렸다. 이것은 읍민의 문화의식, 독서 욕구 등이 낮았던 탓도 있지만 읍장 · 읍 의원이 공부를 하지 않은 데에도 원인이 있다. 그러므로 읍장 · 읍의원들의 확실한 연수가 필요하다.

그러나 부하 직원의 입장에서 수장(首長)에게 연수를 강요할 수는 없다. 그러므로 다른 사업 가운데 강연을 하는 기회 등으로 참석시켜 연수하게 한다. 실제로 대회 등에 참석함에 의해, 평생학습에 눈을 뜬 수장은 많다. 1999년 11월에는 평생학습에 관심을 갖는 수장을 대상으로 '전국평생학습 시 · 정 · 촌협의회'가 발족되었다. 이것은 가맹 자치단체의 수장을 비롯해 직원의 연수 기회를 충실하게 하려고 하는 데 목적이 있다.

단체 · 기관 등의 지도자 연수와 연계 마을 만들기에 관심을 갖는 사람이 지역 연구집단으로 조직화되면, 그것만으로도 지역을 건강하게 만들 수 있다. 즉, 지역활성아카데미 등으로 발전하면 단번에 건강해지는 경우가 많다. 여기에 행정이 가해지고, 행정 · 민간의 지도자 연수회 등이 실시됨에 따라 본격적인 마을 만들기의 체제로 발전할 가능성이 커진다. 연수는 될 수 있는 한 광범위하게, 넓은 지역의 사람이 동시에 학습하는 것이 효과적인 경우가 많다.

예를 들면, 마을의 부인단체, 청년단체, 상공회 청년부, 청년회의소 등에서 평생학습과 마을 만들기에 관한 학습을 공동으로 실시한다면 그 효과는 더욱 커질 것이다.

2002년 8월 이와테현(岩手県) 가루마이초(軽米町)에서는 마을 내의 초·중·고등학교의 교장, 교감, 교무주임 전원을 대상으로, '교사를 위한 평생학습세미나' 를 개최하였다. 2일간의 이 연수는 예상 외의 성과를 올려 3년간 지속되었으며, 전 교직원을 대상으로 하게 되었다. 특히 이 사업은 일본 전국 최초로 주목을 받았다.

9) 마을 만들기의 중·장기 계획의 책정

평생학습마을 만들기는 당해 연도에 실현될 수 있는 일이 아니다. 시민을 주체로 폭넓게 계획하고 실천하는 것밖에 없다. 그래서 마을로서는 마을 만들기의 중·장기 계획 속에 명확하게 위치를 부여하는 것이 필요하다. 또한 중·장기 계획 만들기의 단계에서 평생학습마을 만들기의 이념, 방법에 시민도 참여하는 계획책정위원회를 조직하는 것도 필요하다. 그러기 위해서는 지역의 실태조사를 비롯해 실천활동 등을 착실하게 실행해 가야 한다.

2. 평생학습의 개발과 이벤트

1) 평생학습의 개발

평생학습 진흥은 개인학습의 진흥으로써 행정이 간섭하는 것이 아니다. 그러나 행정에서 학습을 지원, 원조하는 것은 필요하다. 그 일환으로써 어떻게 해서든 모든 사람이 평생학습의 의의를 이해하도록 만드는 것이 전제가 되어야 한다. 그 때문에 국가나 지방공공단체는 여러 가지 방법으로 그 개발에 중점을 두고 있다.

이를 위해서는 단지 형식적인 이벤트를 실시하는 것만으로는 효과를 기대할 수 없다. 이벤트의 실시나 정보지의 발행, 연수회의 개최 등을 체계적, 지속적으로 실시함으로써 평생학습 개발을 도모하여야 한다.

2) 지방자치단체에서 평생학습축제의 실시

평생학습의 개발에서 가장 기본적이고 일반적으로 추진하고 있는 것이 평생학습축제(festival)일 것이다. 일본 문부과학성은 국민 체육대회, 국민 문화제에 버금가는 세 번째의 대회로 전국평생학습축제를 개최하기로 하고, 1989년 제1회를 지바시(千葉市)에서 실시하여 약 24만 명의 참가자를 모았다. 이후 평생학습축제는 전국 각지에서 개최되고 있다. 이 축제는 평생학습의 실천을 서로 발표하고 참획함으로써 평생학습의 의의를 확인하고, 국민 생활에 정착시키려는 것이다. 축제 기간 동안에 동원된 인원이 100만 명을 넘는 것도 이제는 드물지 않은 일이 되었다.

▸▸▸ 도토리현 평생학습축제

단체, 각 개최회장의 지방자치단체가 힘을 쓰는 정도에 따라 다르지만, 평생학습축제는 상당한 준비를 필요로 하는 사업이다. 이러한 축제는 시 · 정 · 촌에서 행해질 때 가장 효과적이다. 전국평생학습마을만들기연구회(NPO법인 전국평생학습마을만들기협회)가 과거에 실시한 것은 홋카이도에서 오키나와(沖縄)까지 실제로 50회(2002년)에 이르고 있다. 시 · 정 · 촌의 실행위원회를 전년도에 발족시켜 마을 만들기 볼런티어를 양성하고, 시민이 주역이 되어 대회에 참석하며, 많은 시 · 도에서 참가자를 모으고 있다. 그 성과는 커서 해가 갈수록 새로운 전개를 보이는 경우가 통례다.

심포지엄이나 선진 지역의 실천사례 등을 학습함에 따라 개최 지역은 물론 진일보하게 되어 시민의 연대감도 강해지고, 마을의 지명도도 높아진다. 이것은 개발 사업이 가장 필요로 하는 성과라고 할 수 있다. 대회의 명칭은 '페스티벌(festival)' 이라고만 하지 않는다. '평생학습진흥대회', '평생학습 포럼(forum)', '평생학습마을 만들기 포럼' 등 다양한 규모나 형식으로 평생학습 관련 이벤트의 실시를 추진하고 있다.

3) 시민헌장 등을 분석하여 목표화

지방자치단체나 개최 단체 등 조직의 공통되는 활동에 평생학습 개발로서 '○○선언' 등이 행해지는 경우가 있다. 평생학습마을은 지역 과제를 마을의 공통 목표로 중점화한다. 그 대표적인 것이 바로 '평생학습도시선언' 이다. '청소년 건전육성 마을 선언', '아동의 거리 선언' (도치기현 사노시), '꽃과 음악의 마을 선언' (홋카이도 메만베쓰초) 등 소위 마을의 특정한 목표를 선언하는 '선언의 마을' 이 있다.

평생학습마을을 선언한 곳은 전국적으로 약 140곳이 존재하는데, 이는 바로 마을 만들기의 구체적인 목표 중 하나이기도 하다. 따라서 시민이 자주 서로 이야기해서 결정하지 않으면 안 된다. 이 선언문이 의회의 의결을 거쳐서 결정되면, 이른바 시민의 목표가 되는 셈이다.

또한 시민헌장 등을 분석하여 마을 만들기 활동의 목표로 삼는 경우도 많다. 이것은 단지 시민헌장 등을 표방하는 것만이 아니라 실행을 위해서 분석하고, 목표로서 시민에게 제시하는 것이다. 그러므로 구체적으로 실천해야 한다.

3. 독특한 행사나 선도적 사업 실시

일본의 특색 있는 지역 만들기의 대표적인 사업에는 출장배달강좌, 지역학교, 시민대학, 볼런티어 양성 및 연수 강좌, 인재뱅크 및 볼런티어뱅크, '시민대사'의 강사 양성 및 연수, 지역 만들기 학원, 창업지원 강좌, 에코뮤지엄을 활용한 사업, 자치단체의 직원 연수 등이 있다.

이 가운데 마을 만들기의 독특한 이벤트(event)를 실시하여 성과를 올리고 있는 지방자치단체도 많다. 후쿠오카현의 요시이초(吉井町)의 '작은 길모퉁이 미술관'이나 효고현의 아오가키초(青垣町)의 '아오가키초 2001년 일본 그림전', 후쿠이현 마루오카초(丸岡町)의 '일본 제일 짧은 편지 콘테스트', 에히메현 시로카와초(城川町)의 '가마보코 판화 콘테스트' 등은 전국적으로 알려져 있는 이벤트로 성장하고 있다.

이러한 이벤트를 통해 주민의 기획력 향상, 지역의 연대감 조성, 방문자 증가 등의 효과가 나타나면서 행사로 정착되는 경우가 많다. 그것도 단지 구상만이 아니라 연구 결과, 그 성과의 일부로서 이벤트로 발전하는 경우 등이 있다. 규모는 작지만, 지역 애니메이터가 자치 공민관을 기지로 삼아 여러 가지 이벤트를 실시하고 있는 곳도 있다. 이러한 활동에 의해 사람들의 생활이 활성화하는 것은 물론 문화가 뿌리내리고 마을의 이미지도 비약적으로 향상된다.

4. 지역 인재의 발굴과 육성

1) 마을 만들기 지도자의 육성

'마을 만들기와 사람 만들기' 라는 접근방법에는 마을 만들기의 지도자 양성이 손쉽고 효과적이라는 생각도 있다. 마을 만들기가 활성화되고 있는 마을에는 시 · 읍 · 면장이나 교육장 등의 지도자와 달리 행정직원이나 사회교육 관계 단체의 지도자, 상공업 관계자, 관광업자 등 반드시 마을 만들기를 잘 선도하는 사람이라고 할 수 있는 뛰어난 인재가 있기 때문이다. 소수의 인원이라도 독특한 아이디어를 만들어 내고, 마을의 활성화나 이미지를 높이는 데 공헌하고 있는 예는 얼마든지 있다. 그러므로 마을 만들기를 위한 담당자의 자질을 높이는 것은 물론 폭넓은 분야에서 뛰어난 안목이 있는 사람을 육성하는 것이 마을 만들기에서 보다 효과적이라는 것은 많은 사람이 지적하는 대로다.

▶▶▶ 시민주체사회만들기 워크숍 장면

2) 마을 만들기 볼런티어자의 양성 · 지원

지역에는 이벤트나 미화활동 등을 통해서 마을 만들기를 목표로 하는 소위 '마을 만들기 학원(塾)' 이나 '지역 활성화 학원' 등이 존재한다. 또한 지역의 단체나 그룹 등의 적극적인 실천에 의해 마을 만들기의 성과를 올리고 있는 예도 있다. 가고시마현(鹿児島県) 하야토초(隼人町)의 마을재생그룹인 '남풍의 모임', '해바라기의 모임', 홋카이도 시모카와초(下川町)의 '콜럼버스의 달걀' 등은 이른바 시민의 활동이 두드러져 마을 만들기가 시도되고 있는 예다. 물론 이는 행정적 지원의 노력이 열매를 맺은 것이기도 하지만, 말할 필요도 없이 마을 만들기의 주역은 시민이다.

마을 만들기를 추진하고 시민의 적극적인 참획을 촉진하기 위해서, 또한 다양한 활동을 원조하기 위해서, 평생학습 장려원, 평생학습 상담원, 평생학습 추진원 등의 볼런티어 제도를 만들어 가는 것도 필요하다. 동시에 그 활동의 장을 정비하는 것도 중요하다.

또 지역을 활성화하는 마을 만들기 볼런티어로서 특정 비영리활동법인, 전국평생학습마을만들기협회가 인정하는 '지역 애니메이터(animator)' (지역을 활성화하는 사람이라는 뜻)의 양성과 그 활용에도 주목하고 있다. 이 교육과정은 전국 각지에서 받아들여져 지도자 양성 강좌를 실시하고, 인정자의 활용을 꾀하고 있는 예가 늘어나고 있다. 이것은 단지 배우는 데에서 끝나는 것이 아니라 그 성과의 활용까지 전 과정을 학습으로 설정한다는 데 의의가 있다. 그리고 활동 의욕이 있는 사람의 경우 볼런티어(volunteer) 인재은행에 등록해서 적극적으로 활용하는 것이 필요하다. 그러나 볼런티어 인재은행은 설치되어 있지만, 그 활동이 미비한 곳도 많다.

한편, 향후 유의해야 할 점은 교사의 활용이다. 교사가 지역의 지도자로 활약하고 있는 마을은 그것만으로 매력 있는 마을로 재탄생할 것이다.

5. 지역의 단체나 그룹의 활성화

각자가 자신의 계획에 따라 학습하는 것이 평생학습의 기본이다. 단체나 그룹은 이러한 점에서 가장 어울리는 평생학습 조직의 하나라고 말해도 좋을 것이다. 평생학습마을에서는 각 단체가 자주적으로 활발하게 활동해야 하는 것이 불가결의 조건이며, 실제로 평생학습마을에서는 지역의 사회교육 관계 단체나 그룹의 활발한 활동을 볼 수 있다. 이와테현 가네가사키초(金ヶ崎町)는 가케가와시(掛川市) 다음으로 평생교육을 선언한 마을인데, 선언 당시는 17개의 사회교육 단체나 그룹이 있었다. 이후 10주년이 되는 해에는 170개로 10배나 증가된 것으로 보고되었다.

단체나 그룹은 PTA(사친회)나 부인회, 청년단 등 전통적인 집단 외에 합창단이나 극단, 댄스서클, 사진동호회, 각종 볼런티어단체, 미술클럽, 스포츠클럽 등 다양하게 되었다. 이 가운데에는 '마을 만들기 활동' 단체도 있다. 이러한 단체가 중심이 되고 '시민이 주역' 이 되어 평생학습마을이 만들어지는 것이 일반적이고 바람직하다고 볼 수 있다.

각종 단체나 그룹이 제각기 활발하게 활동하는 것은 마을이 활성화되고 있다는 증거다. 따라서 평생학습마을 만들기 추진에서 단체나 그룹의 지원은 행정에 있어 중요한 정책인 셈이다.

6. 야시오시의 출장배달강좌는 거버넌스 개혁의 실현[3)]

출장배달[4)]강좌가 일본에서는 화제가 되고 있다. 시민이 듣고 싶은 내용을 메뉴로 만들어 제공한 후 원하는 강좌를 골라 주면, 시 직원이 강사가 되어 직접 지정된 장소에 나가서 강의를 제공하는 것으로 학습에 상인의 서비스 정신을 살린 제도다. 출장배달강좌에 대한 관심은 전국 평생학습에 관한 대회나 연수회에서는 반드시 따라올 만큼 매우 높다. 출장배달강좌를 실시하는 시 · 정 · 촌의 수가 2002년도 3월 400개를 초과하였는데, 앞으로 더욱 늘어날 전망이다. 그 이유는 출장배달강좌가 이후의 평생학습마을 만들기를 위한 가장 유효한 수단이 된다고 판단되기 때문이다.

1) 출장배달강좌의 도입 배경

야시오시(八潮市)는 1991년 7월에 사이타마현(埼玉県) 내에서는 처음으로 '평생학습도시선언' 을 하고 '평생학습에 의한 마을 만들기' 를 진행하고 있다. 이것은 야시오시의 과제를 행정과 시민이 함께 생각하고 해결하려는 취지로 전 시청과 교육청 등 전체의 입장에서 마을 만들기 운동으로 확대되었고, 시의 마을 만들기 이념이 되었다.

야시오시는 이 출장배달강좌가 '평생학습마을만들기운동' 을 눈에 보이

3) 이 글은 마쓰자와 도시유키(松澤利行, 사이타마현 야시오시 기획부 이사) 씨의 글을 옮긴 것이다. 현재 일본 문부과학성 지역 만들기 어드바이서로 활동하고 있으며, 본 사례는 2003년도 경기도 평생교육연합회에 초청되어 발표한 내용이다. 그는 많은 한국의 지방자치단체 담당자의 일본 연수에 도움을 주고 있다.

4) 일본말로 '테마에(手前)' 다. 출장배달의 본래 의미는 음식점에서 주문한 음식을 집까지 배달하는 것을 의미한다.

는 형태로 실천하는 최상의 수단이라고 생각하고 1994년 4월에 전국에서 제일 먼저 시작하였다. 현재 출장배달강좌를 실시하고 있는 시 · 정 · 촌은 홋카이도에서 오키나와현까지 전국의 시 · 정 · 촌 중 400~600개가 시행하고 있으며, 실시하기 위해서 검토하고 있는 시 · 정 · 촌도 많이 있다.

시에서는 출장배달강좌를 통해서 직원의 자질향상과 의식개혁을 꾀하는 동시에 시민에게 마을의 현황을 알려 주고 과제를 생각하게 하는 기회를 함께 만들며, 야시오시의 특색을 살린 마을 만들기를 행정과 시민이 함께 고민하고 행동해 가는 계기를 만들고 있다.

야시오시가 출장배달강좌를 시작하고 나서부터 신문과 전문잡지에 소개되어 많은 지역에서 관심을 갖게 되었다. 왜 이 사업이 각 지방자치단체의 주목을 받게 되었을까? 그것은 '지방분권' 이라는 키워드 때문이다. 2000년 4월부터 소위 '지방분권일괄법' 이 시행되어 정부와 도 · 도 · 부 · 현(都道府県), 시 · 정 · 촌의 관계가 크게 변화되었다. 종래의 상하 · 주종의 관계에서 대등 · 평등한 관계로 새로운 관계가 시작된 것이다. 그러나 사무가 지방으로 이관되기 때문에 재원문제가 해결되지 않으면 안 된다.

이 '지방분권' 은 명치유신 이후 전후(戰後) 개혁에 버금가는 제3의 개혁이라고 말해지고 있지만, 가장 중요한 것은 주민 한 사람 한 사람이 '자신의 마을은 자신의 손으로' 라는 자치 의식을 가지도록 하는 점이다. 이것이 바로 마을 만들기의 원점이다. 그리고 이러한 운동을 진행하는 동시에 정부, 도 · 도 · 부 · 현, 시 · 정 · 촌, 그리고 주민의 의식이 바뀔 필요가 있다. 행정이 바뀌는 것은 당연하지만 주민 한 사람 한 사람도 바뀌어 책임 있는 참가와 행동을 하지 않으면, 이 운동은 성공할 수 없다.

책임 있는 참가와 행동은 그 전제로 '학습' 이 필요하다. 우선 민주주의 사회의 일원으로서 자신이 살고 있는 시 · 정 · 촌을 모르고 참가하기는 어렵다. 주민의, 주민에 의한, 주민을 위한 정치는 우선 살고 있는 지역의 현황과 향후의 과제에 대해서 배우고 서로 토론하며 행동의 변화를 가져오는 것이다. 물론 행정 역시 배우고, 같이 행동해 가지 않으면 안 된다. 이 때문에 이러한 학습기회를 제공하는 것이 출장배달강좌며, 이것은 시대적 요구에 의한 것이다.

2) 출장배달강좌의 내용

야시오시의 출장배달강좌는 시민이 듣고 싶은 내용을 메뉴 가운데서 골라 신청하면 시민 · 민간기업의 직업인 · 공공기관의 공무원 · 교직원이 강사가 되어 지정된 장소에 나가 강의 및 질의응답을 해 주는 것이다.

5명 이상으로 구성된 단체나 그룹이면 평일 · 토 · 일 · 공휴일을 막론하고, 오전 9시부터 오후 9시까지 파견되어 강의하게 된다. 현재 행정편, 시민편, 민간기업편, 공공기관 · 공익기업편, 교직원편, 서클편, 행정편 다이제스트 메뉴 가운데 2000년 7월부터 아동 메뉴가 새롭게 추가되어 총 여덟 개 부문으로 실시하고 있다. 시민편, 민간기업편, 교직원편, 서클편, 아동편의 강사는 시에 등록된 '볼런티어 강사' 가 담당하고 있다.

출장배달강좌는 시민이 주최하는 행사에 강사를 파견하는 제도로 회의장의 준비와 행사의 진행 등은 주최자 측에서 관리한다. 출장배달강좌의 최초의 작업은 우선 메뉴를 만드는 것이었다. 시청에 올 기회가 있는 시민은 한정되어 있고, 그 내용도 대부분이 호적이나 세금 업무와 관련된 창구사무이기 때문에 이 제도가 잘 시행될 수 있을지의 여부는 어떻게 하면 이해하기 쉽게 메뉴를 만들고, 그것을 널리 홍보(PR)할 수 있을까에 달려 있다고 보았다.

야시오시의 각 과에는 평생학습을 적극적으로 추진하기 위해서, '평생학습추진주임' 제도가 있어 각 과 · 각 시설에 한 사람씩 배치되어 있다. 이 추진주임을 통하여 각 과 · 각 시설에서 할 수 있는 내용을 메뉴로 작성해서 사무국에 제출하도록 의뢰하는 것부터 시작하였다.

3) 출장배달강좌의 장점

행정과 주민의 신뢰관계 구축 행정과 주민과의 신뢰관계 구축은 옛날부터 어려운 과제였다. 출장배달강좌를 한다고 해서 바로 신뢰가 구축되는 것은 아니다. 하지만 공무원이 지역주민 곁으로 다가서는 자세가 신뢰관계를 쌓는 첫 번째 일이라는 사실은 틀림없다. 이전의 수강자의 감상문에 '시청 직원도 우리와 같은 것으로 괴로워하고 있다는 사실을 알고 기뻤다.' 는 의견이 있었다. '시청 직원' 과 '시민' 은 같은 것을 고민하며 살기 좋은 마을로 만들려는 목적은 같지만, 구체적인 부분이 다르기 때문에 일치하지 않는 경우가 많다. 하지만 같은 것으로 고민한다는 점에서 상황인식은 같은 것이다.

그런데도 '시민이 진정으로 고민하고 있어도, 공무원은 예산이 없다는 식으로 이야기하고 만다. 우리 시민은 땀을 흘리면서 열심히 일하는데, 관공서에서는 빈둥빈둥 일을 하고 있는 것처럼 보이고, 우리가 생활고를 겪고 있어도 관공서의 공무원은 급료를 받고, 몇 년 있으면 인사이동으로 다른 자리로 옮기기 때문에 일을 성의 있게 마무리하려 하지 않는다.' 는 관공서에 온 불평어린 투서 등을 보면 이러한 오해가 있는 것도 사실이다.

신뢰관계를 쌓아 가는 것은 시간이 매우 많이 걸리고 어렵다. 한 사람 한 사람의 직원이 견실하게 신뢰를 쌓아 가는 것은 첫 걸음마부터 중요하다. 출장배달강좌는 그 귀중한 수단이 될 수 있을 것이다.

직원의 의식개혁 직원의 의식개혁은 영원한 주제다. 야시오시가 추진하고 있는 '행정의 평생학습화' 도 바꿔 말하면 직원의 의식개혁운동이다. 그 일환으로 매일 아침 8시 25분부터 각 부마다 전 직원이 인사연습을 하는 '아침인사운동' 을 하고 있다. 부장급 이하의 직원 전원이 교대로 시청 1층 로비에서 본 청사를 안내하는 '종합창구안내' 와 자기평가 · 부하평가, 상사평가의 3단계 평가로 고득점자의 급료를 올려 주는 인사평가제도를 도입하였고, 시내의 기업, 현 내(県内)의 호텔 등에 파견하여 민간경영과 고객을 대하는 것을 배우는 '민간파견제도' , 직원끼리 하는 심포지엄, 중학생과 마을 만들기 단체 등과의 교류 이벤트 연수를 포함한 '연수체제의 충실' 등 다양한 정책을 취하고 있다. 출장배달강좌가 의식개혁으로 연결되는 것은 단적으로 말하면 '다른 사람 앞에서 이야기한다.' 는 점이다. 행정직원은 다른 사람 앞에서 말할 기회가 많다. 관리직이 되면 의회, 단체 앞에서 인사를, 일반 직원은 창구나 전화로 대응, 회합 등에서 말할 기회가 많다. 그러나 정해진 시간에 이해하기 쉽게 참가자에게 이야기할 기회는 적다. 강사가 된 직원의 얘기를 들어 보면 '자료 등을 준비하면서 내가 부족한 곳을 알아서 좋았다.' , '출장배달강좌에 나간 후 자신이 성장한 것 같은 생각이 든다.' 고 말한다. 강의 준비단계에서는 자료를 정리하고 요약 카드를 만들면서 자신의 일을 다시 정리할 수 있다. 그리고 실제로 강좌에 가보면 수강자의 반응, 질문, 의견 등에 따라 다시 검토할 기회가 생겨 좋은 연수의 장이 된다. 일반 시민에게는 이해하기 어려운 설명방법을 취하였거나, 자신도 모르게 전문용어를 많이 사용하고 말았다는 것을 깨달았다.

또한 '야시오시가 추진하는 평생학습의 의미를 알게 되어 유익했다.' 라는 감상문을 직원이 보게 되었을 때 출장배달강좌를 하여 보람 있다고 느끼게 된다. 평생학습에 대해서는 학습도시선언 이후 우선 시청 내 체제를 만들기 위해 직원 연수도 많이 시행하였지만, 역시 일방통행으로 듣기만 하는 연수에는 한계가 있었다. 따라서 직원에게도 눈으로 보이는 형태로 이해할 수 있게 하는 것은 직원 자신이 직접 피부로 느끼는 것 외에 별다른 방법이 없다. 앞으로도 많은 직원에게 이런 기회를 경험하게 함으로써 자질 향상, 의식개혁을 꾀하는 계기를 마련해 주고 싶다.

4) 출장배달강좌를 실시한 각 행정부서의 사례

출장배달강좌를 운영함에 있어서 '인간, 물품, 돈'의 3요소 중 물품과 돈은 들지 않는다. 그렇다면 "무엇이 들어가는 것일까?"라고 묻는다면 제일 먼저 사람이 필요하다. 이것은 '든다(かかる)'는 것이 아니라 '만들어진다(つくられる).'고 생각한다. 준비에서 실행에 이르기까지 각 직원이 시간과 체력을 사용하고 있는 것은 사실이지만 실제로는 그것을 통해서 직장 내의 새로운 자신을, 그리고 주민과의 새로운 관계를 '생산'하고 있는 것이다. 직원의 자질 향상에 연결되는 것은 바로 이러한 것이다. 출장배달강좌를 실시하면 행정 전 기관에 장점(merit)이 있다. 행정의 시책에 대해서 알릴 수 있고, 마을의 과제에 대해서 배울 수 있다는 점에서 출장배달강좌는 향후의 행정 각 분야의 유효한 수단이 된다. 다음은 그 하나의 예다.

- **기획과**: 기획 부문에서는 주민과 함께 종합적으로 시책을 추진할 때에 활용할 수 있고, 계획 책정이나 청(庁) 내 조정이 쉽다. 또한 바른 시정 정보를 전할 수 있다.
- **광청(広聴)과**: 주민의 소리를 널리 들어 이를 행정운영에 반영하는 것이 기본이다. 히로시마현 구레시(呉市)는 홍보활동의 일환으로 출장배달강좌를 실시하고 있다. 강좌에 나가서 주민의 생생한 소리를 듣는다는 점을 중시해야 한다.
- **광고과**: 주민의 요구에 맞게 나가는 것으로 보다 효과적인 광고활동을 행할 수 있다. 주민이 듣고 싶은 내용을 배달하는 것이기 때문에 비판도 적다. 전 직원이 시정의 광고맨 역할을 수행해야 한다.

- **정보공개담당과**: 주민에게 항상 열린 행정을 실현하기 위해서는 관청 속에서 기다리고 있지 말고 요망에 따라 적극적으로 나가서 설명할 필요가 있다. 출장배달강좌는 면대면의 정보공개제도다.
- **사회교육과**: 평생학습 활동을 지원하는 중심적 존재로서 사회교육과에서는 주민의 학습기회 제공이라는 점에서 절대적 효과가 있다. 시민편에서 '인재뱅크' 의 유효한 활용이다.
- **학교교육과**: 출장배달강좌가 학교에 들어감에 따라 학교교육이 획기적으로 변한다. 또 교원이 강사가 됨으로써 지역과의 일체감이 생긴다. 지역과 함께 학생을 건전하게 육성하는 좋은 수단이 될 수 있다.
- **인사과**: 직원이 나가서 설명함에 따라 직원의 자질 향상과 의식개혁에 도움이 된다. 출장배달강좌 체험은 귀중한 연수의 기회다.
- **자치진흥과**: 출장배달강좌에서 주민이 지역의 과제를 함께 배우는 것으로 지역 커뮤니티를 진흥할 수 있다. 자주적 · 주체적인 학습은 시민이 주체가 되어 마을 만들기로 결부될 것이다.
- **남녀협동참획담당과**: 자신이 사는 마을에 대해서 관계를 맺는 것은 주부층이 압도적으로 많다. 출장배달강좌에서 남성의 참가가 기대되며, 지역행사에도 참가하는 것으로 남녀공동참획사회 실현에 근접할 수 있다.
- **재정과**: 시책의 우선순위를 판단하기 위해서 출장배달강좌의 데이터는 빠뜨릴 수 없다. 또한 억측과 이해 부족에 의한 불평 · 요망을 감소시키기 위해서도 출장배달강좌로 마을의 재정에 대한 정확한 지식을 갖게 해야 한다.
- **환경과**: 환경문제는 '지구적으로 생각하고 지역으로 행동하라(Think globally, Act locally).' 고 말하듯이 한 사람 한 사람이 가까운 것에서부터 행동하는 것이 바람직하다. 출장배달강좌는 그 행동의 계기 만들기가 된다.

- 복지 사무소: 간병보험(nursing care insurance) 도입에 나타나듯이 현재는 주어진 복지, 만드는 복지에서 지역에서 서로 떠받치는 복지가 요청되고 있다. 한 사람 한 사람의 의식개혁을 위해 출장배달강좌가 계기를 만들어 준다.

이외에도 여러 가지 부문에서 많은 장점이 있다고 생각한다. 다른 곳에서도 이러한 제도를 실시한 다음 도움이 되는 사례가 있다면 가르쳐 주기 바란다.

5) 실적 및 과제

실적 1994년도에는 70개 메뉴 중 41건(1,139명) 신청, 1995년도에는 78개 메뉴 중 44건(1,149명) 신청, 1996년도의 86개 메뉴 중 86건(2,886명)으로 증가하고 있다. 2002년도에는 231개 메뉴 중 303건(수강자 수 18,790명)을 신청하여 시민의 일상생활 전반에 관한 생활과 학습요구를 충족시켜 주고 있다. 주로 응급조치법, 방재 지식, 교통안전교실, 간병교실 등 건강 관련 강좌가 인기 있다.

향후 과제 앞으로의 과제로는 다음과 같은 것을 들 수 있다.

- 보급 개발: 보급 개발은 당초부터의 과제였지만 시민이 요청한 숫자를 보면 아직 개발이 충분한 상황이라고는 말할 수 없다. 앞으로도 모든 매체를 통해서 적극적으로 홍보하고 싶다. 현재 행하고 있는 것에 추가하여 각 단체 등 '단골 고객'을 만들기 위해서 전 직원이 홍보맨이 되어 모든 기회를 통해서 개발을 행한다.
- 이용하지 않는 메뉴에 대해서: 전 메뉴 가운데 이용되지 않고 있는 메뉴는 약 3분의 2를 차지한다. 이용하지 않는 메뉴를 활용하기 위한 방책

을 검토할 필요가 있다.

- **직원 연수에 대해서:** 강사가 되는 직원은 강좌에 참석하기 위하여 마음의 준비나 말투 등을 균질화할 필요가 있다. 말솜씨가 있는 강사의 내용은 잘 이해되어 인기가 있지만, 그렇지 않은 메뉴는 소외되어 지속되기가 어렵다. 직원 누구라도 잘 할 수 있도록 직원 자질 향상 연수를 할 필요가 있다.
- **메뉴 내용:** 메뉴는 매년 갱신하고 있지만 설문지 등에 의한 시민의 요망을 배려하여 시민 요구에 부응할 수 있는 내용으로 가야 한다.
- **청 내의 조정:** 12년째가 되어 시청 내적으로는 제도가 정착해 가고 있지만, 평일의 야간, 토요일 · 일요일 등의 근무시간 외에 배달강좌를 할 경우가 많다. 그러므로 시간 외에도 직원이 자연스럽게 대응할 수 있도록 환경 만들기를 생각할 필요가 있다. 이 때문에 시청 내의 각 과와 조정할 필요가 있다.
- **학교나 기업의 신청:** 학교나 기업에서도 신청이 오지만, 더욱 폭넓게 이용되게 함에 따라, 많은 시민이 마을 만들기에 관련되는 계기가 된다. 더욱 활발한 신청이 있도록 제도의 보급 개발에 노력할 필요가 있다.

제5장

학교와 지역사회의 협동은 교육공동체의 원점

1. 학교개방의 이해

1) 학교개방(School Extension)[1)]

역사 학교개방의 역사는 영국의 대학확장운동과 미국의 지역사회학교운동에서 시작된다. 영국의 경우 1873년 케임브리지 대학의 순회대학을 시작으로 런던 대학, 옥스퍼드 대학 등에서 대학 강좌를 적극적으로 공개하면서 대학확장(university extension)운동이 시작되었다. 그 후 대학확장에 머물지 않고, 텔레비전 방송이나 통신교육 등의 다양한 학습 미디어를 통해 개방형 대학인 '열린 대학(open university)' 으로 발전하였다.

미국에서는 이민자의 미국 시민화의 필요성에 의해 공립학교에서 성인교

1) 김득영, 일본의 학교개방, 평생교육센터 인터넷 용어사전(2002).

육의 추진운동으로 중등교육 수준의 학교개방이 추진되었다. 미국의 지역사회 학교는 1935년경에 미시간 주 플린트 시를 기점으로 미국 전체에 널리 퍼져 1960년대부터는 일반화되었다. 세계공황으로 인한 실업률이 증가하면서 지역사회의 황폐, 가정의 붕괴, 청소년 범죄의 증가 등 사회문제가 급격하게 대두됨에 따라 플린트 시장인 찰스 스튜어트 모토(Charles Stewart Mott)는 기금을 설립하고, 가까운 집회나 학습의 장소 제공을 목적으로 한 공립학교의 사용 · 운영을 제창하며, 지역사회 학교의 보급을 시작하였다.

정의 학교개방은 학교의 정규교육 활동 외에 사회인을 대상으로 하는 평생학습이나 학교 외 교육을 위해 학교를 널리 사회적으로 활용하는 교육 활동의 형태다. 협의의 정의로는 교정이나 체육시설, 도서관, 강당, 실습실 등의 시설 · 설비를 지역에 개방해서 사용하는 것이며, 광의의 정의는 학교 수업의 개방, 공개 강좌나 각종 학습 강좌 등에 의한 교육기능이나 연구기능의 개방과 방송, 그리고 통신을 통한 개방까지도 포함한다. 학교개방의 개념은 학교와 지역사회의 연계, 협력, 융합, 협동의 형태로 발전되고 있다.

의의 우리나라의 경우 학교개방은 교육기회의 보장이라는 차원에서 방송통신고등학교 · 방송통신대학교, 사회교육 차원의 지역사회학교운동, 평생교육 시대에 따른 대학부설 평생교육원, 대학개방 강좌, 대학원 개방, 학교와 지역의 연계 · 융합 · 협동 등의 형태로 이루어지고 있다. 또한 사회 민주화에 따라 열린 학교, 대안학교, 차터스쿨 등의 새로운 개념으로 개방이 실험될 것으로 보인다.

2) 학사연계

학사(학교교육과 사회교육)연계는 학교교육이나 사회교육 어느 쪽이 일방적인 목표나 목적을 달성하기 위해 취하는 방법으로 수업의 전부나 일부를 협력 내지는 지원하는 관계다. 따라서 계획과 평가는 주최측에서 한다.

일본의 학사연계 추진은 존 듀이(J.Dewey)의 경험중심 교육과 올센(Olsen)의 지역사회학교, 평생교육론 등의 모델을 적용한 형태로 발전되어 왔다. 지역사회학교는 전후의 신교육운동으로 소개되었는데, 일부 학교의 실천에 머물렀으며, 일본 학교의 주류를 이루지는 못하였다. 이것은 지역의 폐쇄성과 교육과정 편성의 편협성 등으로 널리 정착하지 못하였고, 이후 고도 경제성장에 따른 지역의 변화로 학교와 지역의 연계를 모색하는 것이 어려워졌다.

1970년대 일본에 평생교육론을 적용하는 과정에서 학사연계가 다시 주목되었다. 전후(戰後) 지역사회학교의 시도와는 달리 일본 문부과학성 심의회의 보고서에서 학사연계가 언급되었고, 그 후에도 일관되게 중요한 시책의 하나로 다루어 오고 있다.

1970년대 학교와 지역사회의 관계는 사회교육 차원의 기능을 확대하려는 학사연계였으나 학교교육의 재편에서는 그다지 큰 호응을 얻지 못하였다. 1980년대 학교와 지역사회의 관계는 평생학습사회를 위한 열린 학교의 구상이었다. 이것은 획일 · 경직 · 폐쇄적인 체질에 의한 교육병리와 신뢰 저하를 열린 학교로 해결하려는 정책이었다. 임시교육심의회에서 제시한 열린 학교는 다음과 같다.

- 보호자와 지역주민의 의견을 학교경영에 반영
- 지역사회의 공동재산으로서 학교개방
- 지역 교육기관 간의 네트워크를 구축하여 상호 간에 활용, 지역의 교재화, 지역인사의 활용 등

그러나 이러한 정책은 현장에 충분히 반영되지 못하였다. 어디까지나 학

교교육이 교육의 중심이었으며, 평생교육 차원에서 교육을 생각해야 하고, 학사연계 사업 정도로 실천하는 데 그쳤다.

하지만 1992년 학교 주 5일제 실시에 따라 변화를 맞이하게 되었다. 종래의 교육활동 시간의 일부를 가정이나 지역생활에 맡길 수밖에 없게 된 것이다. 이 학교 주 5일제는 단순한 학교교육의 시간 수 삭감에 머물지 않고, 학교에서 익힌 자기 학습력, 주체적 판단력 등을 가정이나 지역에서 살려 학교교육과 가정 · 지역의 상호 보완적인 관계를 만들어야 하는 과제를 안게 된 것이다.

3) 학사융합정책 등장

학사융합정책은 1990년대 중반부터 평생학습사회에서 학교와 학교 외 교육이 각각 역할 분담을 하고 연계하면서 그 이상으로 서로 융합해 가는 것이 필요하다는 보고서가 나오면서부터 이루어진다.

1996년 평생학습심의회 답신에서는 학교교육의 연계 · 협력 방향인 '학사융합'을 이념으로 정책을 제시하였다. 과도한 수험 경쟁과 등교 거부 등의 청소년문제가 부상하면서 교육의 책임이 가정의 책임임을 강조하고, 이후 청소년의 라이프 스킬(life skill)로서 살아가는 힘이 강조된다. 이러한 진단에 따라 다양한 체험활동과 학교개방, 가정과 지역사회에 교육의 책임을 부과하고 학교와 지역의 융합 시스템을 구축하였다.

지금까지는 학교교육과 사회교육이 각각 독자적인 교육기능을 발휘하면서 서로의 부족한 부분을 보완하고 협력하고자 한 학사연계였다. 하지만 실제로 학교교육은 여기까지 사회교육은 저기까지라고 구분하여 필요한 연계 · 협력이 충분히 이루어지지 못하였다. 그러나 주 5일제에 따른 교육과정의 개편(총합학습의 시간 신설), 청소년 체험활동 강화 등 일련의 정책으로 학사융합이 급속히 확산되고 있다.

학사융합은 학교교육과 사회교육 쌍방이 주체성을 갖고 상호 일부의 목표를 공유하고, 그 활동을 함께하여 상호 효과를 극대화하는 새로운 학교 운영 시스템인 것이다.

4) 지역 교육공동체 활성화를 위한 가마학 협동[2)]

지식정보사회에서 국가의 생존은 교육에 달려 있으므로 지역과 학교의 교육구조를 효과적으로 바꾸는 것은 시대의 과제다. 산간벽지까지 분포되어 있는 양질의 교육 인적 자원은 교원이다. 유 · 초등 교원이 약 16만 5천 명, 중등 교원이 20만 명, 대학 교원이 5만 5천 명으로 총 40만 명의 교원과 2만 개의 학교, 그리고 사이버 평생학습인프라가 효과적으로 연계 · 협동한다면 가정과 지역 교육력을 살려 지역주민의 삶의 질을 개선하는 데 이바지할 것이다.

새로운 실천모델은 다음 그림과 같은 형태가 될 것이다.

- 모델 I은 학교교육을 목적으로 학교에서 지역에 접근하여 지역의 다양한 자원을 활용하면서 실천하는 것이다. 이러한 의미에서 지역자원활용형 연계 모델이다. 예를 들면, 지역의 전통문화 견학이나 자연환경 속에서 이루어지는 체험학습, 지역주민센터나 도서관 등의 사회교육 시설을 대상으로 한 조사학습 등이 해당된다. 이 과정에서 전통문화 계승자나 자연환경 지도자, 시설 직원의 협력을 얻게 된다. 이 모델은 종래의 학교에서도 자주 수행해 온 실천이지만, 이제부터 더욱 발전될

2) 지역사회 교육 관계자와 지역주민, 그리고 학교 교직원의 협동에 의해 새로운 실천을 만드는 교육협동, 즉 가정+마을+학교의 교육기능을 네트워크하여 협동하는 사업

것이 기대된다.

- 모델 II도 모델 I처럼 학교교육을 목적으로 하지만, 지역의 자원이 학교에 들어가서 실천하는 것이다. 교육 볼런티어에 의한 수업 및 특별활동 등의 지도와 도서관 운영의 협력 활동, 주민이 제공한 지역 소재 자료를 활용한 수업의 실시 등이 있다. 지역이 학교에 지원한다는 의미로 학교지원형 연계 모델이다. 일부의 학교에서는 지역주민과 교사가 협동해서 지도계획을 만드는 사례도 있다. 이 모델도 일부 학교에서 시도해 왔지만, 현재 새롭게 주목받고 있는 실천이라고 할 수 있다.
- 모델 III은 지역사회교육을 목적으로, 지역이 학교를 이용하는 활동이다. 이 실천활동에는 학교의 여유교실 · 체육시설을 활용한 지역주민의 평생학습이나 컴퓨터 교실, 학교 도서관 등의 이용이 있다. 즉, 지역이 학교의 시설 등 자원을 활용하는 연계다. 이를 두고 학교자원활용형 연계 모델이라고 한다. 저출산과 고령화의 영향에 따른 학교 인구 감소와 중소득층의 과외비 감소를 위한 방과 후 학교 운영 등으로 평생학습을 위한 전용시설을 설치하는 학교도 생기고 있다.
- 모델 IV는 사회교육을 목적으로 학교가 지역에 접근하면서 실천하는 형태다. 교사가 지역의 동아리 활동이나 지역주민센터의 주최 사업에 지도자나 강사로 활동하고, 청소년대책회의에서 조언자가 되는 경우다. 지역에 대한 학교의 교육력 제공이라고 하는 형태의 연계다. 즉, 학교가 지역을 지원하는 지역지원형 연계 모델이다.

지역과 학교의 연계를 구상할 때, 우선은 이상의 네 가지 형태로 나누어 보는 것이 필요하지만, 이 분류에 잘 맞지 않는 새로운 형태도 나타나고 있다. 바로 학사융합의 실천이다. 학사융합은 학교교육과 사회교육의 목적을 함께 실현하기 위해서 각각의 활동을 융합하여 실천하는 형태다. 이것은

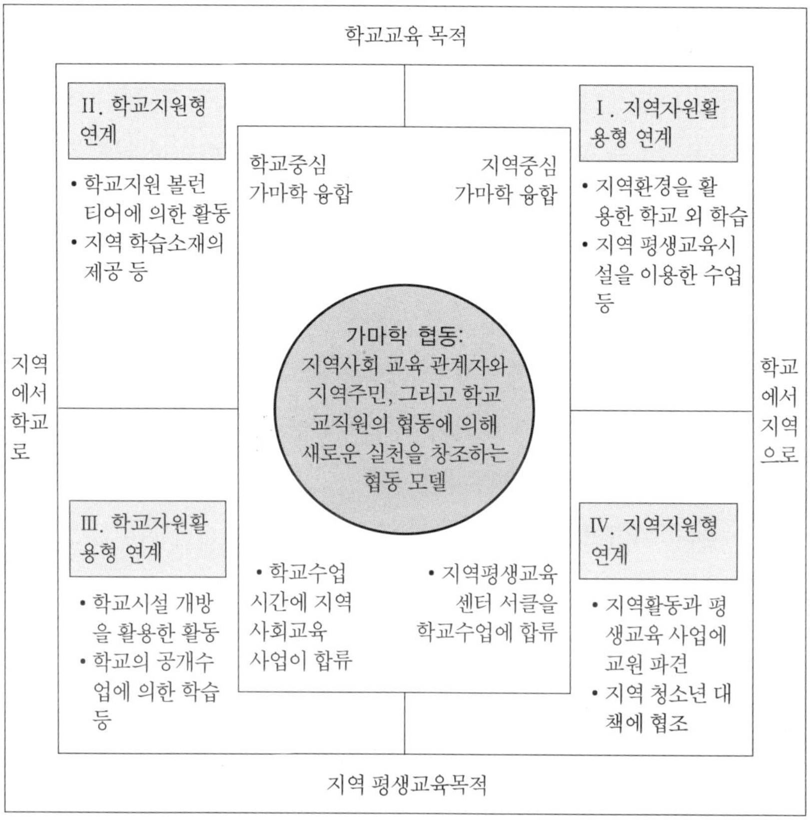

[그림 5-1] 지역과 학교 간의 새로운 연계모델

- 지역중심 가마학 융합: 기존의 지역 평생교육 활동 · 사업에 학교의 사업이나 활동이 편승해서 융합한 모델. 예를 들면, 생활체험학교, 통합학습
- 학교중심 가마학 융합: 학교에 의한 기존 수업이나 특별활동에 지역 평생교육 활동 · 사업이 편승해서 융합한 모델. 예를 들면, 학습지원위원회, 지역커뮤니티센터
- 가마학 협동: 필자가 만든 조어로서 가정과 마을, 그리고 학교의 교육기능을 네트워크하여 협동하는 학습공동체 모델. 지역사회 교육 관계자와 학부모(지역주민), 그리고 학교 교직원의 협동에 의해 새로운 실천을 창조하는 협동 모델. 예를 들면, 일본 효고현의 '트라이 하는 위크'.

자료: 白石克己 · 廣瀨隆人 編, 生涯學習を拓く(東京: ぎょうせい, 2001), p. 72를 재수정

다시 다음과 같이 세 가지로 분류된다.

- 지역중심 학사융합: 기존의 사회교육활동이나 사업에 학교교육이 편승하여 융합하는 형태다. 예를 들면, 사회교육행정이 실시하는 '출장배달강좌'를 학교의 수업으로 활용하거나, 지역 동아리 활동(Circle Activity)에 아동학생을 참가시켜 특별활동으로 대체하는 것을 말한다.
- 학교중심 학사융합: 기존의 학교교육에 사회교육활동이 편승하여 융합하는 형태다. 이 형태에 속하는 사례로 학교의 수업을 가정교육 학습 프로그램으로 추진하는 실천이나 학교의 클럽 · 동아리 활동에 지역주민이 함께 실천하는 경우다.
- 학사협동: 지역의 사회교육 관계자와 학교의 교직원이 협동하면서 만들어 내는 새로운 활동이다. 예를 들면, 아동 · 학생과 지역주민이 함께하는 학습, 부모와 함께하는 컴퓨터 교실, 아동과 지역주민으로 구성되는 클럽 · 동아리 활동의 신설, 근린학교와 자치회 · 노인회 등의 합동에 의해 지역축제를 새롭게 기획한 예 등으로 최근 급속히 늘어나고 있다.

현재 학사융합은 크게 이 3가지 모델이 적용되는 것이 일본의 통례다. 학교의 슬림화 정책 추진에는 학교중심 학사융합이 적합하고, 지역평생학습의 기회 확대 측면에서는 지역중심 학사융합이 적당하다. 또한 지역 활성화의 면에서 보면 학사협동이 어울린다. 학사융합을 추진할 때에는 그 효과를 예상하여 추진하는 것이 중요하다.

2. 가누마 학습 볼런티어 네트워크 사례

도치기현 가누마시(鹿沼市)의 가누마 학습 볼런티어 네트워크는 1999년에 결성된 평생학습 볼런티어 네트워크다. 이것은 평생학습활동을 추진하는 각각의 볼런티어 서클이 느슨하게 연계되어 서로 정보를 교환하거나 서로 지원함으로써 자신들의 활동을 활성화하려는 네트워크다. 현재 18개의 서클이 가입되어 있다.

주요 활동 내용은 가입한 볼런티어 서클의 대표자를 주축으로 정보교환을 일 년에 몇 차례 갖고, 가입한 볼런티어 서클의 구성원 전원을 대상으로 한 평생학습이나 볼런티어에 관한 연수회를 1년에 1회 정도 개최한다. 가입은 수시로 가능하며, 가누마시 내의 평생학습 볼런티어 서클이면 가입할 수 있다. 자세한 정보는 시민생활부 평생학습과 학습진흥계에서 제공하고 있다.

가누마시 일시보육그룹 '보조개' 공적 기관이 주최하는 가정교육학급이나 교육강연회 등의 학습회에서 일시보육을 담당하고 있는데, 가누마 시민정보센터 내에서 월요일과 금요일 오전 중 아이키우기 광장 '응석부림 클럽' 을 운영하고 있다.

가누마 도서관 볼런티어(volunteer) 'KLV협회' 가누마 시내의 초·중학교에 있는 학교 도서관 등에서 책을 읽어 주거나 책의 보수 등을 행하며, 골목도서관의 운영과 주니어(junior) 양성에도 노력하고 있다.

가누마시 평생학습추진 기획·운영위원 'GLAD' 새로운 학습을 발견하려는 시민이나 평생학습을 통해 새롭게 삶을 바꾸려는 시민 등을 지원한다. 7개의 네트워크로 나누어 활동 중이다.

가누마시 가정교육 오피니언 리더(opinion leader '여울물회') 가누마시의 가정교육진흥을 위해 아이 키우기 스쿨, 아이 키우기 세미나, 아버지를 위한 강좌, 즉흥극 등을 실시하고 있다.

글로벌 그룹 국제이해교육의 시점에서 학교교육을 지원하고 있다. 외국인 강사의 파견과 지원, 볼런티어 그룹의 육성과 지원을 하고 있다. 그 외 외국어 교실 · 일본어 교실의 개최나 가누마시의 광고에 관한 사항 등을 번역하기도 한다.

이시카와 초등학교 학습지원위원회[3] 이시카와(石川) 초등학교의 학사융합은 10년 동안 계속적으로 추진하면서 15개의 지원위원회를 운영하고 있다. 새로운 교육 · 학습의 사고방식으로 학사융합추진 조직을 학교의 실천현장에 만들고 있다. 과제마다 담당교사와 보호자, 지역 볼런티어 등으로 구성된 '학습지원위원회'가 수업을 지원한다. 이시카와 초등학교의 학습융합모델 사업의 중심적인 역할은 학습지원위원회다.

3. 아키츠 초등학교의 아키츠 커뮤니티센터 사례

1) 새로운 주택지와 초등학교

1980년 4월, 동경만을 매립하여 지바현(千葉県) 나라시노시(習志野市) 주택단지가 형성되면서 시립 아키츠(秋津) 초등학교가 개교한다. 아키츠 지

3) http://www.city.kanuma.tochigi.jp/kyouiku/volunteer/volunteer.htm

구는 동경 베드타운으로 2,400세대에 약 7,500명이 주거하고 있으며, 65세 이상 인구가 약 7%로 고령화가 시작되고 있는 지역이다. 대부분의 주민은 시외버스로 통근하는 봉급생활자로 보호자가 비교적 젊고 교육에 관심이 높다. 그리고 학교에 대한 학부모의 기대가 크고 협력도 잘 되는 편이다. 이러한 상황에서 아키츠 초등학교를 중심으로 커뮤니티가 형성되었다. 2005년 현재 아동 수는 약 340명이지만, 가장 많을 때에는 약 1,200명으로 여유 교실이 있는 편이다.

2) 아키츠 커뮤니티의 형성

배경 학사융합 면에서 일본 전국에서 주목하고 있는 학교는 '아키츠 커뮤니티' 다. 아키츠 커뮤니티는 지역주민에게 취미 · 스포츠 · 문화활동 등의 평생학습을 추진하는 임의단체다. 학교 · 유치원 · PTA · 정회(町會) 등의 관계자가 모여 1992년 1월에 발족한 '아키츠 지역평생학습연락협의회' 가 그 전신이다.

'아키츠 커뮤니티' 는 1995년 정식으로 교육위원회의 승인을 받으면서 1995년 9월에 여유교실 4개(아키츠 커뮤니티룸)를 지역에 개방하였다. 또한 '자주 · 자율 · 자기관리' 를 운영원칙으로 한 아키츠 초등학교 커뮤니티룸 운영위원회를 발족하였다. 연간 이용자 수는 전체 지역주민의 1.6배인 1만 2천 명이다.

이러한 커뮤니티의 설립은 아키츠 초등학교가 1990년부터 3년간 나라시노시(習志野市) 교육위원회로부터 '평생학습연구학교' 로 지정된 것이 직접적인 계기였다. 이 기간 동안 아동이 평생 계속해서 학습하기 위한 연구를 학교가 행하고, 교사와 보호자, 그리고 지역의 성인도 평생학습활동과 연구를 하고 있다. 이 연구 성과로 1991년 '창작 · 아키츠 오페레타' 를 컨벤션센터 '마크와리 멧세' 에서 발표한다. 당시 교감의 연출로 학교에서 만든 '아버지들이 만든 동물사육장' 을 주제로 아동과 교사, 지역주민 약 420명이 참가하여 노래와 무용 등으로 멋진 공연을 한 것이다. 이렇게 아키츠 커뮤니티는 아키츠 초등학교와 지역사회가 교류・연구를 하면서 만들어졌다.

일본은 1992년부터 주 1회 학교 5일제가 시행되었고, 이 학교에서도 학교장 재량으로 월 1~2회 학교개방을 추진하게 되었다. 연구시범학교 지정이 끝나고 나서도 교사와 지역주민이 일체가 되어 연구활동을 추진하기 위해 '아키츠 지역평생학습연락협의회' 를 발족시켰다. 여기에서 성인 남자를 중심으로 한 공작교실, 도예교실이나 수채화교실 등의 서클활동을 전개한다.

이러한 서클활동은 아키츠 PTA 창립 10주년 기념으로 아버지 PTA의 손에 의해 사육장을 만들면서 시작된다. 건축가나 디자이너 등 약 40명의 셀러리맨이 매주 토・일을 반납하여 약 4개월 만에 사육장을 건설하였다. 사육장 만들기를 통하여 아버지들은 아동들과 함께 지역의 커뮤니티에 참여하는 즐거움을 체험한다. 그 뒤에 여유교실 1개를 개조하여 도서실을 만들었다. 이러한 아버지의 움직임은 평생학습으로 연결되어, 초등학교를 기지(基地)로 한 다양한 자주적인 서클이 계속해서 탄생한다.

그리고 평생학습활동이 활발해져 보다 활발한 활동의 장이 필요하게 되어 '아키츠 지역평생학습연락협의회' 가 시 교육위원회에 요망서를 제출하여 커뮤니티룸이 탄생하였다.

아키츠 초등학교 커뮤니티룸의 자주적인 운영 이후 아키츠 커뮤니티를 이용한 서클과 지역 단체 등 50명으로 구성된 '아키츠 초등학교 커뮤니티룸(community room) 운영위원회' 가 만들어진다. 그동안 아키츠 커뮤니티 활동을 토대로 학교장의 승인 아래 시 교육위원회에 요망서를 제출

▶▶▶ 아버지들이 만든 학교사육장

하여 1995년 9월에 개설되어 전국에서 처음으로 사용자의 자주관리에 의한 학교시설 개방을 추진하였다. 1층의 4교실과 학교 대지(밭) 약 50m² 도예용 가마를 빌려서 합창 · 콘서트 · 도예 · 극단 · 공작클럽 등 42개 서클이 활발하게 활동을 하고 있다(2002년 10월).

위원회의 운영원칙은 자주 · 자율 · 자기관리다. 적은 경비로 자율적으로 운영되고 있는 점은 한국에서도 벤치마킹이 가능한 점이다. 교육행정의 운영비는 수도료 · 광열비를 제외하면 1년에 겨우 3만 엔 정도다. 백중날과 연말연시의 휴관일을 제외하고 연간 아침 9시부터 밤 9시까지 단체 · 개인을 막론하고 누구라도 무료로 이용할 수 있다.

위원회 운영의 특징은 행정의 관리가 아니라 지역주민에 의해 '관리자를 두지 않는 자주운영'이다. 관리자를 두면 재정적으로 부담이 되고 개방에 따른 다양한 제약이 따르게 된다. 따라서 자주관리, 자기운영을 하고 있다. 그 결과에 대해 기시 유지(岸裕司) 전 아키츠 커뮤니티 회장은 학교 자체를 지역의 주체로 인식하게 되고, 학교를 기지로 마을 만들기 의식이 생기게 되었다고 이야기한다.

활동단계 지금까지의 활동단계를 정리하면 [그림 5-2]와 같다.

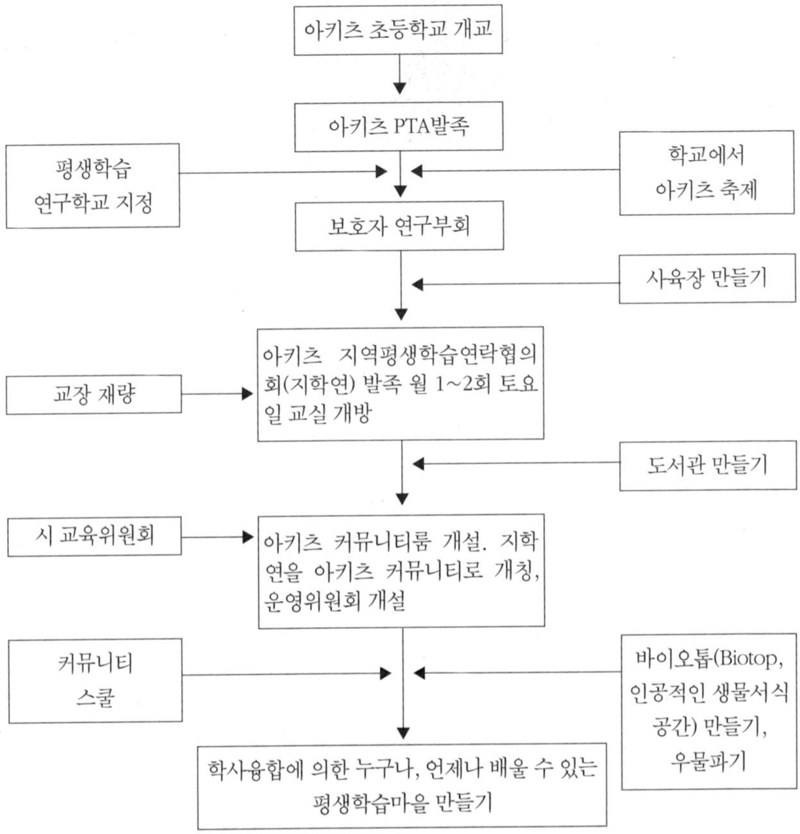

[그림 5-2] 아키츠 커뮤니티의 활동단계

학교와 지역의 융합사업 활동

- 아키츠 초등학교와 지역의 대운동회 실시
- 아키츠 축제에서 도깨비 저택과 아키츠 아동 바자회 운영 · 실시 수익금은 국제 볼런티어단체에 기부
- 방재 대피 훈련을 겸한 유치원 운동장에서 캠프 실시

• 연말연시 아키츠 커뮤니티룸 대청소 후 떡 만들기
• 신나라시노(新習志野) 공민관 활동 지원
• 아키츠 탐험 워크 대회
• 아키츠 음악축제 등의 활동

3) 학교와 지역 융합의 성과

새로운 커뮤니티 학교의 학사융합 미야자키 미노루(宮崎 稔) 아키츠 초등학교장은 1997년도에 요미우리신문사 주최 '요미우리 교육상 · 지역사회교육활동 부문'의 논문으로 최우수상을 수상하여, 상금 50만 엔을 종잣돈으로 새로운 일을 추진하였다. 아키츠 커뮤니티(community)의 아버지모임 '공작클럽'을 중심으로 교정에 인공연못과 묘목을 심어 '아키츠 초등학교 커뮤니티 가든(community garden)' 만들기에 착수한 것이다. 이 조성과정에서는 아동의 교육적 참여를, 완성 후에는 아동의 '환경교육 교재'를 위한 교육과정이 준비되었다. 또한 이 수상을 계기로 아키츠 사례가 전국에 알려지고 다른 지역의 우수 사례도 배우고자 1997년 8월 1일에 '학교와 지역의 융합교육연구회'를 발족하여 학사융합연구대회를 매년 개최하고 있다.

성공의 비결-학교와 지역의 윈윈(win & win) 학사연계와 같이 학교나 사회의 어느 한쪽이 중심이 되고 다른 쪽이 끌려가는 것이 아니라 동등한 입장에서 출발하여 양측의 장점을 취한 것이 성공의 비결이다. 물론 이러한 성공은 현재 아키츠 커뮤니티의 고문인 기시 유지와 사회교육 경험이 풍부한 전 교장의 헌신적인 리더십이 있었기 때문에 가능하였다.

필자가 2004년에 방문하였을 때 현재 학사융합연구소 회장인 미야시키 미노루(전 교장) 씨는 다음과 같은 슬로건을 강조하였다.

'무리는 금물', '누구라도 언제라도 환영', '어린이를 전면에, 심리적 · 물리적 공간을 제공', '교사의 쉼터로 평생학습을', '지역은 인재의 보고(寶庫)' 등으로 많은 사람이 공감하고 있다.

4. 시네마현의 학사융합을 통한 지역 만들기 사례[4]

1) 셋슈와 히토마로의 고향, 마스다시(益)

마스다시(益田市)는 야마구치현(山口県)과 경계를 맺는 시마네현(島根県)의 서쪽 끝에 위치하고 면적 300km^2, 인구 약 5만 명으로 온난 한 기후를 살려 멜론 재배가 왕성하다. 이 밖에 그림의 성인인 셋슈(雪舟)[5], 노래의 성인 히토마로(人麻呂)[6]와 인연이 깊은 땅으로 관광에도 주력하고 있다. 또한 시 주변의 7개 시 · 정 · 촌〔애칭 기라보시 세븐(綺羅星 7)[7]〕이 광역행정을 추

4) 이 글은 오하타 노부유키(大畑伸幸, 마스다시 교육위원회 지역교육 코디네이터) 씨의 글을 옮긴 것이다. 연락처: 島根県 益田市赤城町 18-6, TEL: 0856-31-0621 FAX: 0856-31-0641, e-mail shogai@iwami.or.jp

5) 셋슈(雪舟)는 무로마치 시대에 지금의 오카야마(岡山)에서 태어나, 교토에서 승려생활을 하면서 그림을 배웠다. 그 후 야마구치현의 다이묘인 오우치(大內) 밑에 있다가 명(明)나라로 유학을 하면서 명의 화법을 배웠다. 귀국 후 마스다시의 다이묘 마스다 가네타카(益田兼堯)에 초대되었으며, 이코지(医光寺)의 주지가 되어 정원 등을 만들었다. 현재 마스다시에는 셋슈가 남긴 정원 2곳과 그림(益田兼堯像)이 남아 있다.

6) 히토마로는 백제 왕인 박사의 일족으로 야마토 원년(645년)을 전후하여 살았다는 설이 많다. 마스다시에서 태어났다고 전해지며, 만요시대의 궁정가인(宮廷歌人)으로 활동하였다. 헤이안 시대의 가요집인 『만요집(万葉集)』에 장가 18수, 단가 66수가 남아 있다. 노래의 신으로 추앙되고 있으며, 현재까지 가키모토신사(柿本神社)에서 축제를 열고 있다.

7) 기라보시 세븐(綺羅星 7)은 마스다시 주변의 미토초(美都町), 히키미초(匹見町), 쓰와노초(津和野町), 니치하라초(日原町), 가키노키무라(柿木村), 무이카미치초(六日市町) 등, 一市五町 一村이 다양한 분야에서 지혜를 모아 기라성 같이 빛내고 싶다는 생각으로 만든 애칭이다.

진하면서 함께 관광 홍보도 추진해 오고 있다.

2) 지역 전체가 나서는 청소년 육성

마스다시에서는 '평생학습에 의한 마을 만들기'의 일환으로 2000년도부터 지역 전체가 청소년 육성에 주력하고 있다.

'학사융합'을 키워드로 학교와 가정, 그리고 지역에서 다양하게 연계·융합사업을 추진해 왔다. 2002년에는 '지역에서 육성하는 마스다(益田)의 아동추진협의회'를 설립하고, 46개 시내의 각종 기관, 단체, 그룹 등이 참가하여, 지역 전체가 청소년 육성을 위한 조직화에 착수하였다.

나는 '지역교육 코디네이터(coordinator)'로 현(県) 교육위원회에서 파견되어 '사회교육과 학교교육의 연계·융합의 실천', '학교, 가정, 지역이 일체가 된 청소년 육성의 시스템화'를 담당해 왔다. 지금까지 각 시·정·촌 교육위원회에서 추진해 온 교육행정이 '청소년'을 키워드로 하여 프로젝트별로 추진할 수 있도록 지역교육 코디네이터가 지역 내 30개의 시·정·촌 교육위원회에 파견되어 있다.

3) '학사융합'은 평생학습의 순환

'학사융합'을 진흥시키는 원동력으로서 청소년의 학습이나 체험활동에 적극 도움을 줄 사람을 학습지원 볼런티어로 모집하였다. 매년 300명 이상의 시민이 등록하고, 주로 초·중등학교의 교육활동에 관계하고 있다. 이 활동을 통해서 자기 자신의 평생학습에도 연결된다는 것을 실감하는 사람이 증가하고 있다.

또한 15개 지구의 공민관에서 청소년 모델사업을 실시하고 있다. '플레이 파크', '통학합숙', '아동 도우미(helper)'[8], '부모와 자식의 카누 만들기' 등을 추진하고, 각 지구에서 사업 실시를 위한 실행위원회를 만들어 참가자의 평생학습 장이 되는 동시에, 새로운 인적 네트워크를 만드는 계기가 되었다.

이렇게 청소년 관련 활동에 그 참여자 자신의 평생학습의 성과를 발휘하는 계기가 되면서 새로운 학습 의욕으로 연결되고 있다. 이것이야말로 평생학습의 순환이라고 말할 수 있다. 또한 활동의 장 만들기가 지연(地緣)이 약해진 지역의 새로운 '인연 만들기'로도 연결되고 있다.

4) '지역공헌'을 키워드로

'학사융합' 추진의 열쇠로 지역 만들기 활동에 아동이 참여하여 '지역공헌' 활동에 기여하도록 독려해 왔다.

주민이 주체가 되어 기차역 주변에 수선화를 심어 '수선화 마을 만들기'로 지역을 활성화하는 지역도 있다. 이때 초·중학생도 참가하여 참획(참여기획)을 하고 있다. 그 밖에 마스다(益田) 산업고교에서는 소나무를 먹는 병충해 피해를 막기 위한 방풍림심기활동을 지역의 자치회와 관계 기관과 함께 행하고 있다. 이렇듯 학교를 중심으로 여러 가지 활동이 추진되고 있는 실정이다.

또한 이러한 활동의 정보발신과 평가의 장으로 2000년도부터 '학사융합 포럼 IN 기라보시 7'을 인근 7개 시·정·촌과 협동해서 개최하고 있는데, 전국에서 참가자들이 모여 교류의 장으로도 정착되었다. 이는 단독으로 개최하는 것이 아니고, 광역의 시·정·촌이 협동하여 개최하는 것으로 다양

8) 주로 동네 어른의 집을 주기적으로 방문하여 안부를 묻는 활동을 한다.

▶▶▶ 마스다시의 제4회 학사융합포럼

한 단체나 조직의 활성화에도 도움이 되며, 광역적인 개발의 장으로 활성화되고 있다.

이 광역 개최의 열쇠가 되고 있는 것은 각 시 · 정 · 촌 교육위원회의 사회교육 장학사다. 이들이 가지고 있는 지역의 인적 네트워크를 활용하여 사례 발굴에서 포럼 운영까지 부드럽게 진행할 수 있게 되었다.

5) 지역 청소년을 중심으로 한 지역 만들기

2004년도부터는 지역에서 청소년을 지원하는 성인 네트워크를 더욱 넓히기 위해 2개의 사업을 추진하게 되었다. 청소년의 여러 가지 고민을 상담하는 '청소년 응원실' 의 설치와 시내의 2개 초등학교에 커뮤니티룸의 설치가 그것이다. 커뮤니티룸은 '지구 볼런티어의 집' 으로서 ' 소년들과 함께 활동하고 싶다.' , '아동에게 학습이나 체험활동의 장을 만들고 싶다.' 는 볼런티어가 모이는 장소다. 방과 후나 휴일에 개설하고, 청소년 육성의 지역 거점으로 추진하려고 한다.

이 사업을 모델로 청소년을 중심으로 배치하면서 지역의 볼런티어의 수를 늘리고, 지역 성인의 새로운 관계가 만들어지는 것을 목표로 삼고 있다. '아동이 빛나고, 어른이 활발히 움직여 활기 넘치는 지역만들기' 를 향해 움직이기 시작하고 있으며, 지역교육 코디네이터(coordinator)로서 마스다 시의 독창적인 교육 시스템 구축을 진척시키기 위해서 지혜를 짜고, 땀을 흘리고 있다.

5. 지역이 책임지는 방과 후 교실 만들기 사례[9)]

-기후시 지역 청소년교실의 현상과 과제-

현재 일본 사회는 핵가족화, 커뮤니티에서는 인간관계의 희박화가 진행되고 있어 다음 세대를 책임질 어린이의 건전한 육성에도 적지 않게 부정적인 영향을 끼치고 있다. 그 가운데 어린이가 안심하고 모이는 장, 지역 사람과 만날 수 있는 장(방과 후 교실) 만들기가 추진되고 있다. 문부과학성에 의한 '어린이의 거처(방과 후 교실) 만들기 신플랜-지역어린이교실 추진사업-' 을 통해 2004년도부터 기후시(岐阜市)에서 실시되고 있는 '지역어린이교실' 의 현상과 향후 과제를 소개하고자 한다.

9) 이 글은 우치다 하루요(內田晴代, 기후시 어린이 거처 만들기 코디네이터) 씨의 글을 옮긴 것이다.

1) 지역어린이교실 실시의 배경과 경위

어린이 거처(방과 후 교실) 만들기 신플랜-지역어린이교실 추진사업

현대사회에서 가정과 지역의 교육력 저하, 청소년의 다른 연령 · 다른 세대 간 교류의 감소, 청소년의 문제행동의 심각화 등이 청소년의 건전한 육성에 저해 요인이 되고 있다. 이를 고려하여 문부과학성에서는 2004년도부터 '어린이 거처 만들기 신플랜-지역어린이교실 추진사업'을 실시하게 되었다.

이 사업에서는 전국의 학교에서 방과 후나 휴일에 지역 어른의 협력을 얻어 '어린이 거처'를 만들어 스포츠나 문화활동, 체험활동, 교류활동 등을 전개하고, 가정, 지역, 학교가 일체가 되어 일상적으로 어린이를 육성하는 사회환경을 만드는 것을 목표로 하고 있다.

지역의 사람이 체험활동의 지도와 안전관리를 중심으로 협력하고 활동 거점을 만들어 가는 것이다. 여기에는 지역 내의 각종 단체뿐만 아니라 공민관, 도서관, 아동관, 상가모임, 경찰 등 관계 기관의 연계협력이 필요하다. 이것은 지역 내 기업에 대하여는 인재 파견, 자금 원조, 기업 자원의 제공을 부탁하는 등 다방면으로 알리는 활동을 하는 것으로 어린이 거처 만들기가 지역 만들기와 연결되는 것으로 생각하는 것이다.

기후시 지역어린이교실 사업 실시에 즈음하여

- 실시요강의 책정: 기후시에서는 2002년 4월부터 실시하는 '완전 학교 주 5일제'를 향해 2001년 1월에 '지역에서 어린이가 성장하는 환경 만들기'의 목표로 '건전 건강 어린이 플랜'이 책정되었다.

  이 '건전 건강 어린이 플랜'에 근거하여 각종 단체와 볼런티어에 의한 토 · 일요일의 어린이 거처 만들기가 몇 개의 지역에서 시작되었는데, '화양(華陽) 해바라기 광장', '기노모토(木之本) 아버지 교실', '싱

싱 세러데이(Saturday)'(西鄕), '죠반(常盤)·사기야마(鷺山) 아버지의 모임', '아쓰미(厚見) 세러데이 스쿨', '기다(木田) 어린이클럽', '나가모리 미나미(長森南) 문화스포츠클럽' 등이 그것이다. 여기에서는 놀이나 스포츠, 체험활동 등의 프로그램이 지역 사람에 의해 기획·운영되었다.

2004년에 문부과학성의 추진사업을 위탁받아 이제까지 토·일요일에 실시해 온 지역에서는 평일의 방과 후 교실 사업을 추가하여 활동을 충실하게 하는 것과 그 외의 지역에 대해서는 평일의 방과 후 교실 사업을 실시하는 것을 기본으로 하는 실시요강을 책정하고 보다 지역 사람과 빈번하게 만날 수 있는 장을 준비하는 것을 목표로 하였다.

실시요강에서는 사업을 진척시키기 위한 시 전체 차원의 조직으로서 실행위원회를 설치하고, 각 지구의 지역주민 4명을 지구의 '지역어린이교실 지도원'으로 배치하고, 시 전체의 사업을 보조하는 '어린이 거처 만들기 코디네이터'를 배치하는 것으로 하였다. 실시 시간은 주 1~2일 평일 방과 후의 하교시간까지라고 정하였다.

- 실행위원회의 설치: 실행위원회에서는 어린이가 지역에서 여러 가지 체험활동을 충실하게 하고 가정교육을 지원하며, 청소년 육성 관계자, 학식 경험자, 행정 관계 기관을 중심으로 15명의 위원으로 구성하였다. '어린이센터기후협의회'에서는 '지역어린이교실'의 지원과 동시에 어린이를 대상으로 하는 정보지 'egg'를 발행하고 있다.

실행위원회 사무국은 중앙청소년회관에 두고, 그곳에서 시 전체의 사업을 보조하는 '어린이 거처 만들기 코디네이터'가 배치되었다.

'어린이 거처 만들기 코디네이터'는 첫 해에는 1명으로 하였고, 2년째에는 실시 학교의 증가에 따라 2명으로 증원하였다. 시내 각 지구의 어린이교실은 지역에 따라 운영방법에 차이가 있기 때문에 지역성에 따른 조언을 행하는 것을 중시하였다. 또한 각 교실 간의 네트워크화를 꾀하고, 많은 기관과의 연계나 자립운영을 할 수 있도록 하는 대처를 생각해 왔다(자세한 내용은 후술하겠다).

2) 기후시 지역어린이교실 실시 상황

실시 학교의 결정 기후시 내에는 시립초등학교 48개교가 있지만 실시 첫 해인 2004년도에는 12개교의 실시를 목표로 하여 교육위원회 청소년교육실에서 준비가 시작되었다. 우선 '초 · 중학교 교장회'에서 사업을 설명하고 실시를 하고자 제안하였던 초등학교에서는 학교시설의 이용 등의 협력을 요청했다. 그 이후 지역의 청소년육성시민회의와 청소년육성추진지도원에 대하여 사업설명을 가졌다.

현대적 과제로서 지역 교육력을 향상시킬 필요성은 인식하고 있었지만, 막상 실시하게 되자 지도원의 선출에서 실시 장소의 확보에 이르기까지 많은 과제에 직면하게 되었다. 이에 따라 청소년 관계 단체뿐만 아니라 자치회를 비롯한 지역의 각종 단체의 협력요청이 필요했다. 그러나 각각의 단체가 자주적으로 활동하고 있는 상황이어서 협력관계를 구축하는 것은 쉽지 않았다. 이러한 상황하에서 어떻게든 목표한 12개 학구에서 사업이 실시되어 2년째인 2005년도에는 12개교가 신규로 실시하게 되어 현재 22개 학교에서 어린이 방과 후 교실을 실시하고 있다.

22개교의 어린이교실 이름과 참가 아동 수 초등학교를 통해서 어린이교실의 안내 광고지를 배포하고 참가를 희망하는 아동은 500엔의 스포츠 안전 보험료를 내고 신청한다. 각 교실에서는 전교 아동 수, 통학범위, 집단하교 등 여러 가지 규제 요인이 있어 모집 학년을 한정(1학년은 제외하는 등)하거나, 모집 시기를 나누는 등의 방법을 찾고 있다. 기다(木田) 어린이클럽과 가타켄 싱글벙글클럽은 전교생이 가입하고, 보험료는 PTA에서 부담하고 있다.

대부분의 교실은 초등학교의 체육관과 여유 교실에서 실시되고 있지만, 공민관이나 아동관에서도 실시되고 있다. 주 1~2회로 평일의 방과 후에 실시되고 있지만, 이전의 토요일에 실시하였던 활동도 계속 실시하고 있다.

활동 프로그램 각 교실에서는 지도원의 특기, 참가 아동의 설문 결과, 각종 단체에 의뢰가 가능한가의 여부 등을 감안하여 프로그램이 기획된다. 프로그램 내용은 다음 세 가지로 나눌 수 있지만, 지역의 볼런티어 활동을 받아들이고 있는 교실도 있다.

- 스포츠 관계
- 문화활동
- 놀이

〈표 5-1〉 기후시 어린이교실 현황

미와남 도토리 클럽(67)	은어 어린이(43)	노라타케 도전 광장(49)
사이고 상상광장(114)	시치고 니지이로 광장(111)	구스노키 히로바(111)
화양 지역어린이교실(60)	이치하시 만남광장(83)	히노코메이 CM(77)
북쪽 어린이광장(66)	어린이카와 푸른하늘광장(41)	기타 어린이클럽(75)
가타켄 싱글벙글광장(172)	구로노 어린이광장(105)	매화 어린이건강교실(70)
도바가 와프랜드파크(24)	미사토 아카쿠광장(117)	축축우츠라 어린이(175)
가노니 시이초광장(90)	살구광장(124)	나가모리 미나미 어린이 광장(182)
아쿠타미동남 도초 어린이광장(81)	총 인원 수 1,940명(2005년 12월 현재)	

*( )는 아동 수

스포츠 관계로는 도치 볼, 미니 테니스, 배드민턴, 줄넘기, 그라운드 골프 등이 있다. 문화활동으로는 그림 편지, 그림 연극, 이야기회, 동화를 들려 주는 모임, 공작, 색종이 등이 있고, 놀이에서는 체스, 비눗방울, 오델로, 죽방울, 다이아보로, 집단게임 등이 행해지고 있다.

프로그램의 타성화를 피하기 위해서 지역 외에서 마술, 복화술, 사자춤, 연 만들기, 꽃꽂이, 짚 세공 등의 강사를 의뢰하여 다양한 체험활동을 실시하고 있다. 또한 지도원이 다른 교실에 파견되어 지도하는 지도원 교류도 행하고 있다.

안전대책 어린이가 안심하고 지역 사람과 서로 교류하는 거처 만들기를 목적으로 하기 때문에 '안전 메뉴얼' 을 작성하여 지도원 교류회에서 설명하고 배포하였다.

'안전 매뉴얼' 에는 특히 안전 면에 주의를 기울여 지도원이나 볼론티어를 배치하고 부상의 대응 순서부터 실행위원회에 보고방법까지 상세하게 기재되어 있다. 또한 하교 시의 안전대책에서는 고학년 아동을 중심으로 집단하교를 행하고, 혼자서 하교하는 일이 없도록 주의시키고 있다. 학구에 따라서는 어린이를 지켜보는 볼론티어가 조직되어 하교 시의 안전 확인을 행하고 있다. 최근에는 저학년 아동의 유괴사건이 자주 발생하고 있어 활동 시간보다 오히려 하교 시의 안전대책이 중시되고 있으며, 보호자와 지역주민의 협력이 더욱 요구되고 있다.

리플릿 개발 각 지구(地區)의 어린이교실은 4명의 지도원이 중심이 되어 운영하고 있지만, 어린이가 늘어남에 따라 많은 볼런티어의 협력이 필요하게 되었다.

이 때문에 사업의 목적, 내용 등을 이해하기 쉽도록 설명하는 것이 중요하다. 지역의 어린이는 지역민 모두가 육성한다는 이해를 얻을 때 볼런티어의 협력을 얻기가 쉬워진다. 이 때문에 홍보용 리플릿을 작성한 것이다. 이 리플릿으로 지역의 사람이 자신도 협력이 가능하다는 느낌을 갖게 한다.

3) 기후시의 특색 있는 기획

많은 기초자치단체에서 어린이의 거처 만들기 코디네이터 역할을 퇴직 교직원이나 사회교육 지도원 등이 담당하고 있다. 그러나 기후시의 경우는 기후현(岐阜県) 평생학습센터에 의한 '평생학습 코디네이터 양성 강좌'를 수강하고 기후현(岐阜県)에서 인정받은 '기후현 평생학습 코디네이터' 2명이 담당하고 있다.

지역어린이교실 추진사업은 3년간 예산이 지원되는 한시적인 사업이다. 그동안에 가능한 한 많은 지역에서 어린이의 거처 만들기를 진척시키고 있는데, 사업 종료 후에도 계속 할 수 있도록 후속 기획이 필요하다고 느끼고 있다. 여기에서 기후시 실행위원회의 독자적인 추진 사례를 소개한다.

정보지 '지역어린이교실 회람판'의 발행 지역어린이교실이 시작되면, '볼런티어가 모이지 않는다.', '어린이가 지시에 따라 주지 않는다.', '다른 교실은 어떻게 하고 있는가?' 등의 상담을 받게 된다.

그래서 각 교실의 방문기록이나 활동 프로그램의 소개, 간단한 놀이와 공작의 소개 등을 게재하는 '지역어린이교실 회람판'을 발행하기로 하였다. 월 1회 정도지만 지도원에게는 다른 교실에서 하는 것을 아는 것만으로도 안심하거나 프로그램의 힌트를 얻어 실시할 수 있게 되어 호평을 얻고 있다.

지도원 교류회의 개최 지도원 간의 여러 가지 연락, 교실운영 관계 서류의 배포와 회수, 지도원 연수 등을 목적으로 연 3회의 지도원 교류회를 개최하고 있다. 2005년도의 제1회 때에는 간단한 게임과 공작(工作)을 소개하면서 지도원이 함께 체험활동을 하였다. 이 체험활동 동안 지도원은 자기소개를 하면서 정보교환을 하고, 상호 방문의 약속이나 지도를 의뢰하는 모습을 볼 수 있었다.

제2회 때에는 미실시 지역도 안내하여 10개 지역에서 지도자가 참가하였다. 이 때에는 몇 그룹으로 나누어 워크숍 형식으로 그룹 교류를 행하였다. '인기 프로그램은?', '기뻤던 점은?', '현재 곤란해 하고 있는 것은?', '과제의 해결방법은?' 이라는 테마에서 의견교환이 활발히 전개되었다. 평소 느끼고 있는 것을 서로 이야기하고 공감하는 장면을 많이 볼 수 있었다. 기뻤던 점으로 '어린이나 지역 사람과 만나는 것의 기쁨', '어린이가 말을 걸어 주었다.', '어린이가 즐겁게 놀아 주었다.' 등의 소리가 많았다.

현재 곤란을 겪고 있는 것으로는 어린이의 대응(이야기를 듣지 않는다, 집단에 끼지 않는다 등)과 볼런티어에 관련된 내용(모집, 연락, 사례 등)이 많았고, 활동 내용과 지역 · 학교의 협력 부족이 지적되었다.

모든 교실에서 해결해야 할 과제가 산적했지만, 어린이의 기뻐하는 얼굴을 보는 것이 계속 할 수 있는 원동력이 되고 있다는 점이 공통적이었다.

기타 기관과의 협동 지역어린이교실을 교육위원회 사업으로만 취급할 것이 아니고, 다른 기관과의 연계, 협동의 기회를 갖도록 하는 것이 보다 많은 협력을 얻을 수 있다고 생각하였다.

기후시 자치회연락협의회가 중심이 되어 개최한 '지역에 뿌리를 내린 마을 만들기 교류회' 에서 판넬 전시회에 참가하였다. 이 모임에는 각 교구의 자치회장이 참가하기 때문에 큰 홍보 효과가 있었다. 또한 2006년 5월에는 기후현에서 전국 식목축제가 개최되는데, 그 테마 중 하나가 '어린이가 주역' 이어서 지역어린이교실에서 홍보를 자청하였다. 간벌 재료를 활

용해서 나무토막으로 집짓기나 전통놀이인 '대나무에 바람을 넣어 풍선을 늘였다 줄었다 하는 놀이(ふきもとし)'의 기획 제안이 채용되어 재료의 제공을 받을 수 있었다. 이들 재료를 활용하여 삼림교육, 환경학습을 실시하면서 식목축제의 홍보도 한 것이다. 이것은 교육위원회와 삼림행정이 함께 성과를 거둔 일석이조의 대처며, 이러한 기획을 실시함으로써 새로운 프로그램의 개발과 자원을 얻게 되는 것이다.

4) 성 과

어린이교실 추진사업이 2년 경과한 시점에서 지금까지의 사업평가와 과제를 추출할 목적으로 참가아동, 보호자, 학교 및 지역의 관계자에게 설문을 실시하였다.

참가 아동의 설문조사 결과 지역어린이교실에 대한 참가 정보는 주로 포스터 · 광고지, 가정, 친구 순으로 얻었다. 참여 아동의 70%가 즐겁다고 응답하였고, 15%는 즐겁지 않다고 응답했다. 어린이교실에 참여한 이후 생활 속의 변화는 지역 어른들과 커뮤니케이션 증가, 가정과 학교 생활에서 즐거움을 느낀다는 순이었다.

보호자 설문조사 결과 어린이교실에 참가시킨 이유로는 다양한 체험이 가능해서, 믿고 맡길 수 있어서, 다른 학년 아동과 새로운 친구를 사귀게 하기 위해서라는 응답이 많았다. 어린이교실의 협력에 대해서는 필요성은 인정하지만 16%의 보호자만이 요청이 있으면 협력하겠다고 하였으며, 월 1~2회 정도라면 협력할 수 있다가 45%로, 협력방법이나 내용을 연구할 필요가 생겼다. 계속 실시에 대한 설문에는 87%가 계속 실시를 기대하고 있고, 내용으로는 체험활동의 충실과 안심 · 안전한 거처 만들기를 희망하고 있었다. 또한 학부모의 부담은 보험료로 500엔이지만, 83%의 참가 부모는 비용을 부담해도 좋다는 응답이었다.

지역 관계자 설문조사 결과 학교 관계자, 공민관 등의 시설 관계자, 어린이회, PTA, 노인클럽, 자치회 등 지역의 각종 단체에 대하여 설문하였다. 그 결과 어린이교실의 효과는 전원이 인정하였고, 그 효과로는 어린이끼리 또는 어른과의 교류의 기회, 체험활동의 기회, 안전한 놀이터 확보를 꼽았으며 볼런티어 활동의 기회가 늘어나서 좋았다는 것이었다.

사업을 계속하는 데 필요한 것은 지도원 · 볼런티어의 확보가 중요 과제였으며, 다음으로는 학교 · 각종 단체 · 보호자의 이해와 협력, 마지막으로 운영 비용의 순이었다.

5) 과제와 전망

본 사업 실시를 위한 설명회에서 실시까지의 일수가 대단히 짧고, 교육위원회 주도로 반강제적으로 실시한 지역도 있었다. 토요교실 등을 실시하고 있었던 지역은 기반이 정비되어 있어 잘 이루어졌지만 그 외의 지역은 부담이 컸고, 대단히 고심한 것 같았다. 반면에 어린이 거처 만들기가 과제라고 하면서도 실시하는 데 망설였던 지역은 이 기회로 실시할 수 있었다는 평가도 있다.

교육위원회 종합행정에 의한 실시와 지역 만들기의 과제 본 사업은 문부과학성 평생학습정책국에 의한 사업이라서, 시교육위원회 청소년 교육실이 담당하고 있다. 기후시는 평생학습실이 시교육위원회 소속이 아니라 시청의 시민참획부에 소속되어 있다. 이 때문에 지역 정보는 청소년육성시민회의를 경유하여 시청에 전해지고, 학구는 교육위원회 사업이라서 협의하여 처리하고 있다.

어린이 거처 만들기는 평생학습의 성과를 지역에 환원하는 기회이기도 하고, 지역 만들기를 진척시키는 성인의 거처도 되는 기회라고 생각하면, 평생학습 담당부 · 국이 중심이 되어 진행해 가는 것이 효과적이라고 할 수 있다. 평생학습추진을 종합행정으로 진흥시키는 지방자치단체가 많은 현실을 감안하면, 사업위탁을 교육위원회에만 한정하지 말고 폭넓게 비영리 민간단체(NPO)도 포함시켜 생각할 필요가 있다.

교육위원회 사업이라는 딱딱한 인상은 지역 사람들이 가벼운 마음으로 볼런티어로서 참획하기 어렵게 만드는 경향이 있다. 또한 보호자도 교육이라는 관점으로만 받아들여 협력정신이 부족하고 의존적인 경향을 느낀다. 그러므로 지도원, 볼런티어, 보호자를 포함해 지역이 하나가 되어 평생학습을 추진하기 위해서는 평생학습의 시점이 중요하다고 할 수 있다. 교육, 복지, 문화, 환경이라는 종래의 행정 틀을 초월해 종합적인 견지에서 운영해 간다면 지속적으로 연결될 것이다.

평가와 후속사업 어린이 거처 만들기 코디네이터와 각 지구(地區)의 지역어린이교실 지도원은 얼마 안 되는 보수를 받고 있는 만큼 볼런티어 의식이 강하다. 그러므로 이 활동을 지탱하는 것은 어린이나 보호자의 평가와 사회적 평가라고 생각된다. 그러나 당장 결과를 얻을 수 있는 것이 아니며 담당자의 평가가 어려운 것도 사실이다.

설문에 의한 평가도 있지만, 역시 일상적으로 보호자나 관계 기관의 소리, 운영에 영향을 미치는 사람의 상호 평가가 중요하다. 또한 정부 차원에서 종합적인 평가를 실시해 보는 것도 필요하다.

본 사업은 3년 예정이며, 그 후의 실시는 각 지방자치단체에 맡겨지지만, 운영비를 예산화하는 것은 대단히 어려운 상황이다. 예산은 3년 동안에 기반 만들기에 투자되며, 운영 자체는 보호자의 비용 부담과 지역자치단체의 원조로 지속적인 실시가 가능하다.

현재 어린이교실 지도원은 하는 일이 얼마 안 되지만 보수를 받는다. 지도원은 기획운영과 어린이 지도를 하면서 문부과학성에 보고하기 위해 1일 활동기록과 회계부 작성 등의 사무적인 작업을 추가로 하고 있다. 이 점도 포함하여 보수를 받고 있지만, 지역 주체로 실시되면 각종 보고 업무량은 크게 감소될 것이다. 지도원을 4명으로 한정하지 않고 많은 사람이 실행위원으로 참여하여 역할을 분담하면서 운영한다면 부담이 가벼워지리라 생각된다. 그러나 운영에 관한 상담과 지도원의 연수 등에 대해서는 기초자치단체의 지원이 필요하다. 또한 지역 내의 기업과 상가번영회, 다른 사업과의 연계 · 협동에 의해 인재 · 자원을 얻을 방책을 생각하여 운영자금을 얻는 것도 하나의 대안이다. 이것을 위하여 코디네이터의 존재도 중요하고 기후현이 양성하여 인정하는 '평생학습 코디네이터'의 활용도 유효할 것이다.

6) 마치며

기후시의 지역어린이교실은 학교나 공민관 등의 사회교육 시설을 중심으로 실시하고 있으며, 학구단위로 사업을 진척시키고 있다. 그러나 이를 더욱 작은 커뮤니티에서 실시하는 것도 바람직하다고 본다. 사원이나 민가, 상점 등을 이용하여 아동에서 고령자까지 모두 모여 이야기하고, 배우며 서로 도울 수 있는 거처 만들기가 실현되면 그곳이 '공육(共育)'의 장이 된다.

지역어린이교실이 성숙한 평생학습사회의 실현으로 이어질 것을 목표로 여생을 지역어린이교실 추진사업에 진력하고 싶다.

6. 구마모토의 칭찬 조례를 통한 마을 만들기 사례[10)]

-칭찬하면 아이도 어른도 발전한다-

80세까지 사회생활을 할 수 있다는 것은 정말로 기쁜 일이다. 그러나 단지 기뻐할 수만은 없는 사회가 되고 있다. '산다는 것', '살아간다고 하는 것' 그리고 '사는 보람' 이 무엇인지를 확실히 생각하고 자신의 인생을 구축할 수 있는 힘을 키우는 것이 필요하다. 사는 힘을 키우는 것, 사람이 사람으로서 인간이 인간으로서 살기 위해서 지금 가장 필요한 것은 '우리는 무엇을 해야 하는가?' 를 파악하는 것이다.

▶▶▶ 제1회 전국어린이칭찬 연구대회

10) 이 글은 하나다 노리코(花田紀子, 전 오이타현 마에쓰에무라 교육장) 씨의 글을 옮긴 것이다.
연락처: 877-1232 大分県 日田市 清水町 791-11, tel: 0973-24-5281

1) '어린이 칭찬' 과의 만남

오이타현(大分県)의 서쪽 끝, 큐슈(九州)지방의 거의 중앙에 인구 1,600명, 93%가 산림으로 둘러싸인 작은 마을, 마에쓰에무라(前津江村)가 있다. 이곳은 재정적으로도 지리적으로도 복을 받지 못하고 있지만, 이 마을에는 '보물' 이 있다. 그것은 바로 밝고 꾸밈없는 아이들이다. 그래서 '어린이 칭찬' 조례라고 하는 멋진 조례도 책정되었다. '어린이 칭찬' 조례는 그다지 귀에 익지 않지만, 그 기원은 '아이는 매우 소중한 하나밖에 없는 마을의 보물이다.' 는 전 촌장 하라다(原田) 씨의 어린이에 대한 기대와 뜨거운 열정이 '어린이 칭찬 조례' 제정으로 이어졌다.

선진 지역의 '어린이 칭찬' 조례를 참고로 마에쓰에무라의 실태에 맞게 교육위원회 사무국에서 원안 만들기를 시작하였다. 그때 나는 교육장 자격으로 '어린이 칭찬' 조례와 첫 만남을 가질 수 있었다. 그 해 전국적으로 17세 소년범죄가 다발했다. 8월에는 오이타현에서 고교생에 의한 일가 6명 살상사건이 발생하여 전국을 놀라게 했다. 평온하고 조용한 마에쓰에무라도 예외가 아니라고 생각하고 사건과 사고가 일어나기 전에 빨리 손을 쓰지 않으면 안 된다고 보았다. '어린이 칭찬' 조례는 이렇게 해서 갑자기 각광을 받으면서 2002년 10월에 제정되었다.

2) '어린이 칭찬' 조례 제정

지금 아이에게 무슨 일이 일어나려고 하는가? 무엇이 필요한가? 그 때문에 어른은 무엇을 해야 하는가? 어른은 확실히 인식하고 아이를 교육시켜야 하며, 이러한 의식의 개혁과 확인이 필요하다. 다행히 지금 진행하고 있는 '어린이 칭찬 조례' 를 토대로, 마을 사람 누구라도 활력이 넘치게 활동하고, 아이는 그 모습을 보고 무럭무럭 성장해 가는 마을 만들기를 진행시키고 싶다.

마에쓰에무라의 '어린이 칭찬 조례'는 '칭찬하여 성장시키자 어린이도 어른도'라는 캐치프레이즈와 같이 한 사람 한 사람의 장점을 발견하고, 그것을 칭찬함으로써 아이들에게 자신감과 긍지를 갖게 한다는 것이다.

이를 위해 '어린이 칭찬'의 기둥이 되는 것을 세우고, 그것에 따라 다양한 사업을 벌인다. 여기서 기둥이 되는 것은 아이, 어른, 지역이라고 하는 키워드로 연결되어 있다. 그래서 중심이 되는 기둥으로 세우는 것은 다음 세 가지다.

- **청소년 건전 육성**: 지금까지 학교에 일임하였던 어린이의 교육에 대해서 학교와 지역이 일체가 되어 대응한다.
- **가정교육, 특히 영유아 가정교육의 지원**: 보건복지과, 보육원, 교육위원회가 제각기 추진해 온 사업을 수정하고 연계하면서 3자 합동으로 사업을 시행한다.
- **지역 만들기, 마을 만들기**: '어린이 칭찬'은 지역 사람의 추천에 의해 하는 것이 원칙이다. 스스로 자신을 추천하는 적극적인 사람은 적었다. 마을 사람은 행정(마을)이 마련해 놓은 행사에 단지 참가만 하고 돌아가곤 하였다. 그것에 익숙해져 적극적으로 개입한 사람이 많지 않았다. '바쁘다', '틈이 없다' 등의 주민 태도를 어떻게 바꾸어 갈지가 큰 과제였다.

이러한 가운데 제정한 '어린이 칭찬' 조례는 '소년법' 개정과 더불어 언론에 보도되어 예상 외의 반향을 야기하였다. 각지에서 몰려온 격려의 말, 조례 내용의 문의 등이 200건 이상이 되었다. 그 대다수가 청소년문제로 고민하면서 어떻게 대응할 것인가에 관한 내용이었다. 이렇게 많은 사람이 청소년문제를 고민하고 있다는 사실도 알았고, 우리 마을도 이러한 문제를 해결하기 위한 첫 발을 내딛었을 뿐이었다. 실무자끼리, 지역주민과의 정보교환, 연수, 그리고 '어린이 칭찬' 을 추진하는데 지도, 조언, 방향을 설정하여 시사점을 찾을 연구의 장은 없었는가를 고민하였다. 그래서 연구회를 우리 마을에서 개최하자는 의견이 나오게 되었고 전 면장이 이를 실행하였다. 큰 꿈에 부풀어 오르는 가운데 아이의 표창을 끝냈다. 아이가 상을 받고 기뻐하는 모습은 우리를 감동시켰다. 특히, 각 가정의 반응은 '어린이 칭찬' 이 단지 칭찬받은 아이뿐만이 아니라 어른에게도 여러 가지 생각을 하게 만든다는 것을 알았다. 메달과 상장을 보면서 엉겁결에 우는 아버지도 있었다. 언제나 동생을 놀리기만 한 형도 "굉장하구나. 너도 한다면 하는구나."라고 칭찬해 주었다. 울면서 기뻐해 준 아버지의 눈물을 그 아이는 일생 잊지 못할 것이며, 형의 한마디가 그 아이에게는 얼마나 큰 힘이 될 것인지를 생각하였을 때, 부모나 형제가 얼마나 소중한 존재인가를 생각하게 하였다. 그 외에 가족의 표정을 생생하게 전해 준 감상문 발표야말로 정말로 마을 보물의 모습이기도 했으며, 마을 만들기의 '근본' 이기도 했다. 큰 반응을 느끼면서 '어린이 칭찬' 의 첫 해를 마쳤다.

3) '어린이 칭찬 포럼' 개최와 마을 만들기

2001년도 교육위원회에 사회교육과를 신설하여 과장을 두었다. 이것은 어린이 칭찬 포럼 개최를 위한 전 면장의 포석이었다. 다행히 전국마을만들기협회의 후쿠토메 선생의 지도를 받을 수 있게 되고, 마을만들기협회 관계의 연수에 참가하게 되었다. 2002년 9월 개최를 목표로 지역 애니메이터 양성 강좌와 각 지역의 여러 대회에 참가하는 등 바쁘게 한 해를 보냈다.

그러나 순풍만 부는 것은 아니었다. 제창자인 전 면장이 사직을 하고, 교육위원회 사무국의 어린이 칭찬 담당직원도 이동하였다. 처음부터 다시 출발할 수밖에 없었다.

대회의 운영을 위한 당초의 계획은 교육위원회 사무국에서 모두 기획하고 운영해 나가는 '행정주도'를 생각하고 있었다. 그러나 관행대로 행정주도 주민참가형 마을 만들기로는 의미가 없다. 특히, 정(町)·촌(村)이 합병되면, 지역주민이 아무것도 할 수 없는 지역으로 바뀌면서 순식간에 쇠퇴하고, 젊은이들은 마을을 떠나는 것이 상례였다. 합병까지 아직 1년 남았다. 지역주민이 일어서지 않으면 이 지역은 없어진다고 판단했다.

그래서 주민 주체형 사업 등을 시작하였다. 그 첫 번째가 '어린이 칭찬' 사업이다. 그 결과 마을 사람이 고생하여 자신의 손으로 포럼을 개최하였다. '자신들의 손으로' 개최한 '어린이 칭찬' 사업은 지금까지 아무것도 하지 않았던 소극적 태도를 극복하는 선택이었다. 그리고 전국대회 등에 참가해 본 적도 해 본 적도 없는 일에 도전하였다. 이 사업의 중심에 있는 마을 사람은 제1회 지역 애니메이터 양성 강좌에 참가한 36명으로 다음의 여섯 부문을 설정하였다.

- 학교부회(학교관계 전반)
- 서무부회(숙박, 민박, 보도관계 대응 등)
- 교류부회(교류회, 의전, 접대 등)
- 포럼부회(분과회, 포럼, 토크쇼 등)
- 광고·기획부회(마을 내외 홍보, 포스터, 현수막, 간판 등)
- 식장부회(메인 식장, 분과회 회의장 등)

각 부회에서는 지역 애니메이터 수강생과 임원, 그리고 수강생을 스카우트하거나 의뢰하였다. 또, 참가 희망자는 희망부회에 스스로 소속되어 활동하는(위원회) 형태를 취했다. 첫 모임에서는 무엇을 해야 할지, 어떻게 하면 좋을지 몰랐지만 시간이 지나면서 '활동집단'으로 변신해 갔다. 드디어 마을 사람에게 좋은 소식으로 전해지기 시작하였다. 동시에 위원회는 흑자로 일관하였다.

2003년 3월로 개최시기를 정했다. 활동의 주체를 마을 사람으로 하고, '어린이 칭찬'이라는 소재를 사용한 포럼을 개최하였다. 행정주도에서 자신들의 마을은 자신들의 손으로 활성화를 꾀하기 위해 행사를 치른 것이었는데, 상상 이상으로 대단한 성과를 얻었다.

3월 8일 '전국어린이를 칭찬하자 연구대회'(어린이 칭찬 포럼 in 마에쓰에) 개최 당일은 각 학교 PTA, 각 지구 부인회, 고등학생, 교직원 등 160명의 볼런티어체제가 가동되었다. 거기에 참가한 볼런티어의 한 사람 한 사람이 타임 스케줄을 만들었다. 언제, 어디에서 자신은 무엇을 할지 모두 확인하고 움직였다. 드디어 정오. 개최 시간이 다가왔다. 그러나 밖은 눈이 내렸다. 그럼에도 불구하고 빈 자리가 채워지기 시작하였다. 드디어 첫날의 막이 오르고 오후 5시 반이 지나서 각 분과회가 종료되었다.

3월 9일 2일간 마을 내의 초 · 중학생이 학습의 일환으로 행사를 치렀다. 빛나는 눈동자, 밝게 웃는 얼굴, 감동의 인사말들이 모두에게 큰 감동을 주고 있었다. 그리고 대회는 끝났다. 마지막 버스를 전송하면서 이 마을의 사람들은 어떤 일이라도 해낼 수 있다는 자신감을 느끼면서 밝은 미래를 품게 되었다.

'마에쓰에무라 아동학생표창에 관한 조례'
(통칭 어린이 칭찬조례)

(2000년 10월 1일 시행)

제1조 〈목적〉 제1조 이 조례는 마에쓰에무라의 아동학생의 뛰어난 개성이나 능력, 사회성을 발견하고, 이것을 표창함으로써 심신 모두 건전한 아동학생을 지역 전체에서 성장시키는 것을 목적으로 한다.

제2조 〈학교, 지역의 책무〉 초·중학교장 및 지역주민은 학교교육과 함께 일상생활 가운데서 다음 각 호의 1에 해당하는 아동학생을 피표창 후보자로서 마에쓰에무라 교육위원회(이하 '교육위원회' 라고 말한다)에 상신하다.

① 봉사상: 학교 또는 사회에 봉사하고 있는 자

② 건강상: 기본적인 생활습관을 지키고, 심신의 건강에 노력하고 있는 자

③ 친절상: 사람에게 친절한 행동을 하고 있는 자

④ 학예상: 학업 또는 문화, 예술에 노력하고 있는 자

⑤ 체육상: 스포츠에 뛰어난 자

⑥ 노력상: 학교 및 사회생활에서 현저하게 노력하고 있는 자

⑦ 창조상: 여러 가지 사항에 창의·연구하고 있는 자

⑧ 근로상: 근로를 존경하고, 학교, 지역 만들기에 노력하고 있는 자

⑨ 우정상: 친구를 생각하고, 동료 만들기에 노력하고 있는 자

⑩ 명랑상: 태도가 언제나 밝고 자주 인사를 하는 자

⑪ 기타: 1호로부터 11호 외에 표창할 가치가 있는 자

제3조 〈표창〉 면장은 교육위원회의 내신에 근거하여 피표창자를 결정해 연도 말에 표창한다.

① 피표창자에게 상장과 메달을 준다.

② 제1항의 표창은 초등학교 또는 중학교의 교육 연한이 있어, 초등학생은 1인 3회, 중학생은 1인 1회를 한도로 한다. 단, 특별한 사정이 있는

경우 및 고교생은 예외다.

제4조 〈학교, 지역 및 관계 단체의 협력〉 이 조례의 목적을 달성하기 위해서 가정, 학교, 지역 및 관계 단체는 연계하여 만전의 대책을 꾀하도록 노력하지 않으면 안 된다.

제5조 〈위임〉 이 조례의 시행과 관련하여 필요한 사항은 별도로 교육위원회가 정한다.

부칙 이 조례는, 공포의 일(해)부터 시행한다.

마에쓰에무라 아동학생표창에 관한 규칙

제1조 〈목적〉 마에쓰에무라 아동학생표창에 관한 조례(2000년 조례 제호. 이하 '조례' 라고 말한다.)의 시행에 대해서 필요한 사항을 결정한다.

제2조 〈피표창자의 상신〉 조례 제2조에 의한 상신은 다음 각 호에 근거해서 추천을 받은 초·중학교가 직원회의 등에서 협의·조정하고, 학교장 이름으로 피표창 후보자 추천서(별기 양식 제1호)에 의해 제출하지 않으면 안 된다.

① 지역주민은 표창에 해당한다고 생각되는 아동학생이 있을 때는 그 아동학생이 소속되어 있는 지구 행정 주사 또는 지구를 담당하는 민생아동위원에게 알린다.

② 제안을 받은 지구 행정주사 또는 민생아동위원은 피표창 후보자가 초등학생의 경우에는 초등학교장, 중학생 및 마을 출신의 고등학생의 경우는 마에쓰에 중학교 교장, 우키와(浮羽) 정립 우키와(浮羽) 중학교 위탁학생 및 동교 출신 또는 마을 출신의 고등학생은 유노키(柚木) 초

등학교장과 각각 협의하여 아동학생표창 조례 후보자 추천서(별지 개인표면)를 작성한다.

③ 초 · 중학교장은 스스로 피표창 후보자의 추천을 행하고, 교육위원회에 신청할 수 있다.

제3조 〈표창내신〉 교육위원회는 조례 제2조에 의해 신청이 있을 때는 피표창 후보자를 조정해서 면장에게 내신하지 않으면 안 된다.

제4조 〈피표창자의 결정〉 면장은 교육위원회에서 내신이 있을 때는 내신에 근거해 피표창자를 결정하고, 관계기관에 통지한다.

제5조 〈표창〉 표창은 매 연도 말에 면장이 각 초 · 중학교 및 분교를 방문해서 행한다.

〈부칙〉 이 규칙은 공포의 일부터 시행한다.

제6장

청소년의 체험활동 · 볼런티어 활동은 인간 만들기의 기본

1. 평생교육의 과제로 부상한 청소년 체험활동의 의의

우리나라는 그동안 공부만 잘하면 노동과 가사에서 면제되어 왔고, 효도하는 것으로 잘못 이해하는 경향이 있었다. 학습강국 평생학습국가를 부르짖으면서도 우리 아이의 기초와 기본 교육을 등한시하고 청소년의 생활이나 가정교육을 부차적인 교육으로 취급해 왔다.

필자는 그동안 일본 정부가 왜 가정교육과 청소년교육에 그렇게 많은 예산과 인력을 사용하고 있는지 늘 궁금했다. 그런데 현지에서 직접 보고 연구하면서 점차 그럴 수밖에 없음을 실감했다. 가정교육과 청소년, 그리고 지역을 무시한 채 개발과 발전을 추구한 결과, 청소년의 비행과 범죄 등의 잔인함은 상상을 초월할 정도며, 한 달 이상 등교를 거부하고 있는 학생만도 13만 명이나 되는 등 심각한 상황이었다. 이미 일본은 청소년교육이 지역사회의 공공과제가 된 지 오래다.

우리나라도 학력병 사회를 치유하지 못한 채 학습사회로 진입하는 구조적 모순을 안고 있는 것이 현실이다. 가정의 '하숙집화'와 대화 단절, 공동생활의 기회 상실로 가정 기능이 해체되고 있으며, 지역사회 또한 '지역은 있되 커뮤니티는 없다.'는 말이 실감날 정도로 공동성과 지역적 연대가 너무 급격하게 사라지고 있다. 그러면서 학교는 2중 3중의 과제를 안게 되었다.

현재 우리나라나 일본의 청소년은 잘 놀지도 못하고, 인간이나 자연과 친하게 지내는 방법도 모른다. 체격은 좋아졌지만 체력과 건강에 비상등이 켜진 채 과도한 수험경쟁에 시달리고 있다. 자연체험과 다양한 사회체험 등을 통해 자연에 대한 경외심과 봉사심, 그리고 사회정의를 배워야 되는데, 놀 공간도 놀 시간도 없어 무엇인가 부족한 청소년으로 성장하고 있다. 어느 학자는 이러한 현상을 다음과 같은 결손체험이라고 지적하고 있다.

- 자연접촉체험
- 종(縱)집단체험
- 자연적 활동체험
- 사회참가체험/노작체험
- 곤란체험

생활에서 기본적으로 필요한 태도와 기능의 습득은 가정교육이나 학교교육의 보충만으로는 어렵고 생활교육으로서 평생교육이 필요하다고 주장하는 학자도 있다.[1)]

청소년 문제와 비행이 심각하게 진행되고 있는 구미 선진국에서는 1980년대부터 청소년 체험교육을 강조해 왔고, 일본에서도 1990년대 들어 청소

1) 鈴木真理, 佐々木英和 編, **社会教育と学校**(東京: 学文社, 2003).

년 체험활동과 봉사활동을 강조하는 정책이 집중적으로 나오기 시작하였다. '생활체험과 자연체험, 그리고 심부름을 잘하는 청소년일수록 도덕심과 정의감이 더 강하다.'는 연구 성과도 나왔다. 일본의 경우, 2002년부터 완전 주 5일제가 실시되면서 모든 초·중·고등학교 수업의 일환으로 볼런티어 활동과 체험활동을 실시하는 정책이 나오게 되었다. 이는 가정교육과 지역사회에서 다양한 체험활동 기회를 의도적·계획적으로 제공할 필요가 있다고 판단한 정책당국에 의한 것이었다.

우리나라도 청소년교육을 학교에만 의존하는 시대는 지났다. 주 5일 사회가 시작되어 가정과 지역사회가 함께 청소년의 사회력[2]과 인간력, 그리고 자기학습력을 성장시키는 시스템 만들기가 필요할 때다.

2. 볼런티어 활동·체험활동의 추진

1) 필요성 및 배경

인간은 '끊임없는 경험의 재구성' 과정에서 성장하고 발전한다. 새로운 경험과 체험이 많을수록 인간성과 라이프 스킬, 그리고 학습력이 증가하게 된다. 그러나 도시화와 저출산·고령화, 정보화, 가정과 지역 교육의 해체, 인간관계의 소원, 왜곡된 학력관으로 말미암은 과도한 수험경쟁 등으로 청소년의 건전한 성장에 빨간불이 켜진 지 이미 오래다.

현재 대부분 선진국의 청소년들은 직접체험과 간접체험의 부조화로 인

2) 사회력은 사회화나 사회성과 구별되는 개념으로 청소년도 사회를 구성하는 에너지가 있다고 보는 학설이다. 이것은 사회를 만들고 운영하고 바꾸는 힘이다. 김득영, 박현정 역, **아동·청소년의 사회화**(서울: 한국청소년개발원, 2004), 연구보고04R27 참조.

격 형성에 많은 장애를 지닌 채 성장하고 있다. 청소년의 약한 정신력, 사회성과 규범의식의 부족, 인간성의 미발달로 인해 청소년 문제가 큰 사회 문제가 됨에 따라 직접체험과 봉사활동 같은 체험활동이 절실하게 요구되고 있다.

이러한 청소년문제는 학교에서 '기초학력, 교양, 규범, 마음' 의 위기로 이어져 학급붕괴와 학교붕괴로 발전하고 있다. 그 결과로 일본은 등교거부 학생(1개월 이상 학교를 가지 않는 학생)이 연간 14만 명(2003년), 형사사범 소년이 14만 명(2003년), 중도 퇴학자가 10만 명(2002년) 등 청소년의 다양한 문제가 발생하고 있다. 특히, 이지메(집단따돌림), 청소년 범죄의 저연령화, 흉악화, 죄의식 결여 등은 심각한 사회문제가 되고 있다.

이를 해결하기 위한 학교교육 개혁의 기본 구상에는 주 5일제에 의한 기초학력 강화와 교육과정 수정, 시민교육과 새로운 공공의식 주입을 위한 체험학습 강화, 청소년 교육에 대한 학교와 가정 · 지역의 역할 분담 및 협력 강화가 있다.

2) 볼런티어 활동 추진 경과

일본은 학교 완전 주 5일제가 시작되면서 학교 교육과정에 '종합학습의 시간' 이 신설되어 복지교육이 학교교육 속에 확고하게 제도화되고 있다.

1950년대의 볼런티어 활동은 사회복지시설에 치중하였다. 볼런티어는 그 당시 '사회봉사를 하는 사람' 으로 이해되었다.[3] 이후 1960년 후반이 되면서 볼런티어라는 용어가 일반화되기 시작하였는데, 주요 활동은 노인 · 장애우(아)를 대상으로 한 식사 · 목욕의 도움주기, 외출할 때 도움주

3) 巡靜一, 청소년문제와 볼런티어 활동(동경: 일상출판, 1986).

기 등이다. 또한 청소년을 대상으로 한 아동회, 청소년 단체의 지도, 시설의 위문, 행사 도우미, 사회복지단체에 자금 지원, 폐품수집 등으로 이해되어 왔다.

1940년대부터 적십자 봉사단, VYS(Voluntary Youth Social Worker), BBS(Big Brothers and Sister movement)[4] 연맹, 60개 대학이 참가한 세츠르멘트[5] 연합회, 전국대학생 볼런티어협회 등의 청년 사회복지활동이 활발하게 전개되었다. 1970년대 볼런티어 활동은 사회복지시설의 방문활동과 위문활동 같은 사회적 서비스로 인식되었다. 이전까지의 활동은 단순히 서비스 제공이며, 비주체적으로 사회 개선에 도움이 되지 못했다는 비판이 제기되면서 볼런티어 활동을 사회변혁과 사회문제 해결이라는 면으로 관심을 돌리게 되었다.[6] 그러나 1980년 이후 청년활동은 약화되고, 부인활동과 청소년활동이 활발하게 전개되고 있다.[7]

1977년부터는 볼런티어 활동이 학교교육에 적극적으로 도입되었다. 일본 후생성은 전국사회복지협의회와 '학동 · 생도의 볼런티어 활동 보급사업' (통칭 사회복지협력교 사업)을 전개해 154개의 사회복지 협력학교가 지정되어 실천되었다. 그 결과 고등학생의 볼런티어 활동이 점차 활발하게 전개되었다.

1986년 임시교육심의회의 교육개혁 제2차 보고서에서는 '청소년과 성인이 삶의 보람과 충실감을 갖고 살기 위해서 볼런티어 활동의 진흥 등 사

4) 비행청소년의 형, 누나, 친구가 되어 그 갱생을 원조하는, 청년을 중심으로 한 볼런티어 활동

5) 슬럼 등의 복지적 과제 해결을 위하여 그 지역에 살면서, 지역주민과 교류를 통해서 복지향상을 꾀하는 활동

6) 菊地榮治, **福祉教育 · ボランティア学習の構造と實踐に關する總合研究**(國立教育政策研究所, 2001).

7) 巡靜一, 상게서, p. 26.

회참가와 기회를 확대해야 한다.' 고 건의하였다. 이 내용은 1999년 교육과정의 개정으로 초 · 중학교의 학교행사에 '근로생산 · 봉사적 행사' 가 들어가게 된다. 이후 1992년 '평생학습심의회' 에서 '청소년 볼런티어의 기회 확대' , 1994년 '청소년문제심의회' 에서 '청소년 볼런티어 활동을 지원하는 환경 만들기' , 1996년 '중앙교육심의회' 에 '청소년기의 볼런티어 체험의 교육적 의의' 가 제기되었다. 그 결과로 1998년 학교 주 5일제 사회에 대응하기 위해 교육과정을 개정하여 종합학습의 시간과 도덕, 특별활동 가운데 볼런티어 활동을 강화하고, '교원면허증법' 의 개정으로 교원양성대학 교육과정에 사회복지체험을 의무화하였다. 또한 1999년에 '전국 어린이플랜' (긴급 3개년 전략: 1999~2001년 완전 주 5일제 실시 전까지)의 추진에 의해 전국적으로 약 1,000개의 전국 어린이센터의 신설, 어린이 지역활동 촉진사업(어린이 방송국, 환경정비, 체험활동 확대 및 정보제공, 상담)의 실시, 2000년의 '교육개혁국민회의' 에서 청소년 교육에 봉사활동의 의무화를 제안하였다.

2001년에는 그동안 제안한 청소년 체험활동과 지원체제 운용 등이 학교교육법과 사회교육법 등의 일부 개정으로 제도화되었고, '어린이 꿈기금(子供ゆめ基金)' 이라는 민간기금이 설립되었으며, 내각부에서 관련실 국장으로 구성된 '청소년 대책추진회의' 에 의해 종합적이고 계획적으로 추진되고 있다.

3. 볼런티어 활동의 개념 및 주요 정책

1) 체험활동과 봉사활동의 개념

봉사활동은 멸사봉공(滅私奉公)과 같은 강제적인 인상을 주기 때문에 오히려 개인의 자기의지에 의한 자발성과 무상(無償)성을 이념으로 하는 볼런티어라는 용어를 1960년대 후반부터 일반화하였다. 그러나 청소년의 발달단계에 맞는 교육활동 등을 체험하면서 공공의식과 도덕성을 기르고, 사회적 책임감을 배양할 필요가 생겨났다. 이러한 관점에 청소년에게는 볼런티어보다 봉사활동이라는 용어를 일본 정부에서는 더 많이 사용하고 있다.

봉사활동의 일반 개념은 '자신의 능력과 경험 등을 살려, 개인과 단체를 서로 돕고, 새로운 공공에 기여하는 활동' 으로 구체적인 대가를 바라지 않고 자신을 포함하여 지역과 사회를 위해 도움이 되는 활동이다.[8)]

볼런티어의 어원은 라틴어의 'volo(의지)', 'voluntas(자기의지)' 에서 비롯되었다. 프랑스어 'volonte', 독일어 'voluntar' 는 모두 지원병, 의용군 등의 의미를 갖고 있다. 한편, 영어의 'Volunteer' 는 1898년 'Voluntary of America' 가 조직되어 사회복지에 민간활동이 시작되면서 사용되었다.

볼런티어 활동은 참여자의 주체성을 최대한 존중하며, 자기실현, 타인의 원조, 사회 공공의 이익 추구를 목적으로 한 비영리민간활동이다.

체험활동은 '특히 초·중등 교육단계의 청소년이 그 성장단계에 필요한 체험을 하는 것을 교육적 측면에서 주목하여 사회, 자연 등에 적극적으

8) 중앙교육심의회, 청소년의 봉사활동·체험활동의 추진방책 등에 관하여(답신)(문부과학성, 2002. 7. 29.)
http://www.mext.go.jp/b_menu/shingi/chukyo/chukyo0/gijiroku/001/020702ad.htm

로 관여하는 다양한 활동' 이다. 이 체험활동에 볼런티어 활동 체험도 포함된다.

아오모리현(青森県) 교육청 평생학습과에서 정리한 볼런티어 개념을 보면 다음과 같다.[9)]

〈표 6-1〉 청소년의 볼런티어 개념

사회봉사 체험활동	사회를 위해서 도움이 되는 활동을 통해서 서로 돕는 것을 배우고 서로 생각해 주는 마음을 기르는 사회봉사의 정신을 함양하기 위해서 행하는 체험활동
볼런티어 활동	개인의 자발적인 의지에 기초하여, 노동의 대가를 목적으로 하지 않고, 자신의 시간을 제공하여 사회에 도움이 되는 것을 행하는 활동

〈표 6-1〉에서 알 수 있듯이 학교교육과 사회교육에서 청소년을 대상으로 하는 볼런티어 활동은 사회봉사 체험활동에 포함된다.

일본 정부는 시대 변화에 따른 지역의 공통과제 중 시민적 공공성을 띠고, 관민협동으로 해결해야 할 과제를 '새로운 공공' 으로 부르고 있다. 새로운 공공성을 구체화하기 위해서 관련법의 개정과 학교교육과 평생교육 활동에 반영하고 있는 것이다.

'새로운 공공' 에 해당되는 봉사활동의 예로는 다음과 같은 것이 있다.

- 보건, 의료 및 복지활동: 고령자 · 장애인 · 청소년의 지원활동, 자녀교육지원, 홈헬퍼 활동, 가사지원, 이야기 상대하기 등
- 교육활동: 지역사회 교육 강좌의 강사, 지역교육 시설의 볼런티어 등
- 마을 만들기 활동: 꽃 가꾸기 운동, 마을 청소, 도 · 농 교류 등

9) 아오모리현 교육청 평생학습과 교육지도그룹, 청소년의 볼런티어 학습에 기대
http://www.pref.aomori.jp/manabi/02jigyou/taiken-forum/15-taiken-tanaka.pdf

• 문화 · 예술 · 스포츠 활동: 시설의 가이드, 스포츠 지도, 극단, 음악회 개최 등
• 환경보전활동: 재활용, 모금, 대기오염 조사, 도로 · 항만 등의 청소
• 재해구호활동
• 지역안전활동
• 인권옹호 및 평화 활동
• 국제협력활동
• 남녀공동참여 사회 만들기 활동
• 청소년의 건전육성활동: 청소년의 체험활동과 놀이 등에 협력, 직업체험, 자연체험 등의 활동 장소 제공 등
• 기타 활동

'새로운 공공' 은 공공성의 구조 전환과정에서 나온 신조어다. 일본은 21세기형 글로벌 사회에서 생존할 인간 만들기를 위해 가정과 지역, 그리고 기관의 협동으로 시민적 공공성의 재생을 통한 '시민성 교육' 과 '사회적 서비스' 를 종합적으로 추진하고 있다.

2) 교육과정 개정에 따른 체험학습 의무화

2002년부터 일본의 공립학교는 완전 주 5일제 수업을 시행하였다. 이 시점을 고려하여 2002년부터 초 · 중학교에, 2003년부터 고등학교에 우리나라의 재량수업과 같은 '총합학습의 시간' 이 본격적으로 시작되면서 체험활동이 실시되었다. 이미 문부과학성은 1998년에 초 · 중 · 고등학교의 교육과정을 일부 개정하여 '총합학습의 시간' 을 구체화하였다. 총합학습은 자율적이고 창의적인 인간 만들기를 위한 종합적 학습으로 '각 교과, 도덕, 특별활동 및 자립활동에서 습득한 지식, 기능 등을 서로 관련지어 학습과

생활에 살리고 그것이 종합적으로 활용되도록 한다.' 고 규정하고 있다. 종합학습 시간은 지식을 주입하는 것이 아니라 스스로 배우고, 사고하는 힘을 키우며, 학습하는 방법과 조사하는 방법을 습득하여 앞으로 살아가는 법을 생각하게 하는 학습이다. 따라서 이 시간에 자연체험과 볼런티어 활동 등의 학습과 문제해결학습이 적극적으로 활용되고 있다. 초등학교에서는 3학년 이상 주당 3시간, 중학교는 주당 2~4시간, 고등학교에서는 졸업까지 3~6 단위를 배당하고 있다.

3) 학교교육법 등의 개정을 통한 체험활동의 제도화

학교교육법의 일부 개정(2001. 7. 11)에 의해 각 학교의 교육목표를 달성하기 위해서 교육지도를 행하는데, 교육위원회 사무로서 '청소년의 체험적인 학습활동, 특히 볼런티어 활동 등 사회봉사체험활동, 자연체험활동, 기타 체험활동의 충실에 노력하며, 사회교육 관계 단체, 기타 관계 단체 및 관계 기관의 연계를 충분히 배려하지 않으면 안 된다(학교교육법 제18조 2).' 고 새롭게 규정하고 있다.

또한 사회교육법도 함께 개정하면서, '가정교육에 관한 학습기회를 제공하기 위한 강좌 개설 등을 교육위원회의 사무로 규정하고, 또 청소년의 사회성과 풍부한 인간성을 키우는 관점에서 볼런티어 활동 등의 사회봉사체험활동, 자연체험활동 등의 체험활동을 촉진하기 위해 다양한 체험활동 기회를 제공하는 사업의 실시 및 그 장려에 관한 것' 을 새롭게 추가하였다.

이와 같은 법 개정은 학교 완전 주 5일제의 실시(2002)에 따라 만들어진 교육개혁 입법이다. 문부과학성은 체험활동 촉진에 관한 지침을 2001년 9월에 각 대학, 지방자치단체, 사회교육기관 등에 통지하면서 협력을 당부하였다. 이에 따라 각 교육위원회에서는 학교교육과 사회교육 담당부서의 긴밀한 연계체제를 구축하였다. 또한 2002년에는 후생노동성의 복지담당 부서와 연계하여 봉사활동 · 체험활동이 추진되고 있다.

4) 추진체제 구축 및 사업

문부과학성에서는 학교 내외에서 체험활동을 추진하기 위해 다양한 사업을 종합적으로 추진하고 있다. 2002년부터 다양한 기관과 연계하여 협의회를 조직하였고, 정보제공 및 코디네이터 등을 행하는 '전국체험활동 볼런티어 활동 지원센터' 를 설치하는 등 학교교육과 사회교육을 통한 체험활동의 추진체제를 정비하였다. 또 학교에서는 체험활동 추진 지역과 추진 학교를 지정하고, 방과 후 교실사업, 세대 간 교류사업, 장기자연체험사업을 추진하고 있다.

2002년 4월에는 '국립교육정책연구소 사회교육실천연구센터' 내에 '전국체험활동 볼런티어 활동 종합추진센터' 가 개설되었다. 그 업무는 도 · 도 · 부 · 현과 시 · 정 · 촌의 체험활동 · 볼런티어 활동 지원센터에 관한 정보와 자료제공, 단체 등의 정보와 자료제공, 이벤트 등의 행사 소개, 관련 서적 및 정기간행물 발간 등이다. 지방자치단체의 체험활동 · 볼런티어 활동 지원센터의 주요 업무는 특색 있는 정보수집 및 제공, 청소년의 체험활동 추진 및 사례, 지역주민의 참가 촉진 및 지원, 다양한 세대 간 교류사업, 센터 운영 등이다.

2006년도 문부과학성은 체험활동 추진사업에 예산(470,440,000엔)을 사용하여 '체험활동 추진 지역 · 추진 학교(564개교)', '지역 간 교류 추진 학교(47개교)', '장기숙박체험 추진 학교(282개교)' 를 지정하고 자연체험, 사회봉사체험, 문화예술체험활동 등을 통해 청소년의 사회성과 풍부한 인간성을 키우며, 생명의 소중함을 깨닫는 인간 만들기를 하고 있다.

2002년도 일본 문부과학성의 체험활동 추진 사업은 다음과 같이, 7개 영역에서 각 학교의 실정에 맞게 추진되고 있다.

〈표 6-2〉 2002년도 일본 문부과학성의 체험활동 추진 사업

영역	체험활동 추진 학교의 제목
볼런티어 활동 등 사회봉사체험활동	고령자와의 교류체험과 지역 청소활동, 지역의 인재를 찾아 지역 자랑으로 삼은 도덕재무장클럽(JRC) 활동, 어린이 헬파 활동, 볼런티어 뱅크 활동, 학교와 지역을 통한 봉사활동, 학교 전체에서 추진하고 있는 볼런티어 활동
자연체험활동	마을의 좋은 점을 찾는 자연체험 · 교류활동, 장기 숙박에 의한 체험적 교육활동, 자연생태원을 중심으로 한 환경학습, 자연 가운데 집단숙박 · 야외체험활동, 지역 환경을 살리는 야산(野山)보호활동
노동생산 체험활동	쌀 만들기 체험활동, 지역의 밭을 살린 농업 체험학습, 지역 산업을 살린 어로 · 수산업 가공 · 직장 체험활동, 고향에서 배우는 미래를 개척하는 근로생산체험활동, 수전(水田)학습의 종합학습화
직장과 취업 체험활동	선배와 지역의 전문가에게 인간으로서 살아가는 법을 배우는 활동, 장래를 통한 진로학습으로서 사업소 체험학습, 인턴십(취업체험)
문화와 예술 체험활동	닥나무에서 한지를 만들어 졸업증서 만들기 활동, 지역 전통예술 · 문화를 살린 체험활동, 사자춤 체험활동, 학교 · 가정 · 지역의 연계협력을 통한 요루시시 춤 전승활동 등
교류체험활동	농아학교와 교류체험, 민박에 의한 숙박 체험학습, 진짜감동체험과 교류를 통한 근로체험, 설림파크 · 유아와의 만남체험, 학교 농원을 활용한 식 · 농 · 환경 · 문화의 탐구, 지역 시설과 연계한 보육체험
기타 체험	홈스테이, 지역과 교류를 통한 지역을 배우는 체험학습, 전통문화체험 학습, 세토나이카이(瀨戶內海)의 환경을 살린 자연체험활동

자료: 문부과학성, **체험학습사례집**(동경: 문부과학성, 2002).

4. 고등학생 볼런티어 동아리, YY 볼런티어의 성공 사례

야마가타현(山形県)에서는 학교를 단위로 청소년 볼런티어 활동을 한 것이 아니라 학교의 틀을 넘어 지역사회 단위로 추진되어 온 지 오래다. 2006년 6월 현재 현 내의 YY(yamagata young volunteer)클럽 동아리 수는 103개다. 이 가운데 90개 동아리가 다양한 활동을 전개하고 있고, 나머지 동아리는 휴면상태다. 활동 거점이 되고 있는 공민관이나 커뮤니티센터, 평생학습센터 등은 한때 어른 전용 시설로 인식되었으나, 현재에는 청소년까지 적극 이용하여 모두를 위한 시설로 전환되었다.

야마가타현에서는 고등학생 볼런티어 활동이 다른 현과는 비교할 수 없을 정도로 잘 되고 있다. 이 고등학생 볼런티어 활동은 다음과 같은 특징을 갖고 있으며, 다른 현의 모델이 되고 있다.[10)]

- 학교 단위만이 아니라 학교의 틀을 벗어나 지역 단위의 활동으로서 행하며, 보다 자주적으로 활동을 전개하고 있다.
- 각 서클 내에서는 손으로 하는 인형극, 환경미화, 국제교류, 시설 방문, 독거노인의 주택 청소, 눈 제설, 연하장 작성 등 다채로운 내용으로 활동하고 있다.
- 고교생이 스스로 각각의 지역에 어울리는 독특한 서클 이름을 만들고 있다.

10) 야마가타 영볼런티어(yamagata young volunteer)
http://www.ic-net.or.jp/home/ieseinen/vora/

• 지역 선배에서 후배에게로 20년 이상 계속되어 온 서클도 있고, 최근 만들어진 서클도 있다.

5. 중학생의 사회체험 · 볼런티어 · 캐리어 체험
−효고현의 '트라이 하는 위크' −

1) '트라이 하는 위크'의 배경

트라이 하는 위크의 의미 트라이(try)는 새로운 것에 도전해 보고, 무엇인가를 해 본다는 의미다. '해 보다(try)'의 영어와 '스스로 자진해서 하다(やる)'의 일본어가 합해져서 이루어진 합성어로 어법상 부자연스럽지만, 체험활동을 강조하기 위해서 조성된 표현이다. 즉, '트라이 하는 위크'는 무엇인가를 해 보는 일주일을 의미한다. 보통 학교에서 할 수 없는 일과 학생이 해 보고 싶은 것을 1주일간 학교를 떠나 충분히 도전해 보는 것으로 '트라이 하는 위크(주 5일간 지역 · 직장 등의 체험주간)라 이름을 붙였다.

배경 1995년에 한신(阪神) · 아와지(淡路) 대지진과 그 후 고베시 스마구(神戸市 須磨區)의 초등학생 연속 살인사건, 중학교 2학년 남학생이 초등학교 6학년 남자 어린이를 살해하고, 그 학생의 목을 베어 자신의 중학교 교문 위에 올려놓은 사건이 발생하였다. 효고현 교육위원회와 고베시 교육위원회는 이 사건 이후, 1997년 8월 가와이 하야오(河合隼雄, 현재 문화청장) 국제일본문화연구센터 소장을 단장으로 10월까지 3회에 걸쳐 '마음의 교육긴급회의'를 가졌다. 효고현 · 고베시의 교육위원회는 이 회의의 제안을 받아들여 「마음교육의 충실을 향해서」라는 보고서를 냈으며, 다음은 그 제언의 핵심 내용이다.

• 청소년은 고유한 내적 세계를 가지고 있다.
• 청소년은 성장하고 있는 존재다.
• 사춘기는 자기를 근본적으로 재구축하는 시기다.
• 청소년 삶의 태도 근저에는 인간관계가 있다.
• 청소년은 자신의 감성이나 가치관에 맞는 삶의 태도를 습득한다.

'마음의 교육'은 학생 스스로의 활동과 체험을 통해 스스로 살아가는 힘을 찾는 것으로, 교육은 이를 지원해 주는 것이 중요하다는 것을 강조한다. 이 제언에 따라 도 교육청에서는 다음과 같은 사업을 시행하기로 결정하였다.

• 부모의 직장 견학회의 실시
• 효도를 체험할 수 있는 활동 기회의 제공
• 중학교의 장기체험학습의 도입
• 다양한 교육과제에 대응하는 학교 · 가정 · 관계 기관 등과의 연계 시스템의 구축 등

도 교육청 의무교육과 중등계 장학사들은 '챌린지(challenge)', '아웃도어(outdoor)', '푸른 하늘', '트라이 하는 위크' 중에서 가장 강력한 메시지를 전달할 수 있는 '트라이 하는 위크'로 결정하였다.

그 당시 과장은 지금 히카미군(氷上郡) 교육장 쓰 시게고로(辻重五郎)다. 쓰 의무교육 과장과 2004년 전화로 인터뷰한 내용을 보면 교장회의, 문부성, PTA의 반대에도 불구하고, 정규 교육과정 속에서 일주일 간 체험학습 활동을 추진하였다고 한다. 1998년 청소년 체험학습 활동비(트라이 하는 위크)로 현 지사에게서 3억 4천만 엔을 긴급하게 지원받아 전 효고현 중학교 2학년을 대상으로 추진하였다. 그 결과는 대성공을 거두었으며, 현재는 거

의 모든 현에서 추진하고 있다. 이 사례는 유럽에도 소개되었다.

2) 트라이 하는 위크 실행 내용

개요 교육의 대상자는 효고현(兵庫県) 내 공립중학교 2학년 전원이며, 교육실시 · 프로그램 기획은 효고현(兵庫県) 교육위원회 의무교육과다. 프로그램의 방향은 다음과 같다.

- 지역에서 살아가는 힘과 개성의 신장, 가정과 지역, 그리고 학교의 연계 협력에 있다.
- 지역사회에서 학생의 주체적 선택으로 다양한 활동 · 체험을 통해 풍부한 감성과 창조성을 스스로 키워 자신의 인생관을 발견하도록 지원한다. 따라서 자신의 과제를 스스로 발견 · 생각 · 학습 · 실천하면서 스스로 살아가는 방법을 생각하고, 자신을 확립하는 '살아가는 힘' 을 육성하는 데 있다.

실시 시기 1998년 11월에 처음 실시하였다. 그러나 1999년부터 6월 첫째 주 일주일 간 실시하고 있으며, 현재까지도 이루어지고 있다. 11월에서 6월로 실시 시기가 바뀐 것은 청소년 범죄 빈도가 6월에 가장 많기 때문이다. 또한 청소년백서의 통계에서도 알 수 있듯이 중학교 2학년 때 범죄의 빈도가 가장 많다. 단, 학교운영 및 지역 실정을 고려하여 탄력적으로 실시하고 있다.

실시 장소 대학, 초등학교, 유치원, 소방서, 우체국, 방송국, 신문사, 병원, 복지센터, 노인정, 백화점, 슈퍼마켓, 편의점, 미용실, 음식점, 도서관, 농업시설, 제조업, 야외체험, 기업 시설 등

대상자의 인원수 1999년도는 359개교 약 57,000명의 중학교 2학년 학생이 참가하였다. 각 반에서 2~6명 정도(1999년도는 평균 2.9명)가 팀을 이루어 실시하고 있다.

프로그램(program)의 내용 청소년의 흥미 · 관심에 근거하여 지역사회와 학교의 실정에 따라 다양한 체험활동을 수행한다.

- 근로생활활동: 농업, 낙농, 어업, 임업 등
- 직장체험활동: 지역의 다양한 직장체험 등
  - 식품제조 · 판매: 양과자, 일본 전통 과자, 가락국수, 메밀국수집 등
  - 판매: 편의점, 생화 판매, 의복의 재료 판매 업무 및 직장 등
  - 음식점: 양식점, 패밀리 레스토랑, 패스트푸드점, 중화요리 등
  - 이용, 미용원: 이용원의 세탁, 보조 작업 등
  - 보육원: 보모 보조의 체험
  - 공공시설: 우체국, 주민센터 등 도서관 접수처 업무, 기타 보조 작업 등
  - 자영업 경영 체험: 목수, 철근공, 배관공, 전기공사 등 각종 자격소유자의 보조 작업 등
- 문화 · 예술 창작활동: 목공 · 세공, 음악교실, 회화교실 , 꽃꽂이 등은 지역 공민관에서 정규 시간 외에 수강하고, 창작체험활동은 일반 수강생과 함께 수강하면서 교류
- 복지체험활동: 복지체험활동, 사회복지시설의 방문 및 간호복지의 보조 작업 등의 활동
- 볼런티어 활동: 지역의 볼런티어 활동
- 기타: 국제이해교육 활동으로 지역 정주(定住) 외국인과 함께 생활 · 문화교류, 지역의 과학관, 지역 방송국 등의 견학과 업무 내용의 학습 및

보조 작업, 하천 등 지역의 환경조사 활동 등

강사 16,645개의 체험학습장에 지도 볼런티어가 약 23,000명이다(1999년도). 각 중학교 2학년 각 반에 한 사람의 지도 볼런티어가 학생의 지도와 지원을 맡고 있다. 직장체험을 수락해 준 곳의 담당자가 지도 볼런티어를 하는 경우가 많지만, 문화 · 예술 · 창작과 볼런티어 체험활동 등은 지역의 전문가에게 의뢰하였다.

추진체제[11] 이 사업은 학교 · 가정 · 지역 3자의 연계와 협력이 매우 중요하다. 초창기에는 교육위원회 프로젝트 팀이 조직되어 현청의 다양한 부서와 연계하면서 지원체제를 수립하였다. 각 학교도 트라이 하는 위크 추진위원회를 설치하여 교장, 지역 관계자, 학교운영위원회 위원 등의 볼런티어를 확보하고 있다.

- 추진협의회: 학구의 추진위원회 조직화 지원, 관계 단체와의 조정, 지도 볼런티어의 확보 등을 행한다.
- 추진위원회(중학교구): 학교가 조사한 학생의 희망에 따라 볼런티어 장소와 지도 볼런티어를 확보한다. 확보가 어려울 때는 추진협의회의 협력을 얻는 등의 추진체제의 확립을 꾀한다. 또 시립 맹 · 농아학교의 참가가 있는 경우, 정보제공 등의 지원을 한다.
- 중학교: 각 중학교의 실태에 따라 학생의 희망과 보호자의 생각 등을 충분하게 파악한 뒤에 학구의 추진위원회에 활동 내용의 희망을 제출하고 조정한다.
- 지도 볼런티어: 보호자 · 고령자 등 지역 사람과 기업 · 시설 등의 관계

11) http://www.hyogo-c.ed.jp/~gimu-bo/tryyaru.htm

자가 지도 볼런티어가 되고, 주로 학생의 활동에 대한 지도와 지원을 하면서 학생의 상황 등을 파악하고, 학교와 연락 등을 추진한다.

경비 기초자치단체인 시와 정이 실시하는 트라이 하는 위크에 필요한 경비에 대해서, 현(県)교육위원회 보조금 보조 요령의 규정에 의해 보조금을 교부한다. 현립 중학교는 매 필요 경비를 예산의 범위 내에서 조달한다.

3) 효과 및 과제

효과

- 전국으로 확산되고 있다.
- 참가자의 90% 이상이 일주일 간 충실하게 경험을 했고, 보호자도 다음에 또 참가시키고 싶다는 의견이었다. 받아들이는 측에서도 90% 이상이 다음 해도 또 받아들이겠다는 의견이었다. 유용한 체험활동이라는 것을 학교와 지역사회에서 깨달았다.
- '지역 청소년은 지역에서 성장시킨다.' 는 공통된 인식으로 지역적 연계가 강화되었다. 또, 이 활동을 통해 지역의 인재나 시설, 문화 등 교육자원을 살리는 다양한 시책이 나오게 되었다.
- 등교거부 학생의 약 반수인 658명이 참가하여, 그중 약 40%가 다시 등교하게 되었다. 학생들도 자신감과 도전의식을 갖게 되었다.

과제

- 활동에 관한 조사 · 보고의 사무가 많고 체험학습의 장 확보 등 교사의 부담이 지나치게 컸다.
- 체험학습의 중요한 포인트인 스케줄 조정에서 사전 방문 인사, 체험학습 후의 감사 인사까지 교사가 준비하고 있다.

• 교사에게도 지역의 이해와 도전 체험의 효과가 있다.

6. 청소년 공동체 만들기로서 통학합숙

1) 목적

통학합숙(通学合宿)은 청소년 교육시설이나 공민관 등의 사회교육시설에서 주로 초등학생이 일정 기간 의식주를 공동으로 해결하면서 학교에 다니는 생활체험활동이다. 구체적인 목적은 다음과 같다.

• 장기간 공동생활을 통해 생활능력과 자립심을 키운다.
• 기본적인 가정생활을 스스로 하게 함으로써 가정과 가족의 중요함을 깨닫는 기회를 만든다.

▶▶▶ 2004년 사마네현 마쓰에시 기라보시 세븐 전국 통학합숙 연구대회

• 지역의 청소년과 지역주민 간의 연결을 강화하며, 지역성과 공동성을 발견하게 한다. 또한 지역주민에게 청소년 육성에 관심을 갖게 한다.

2) 내용

다음 내용은 2001년도 일본 국립교육정책연구소 사회교육실천연구센터의 사회교육 실태조사 '지역의 통학합숙의 실태에 관한 조사 연구' 에서 밝힌 것이다.

활동 주체 및 대상 2001년도 실시 주체는 교육위원회(61%), 실행위원회(45%), 사회교육 관계 기관(22%), 사회교육시설(21%), 학교(14%) 순으로 되어 있다. 통학합숙 실행위원회의 위원은 교장과 교감(85%), PTA 간부(82%), 교육위원회 직원(68%) 순으로 되어 있다.

합숙 대상 학년은 초등학교 5학년(90%), 초등학교 6학년(89%), 초등학교 4학년(66%) 순이다. 복수학교 아동도 참가하고 있다. 합숙 참가 인원은 20~29명(30%), 50명 이상(19%), 10~19명(18%) 순이다.

아동의 생활과 활동을 지도 및 지원하는 사람은 교육위원회 사무국 직원(약 60%), 실시 시설 직원 순이고, 식사 지도는 부인회 여성단체가 볼런티어로 활동하고 있다.

활동 실시 1999년도에 통학합숙을 실시한 시 · 정 · 촌은 154개, 2001년도는 231개였다. 그동안 전체 70%의 기초자치단체에서 실시하였다. 어느 기초자치단체는 연간 20회를 실시하고 있으며, 3박 4일 또는 6박 7일 동안 실시하고 있다. 주로 4일 이내와 6일 이내가 전체 60%를 넘고 있다. 활동 시기는 10월(26%), 9월(19%), 11월(15%) 순이며, 60% 이상이 주로 2학기에 실시하고 있다.

활동 장소　공민관 등의 사회교육시설이 47%, 청소년 교육시설이 21%이다. 그 외로 복지시설, 생활개선센터, 청소년 사회교육시설, 생활체험학교, 자연학교 등이다.

활동 프로그램　일하는 것과 협동하는 것의 중요함을 이해시키고, 지역에서 아동을 잘 키우는 분위기를 조성한다. 활동 프로그램은 자취(85%), 목욕 · 방의 청소(79%), 자유시간(79%), 입교식 · 수료식(78%), 자습(71%) 순으로 주로 생활에 관한 활동이다. 그리고 장보기 등의 집단숙박활동, 레크리에이션 활동, 별 관찰, 폐품수집, 학습활동 등도 있다.

비용　시(군)의 위탁사업이나 보조금으로 운영하고 있으며, 아동의 참가비는 2천 엔 이상~4천 엔 미만(37%), 4천 엔 이상~6천 엔 미만(24%), 2천 엔 미만(16%), 6천 엔 이상(10%), 무료(9%) 순이다. 무응답도 4%이다. 숙박하는 동안 자신이 먹을 쌀은 지참하게 한다.

3) 쇼나이초의 생활체험학교 사례

전국적으로 통학합숙이 확산된 것은 후쿠오카(福岡県) 가호군(嘉穗郡) 쇼나이초(庄内町)의 생활체험학교에서부터다. 쇼나이초 생활체험학교의 특징을 요약하면 다음과 같다.

- 1983년의 통학 캠프가 계기
- 1988년에 통학합숙 전용의 사회교육시설인 '정립(町立) 생활체험학교' 의 설립
- 연간 통학합숙 실시 수가 평균 20회 이상
- 생활체험학교의 민간 지원조직인 '복지마을 만들기 추진협의회' 가 당초부터 설립

• 어른의 생활체험학교 '생활문화교류센터' 의 병설 등

쇼나이초의 개요 쇼나이초는 후쿠오카현(福岡県) 중심부의 구 탄광지로, 총면적 약 26km², 총인구가 약 1만 명, 세대수가 약 4,000가구다. 탄광산업이 성황을 이루었을 때에는 22,000명이었던 인구가 1950년대 말에 반수 이하로 극감하여 현재 과소지역으로 지정받고 있다. 교육시설로는 유치원 1개, 초등학교 1개교, 중학교 1개교, 보육원 3개(공립 1, 사립 2)의 시설이 있다. 쇼나이 초등학교는 18학급(특 1) 568명, 쇼나이 중학교는 9학급 268명이다(2002년 5월). 산업 면의 취업 인구는 1차 산업이 약 5%, 2차 산업이 약 30%, 3차 산업이 65%이다(2000년 5월 1일 현재, http://www.town.shonai.fukuoka.jp).

생활체험학교 생활체험학교는 1983년 '통학합숙' 이라는 아동생활체험 프로그램을 실천하는 정립 사회교육시설로 설치되었다. 부지 1만m²에 아동생활동 450m², 관리동 90m², 생활문화교류센터(생활체험 · 공작체험), 동물축사 2개 50m², 승마체험장 800m², 작업동 150m²(농업체험 · 창작체험) 등이 있다. 1998년에 성인생활체험학교인 '생활문화교류센터' 도 설치되었다. 이 재원의 대부분은 통상산업성의 '산업 재배치 촉진시설 정비비용 보조금' 이다. 아동은 6박 7일 정도 자취를 하면서 학교에 통학한다. 모든 생활은 자력으로 하는 체험학습활동이다.

생활체험학교의 출발은 시골 학부모의 자기 자녀의 캠프장을 만드는 노력에서 시작하였다. 1979년 쇼나이초 '아동회지도자협의회' 가 '청소년 캠프장 설립계획' 을 책정하였다. 이 계획은 아동회 지도자가 선도해서 마을의 볼런티어를 결집하여 자신들의 힘으로 캠프장을 만들고자 하는 계획이었다. 그래서 쇼나이초 교육위원회와 구장회 등의 관계 기관과의 협의를 거쳐 쇼나이초림(町林) 약 10만m²를 캠프지로 결정하였다. 1980년 7월 읍

교육위원회가 약 200만 엔을 지원하여 작은 광장과 화장실 1동만으로 간단한 캠프장이 개장되었다. 캠프장 운영의 기본 방침은 '사용하면서, 사용하는 사람이 스스로 만드는 캠프장' 이었다. 아동회 지도자는 물론 초·중학교의 교직원, 아동의 보호자, 일반 지역주민, 이용자가 캠프활동을 하는 가운데도 캠프장 만들기에 협력하였다. 1982년 5월부터 6월에 걸쳐서 만들어진 '큰 지붕' 은 캠프장 만들기의 작업 가운데서도 상징적인 것이다. '큰 지붕' 은 우천 시 취사하거나 식사를 하기 위해서 계획된다. 사용한 자재는 낡은 전주 50개, 양철판 110매, 통나무 92개로 생각보다 커 보였다.

1983년 6박 7일의 통학캠프가 시작되면서 2박 3일, 4박 5일 캠프, 학교까지 3km떨어진 학교통학 프로그램, 아침 등산, 야채요리, 도시락 준비하기, 산림 속의 캠프, 승마, 두부 만들기, 우동 만들기, 버섯 재배 등 다양한 활동 프로그램이 진행되고 있다. 이 통학합숙은 일본 전국의 원조가 되어 모든 지역에서 활성화되고 있다.

참고 사이트

가누마시의 학사융합 사이트 http://www.city.kanuma.tochigi.jp
http://www.city.kanuma.tochigi.jp/kyouiku/volunteer/volunteer.html
http://www.ufji.co.jp/entre/jirei/kinki/2-4_kinki/2461hyogo.pdf
http://www.tuchidousyo.hiroshima.schoolnet.gr.jp/)
http://www.tv-naruto.ne.jp/mitunaruto/gikai/shisatsu_narashino.html
http://www.town.shonai.fukuoka.jp

제7장
지역공헌센터로서 대학의 변화

1. 일본 대학교육의 최근 동향[1)]

필자는 동서 냉전이 해체되던 시점에 일본에서 잠시 유학생활을 하였고, 다시 최근 3년간 일본에서 파견근무하면서 일본 대학을 좀 더 자세히 들여다볼 수 있었다. 특히 큰 아이가 일본의 대학에 재학하고 있어 일본 대학의 변화를 실감하고 있다.

일본의 대학개혁의 역사는 외압에 의해 진행되어 왔다. 명치시대의 대학개혁은 구미열강의 지배구조 가운데 유럽형 대학이, 제2차세계대전 패전 이후 대학개혁은 미국의 영향 아래 미국형 대학 모델이 도입되었다. 미국형 대학교육 모델은 획일적인 중앙정부의 선단식 경영, 대학의 서열화, 암

1) 김득영, 일본 국제경쟁력 확보 목표로 대학개혁, 학교법인 동명문화학원 가족지, 동명포럼 제28호 (동명정보대학교, 2005년 가을호), pp. 20-21. 일부 수정

기식 교육, 고등학교 교육의 황폐화 등 많은 문제를 발생한 채 1980년대까지 지속되었다. 제3의 대학개혁은 1980년대 후반 임시교육심의회(1984~1987년), 대학심의회(1987~2001년), 중앙교육심의회 대학분과회(2001~현재)에 의해 구상되었는데, 이것은 바로 경쟁적 환경에서 특색 있는 대학 만들기다. 1990년 초 지식기반사회로 진입하면서, 제3의 대학개혁이 시작되었다. 글로벌 기업 등의 요구에 따라 국제경쟁력 강화를 위한 효율성, 자율성, 그리고 책무성을 동시에 묻는 대학구조의 개혁이 실시되고 있다. 현재 지식기반사회, 글로벌 사회에서도 세계 수위 국가 유지, 국가행정 조직의 감량화 · 효율화, 대학 학령인구 감소 등의 요인에 의해 대학개혁이 정부 구조개혁 차원에서 추진되고 있다. 그중 99개 국립대학의 수를 대폭 줄이기 위해 국립대학의 법인화가 2004년 4월부터 시행되었다. 이에 따라 대학의 민간경영 방식 도입, 문부과학성의 연구 평가에 의한 공 · 사립 전체 대학 상위 30개 대학(전체 대학의 5%) 집중 육성을 위한 연구교육거점(COE) 프로그램 추진, 제3기관 대학평가, 전문직 대학원제도 신설, 대학의 평생학습사회 공헌 등이 구체화되고 있다.

1) 일본 대학의 현황 및 개혁 배경

2005년도 대학의 현황은 다음과 같다.

대학 수는 726개(국립 87개, 공립 86개, 사립 553개)로 전년도 보다 17개가 증가하였다. 학생 수는 286만 5천 명(남자 174만 명, 여자 112만 5천 명)으로 전년도보다 5만 6천 명이 증가하였다. 학생 수 중 학부생은 250만 8천 명, 대학원생 수가 25만 4천 명이다. 사립이 211만 2천 명으로 전체 73.7%를 차지하고 있다(문부과학성 통계자료, 2005).

일본 대학개혁의 배경에는 여러 가지가 있지만, 우선 학생 수의 변화를 들 수 있다. 18세 인구가 감소하는 가운데 진학률 상승, 유학생과 일반인의 대학진학 등 대학교육의 재검토가 요구되고 있다. 2004년도 4년제 사립대학의 30%인 155개 대학이 입학정원에 미달된 상태다. 또한 지방대학은 아시아 유학생 유입에도 신경을 쓰고 있는 실정이다. 2007년에는 대학 지원자 69만 명이 줄어 들 전망으로 대학 총 입학생 수와 대학 진학자 수가 같아지게 된다. 그 이후로 대학 인구는 계속 줄어들 전망이다. 이렇게 되면 대학이 학생을 선발하는 시대는 가고, 학생이 대학을 골라 진학하는 시대가 되게 된다. 따라서 대학은 자율이든 타율이든 이러한 변화에 적응해야 한다. 특히, 고도 성장기의 무분별한 대학 팽창으로 이제부터 사립대학도 도산과 폐교 등의 위기에 직면하고 있다.

또한 세계화 · 정보화 사회가 요구하는 인적 자원 개발과 인사, 고용 관행의 변화에 대응하여 대학 교육과정의 변화도 요구받고 있다. 다국적 기업은 고도기술혁신을 위한 대학과의 산학연계와 글로벌 기업에 바로 활용이 가능한 인재 육성이 절실해졌다. 1990년대 글로벌 기업이 늘어나면서 재계에서는 비효율적인 대학과 문부과학성 개혁을 강하게 요구해 왔다. 이에 따른 대학개혁의 단행으로 2010년까지 대학의 특허취득 수를 15배(1,500건)로 늘리고, 기업에서 2만 명의 대학원 진학, 사회인 캐리어업 100만 명 계획으로 인재 강국을 만들겠다는 계획을 2001년에 발표하였다.

2) 대학개혁의 특색

현재 문부과학성에서는 대학개혁의 지원액(2004년 449억 엔, 2005년 529엔)을 늘리면서 국 · 공 · 사립 모두를 경쟁에 내몰고 있다. 그 주요 내용은 특색 있는 대학교육 프로젝트(4,935억 엔), 매력 있는 대학원 교육(30억 엔), 고도의 자질 있는 교원 양성(5.5억 엔)이다. 특색 있는 대학교육 프로젝트는 종합적인 교육지원 33억 엔, 현대적 과제 등의 추진지원(사회적 요청이 강한 정책과제 30억 엔, 대학교육의 국제화 추진지원 16억 엔), 법과대학원 등 전문직 대학원 지원 18억 엔, 세계적인 연구교육 거점형성 지원에 382억 엔이다.

최근 일본의 대학교육개혁의 목표는 대학심의회와 중앙교육심의회의 보고서에 기초하여 '교육연구의 고도화', '고등교육의 개성화', '조직운영의 활성화'를 통한 국제 경쟁력 확보다.

- **교육연구의 고도화**: 대학원의 양적 확대(1991년 약 9만에서 2004년 24만 명), 첨단학술연구의 대학원 중점 지원, 사회인 재교육의 추진, 법과대학원제도 등의 창설로 자국의 특허 등 지적 자산관리 전문가 양성을 강화하고 있다. 또한 산학연계를 위한 다양한 전략이 수행되고 있다.
- **고등교육의 개성화**: 대학의 다양한 교육과정 운영으로 조기졸업, 학점 호환제 등 제도의 탄력화와 조기입학, 책임 있는 수업경영 및 수업평가 등이다.
- **조직운영의 활성화**: 대학 자체 점검 및 평가의 의무화와 대학의 외부평가기구 신설, 평의회와 교수회의 역할의 명확화, 외부 전문가의 참여에 의한 운영자문회의 설치 등으로 대학의 탄력성과 유연성을 부여하고 있다.

이러한 대학개혁의 변화는 세계적인 연구와 교육 기능, 고도전문인 육성 기능, 지역의 평생학습 기회의 제공 기능, 사회공헌 기능 등이 주요 기능으로 부상하는 대학의 기능 변화를 가져오고 있다. 그중에서 가장 큰 변화는 국·공립대학의 법인화다. 그동안 국립대학은 행정조직의 일부로 국가예산과 공무원법에 의해 교육과 연구의 유연성에 제약이 많았다. 그러나 2003년 7월에 국립대학법인 등 관련 6법이 제정되어 2004년 4월에 89개 국립대학법인이 발족되었다. 이에 따라 대학의 자율적인 경영, 책임 있는 경영체제, 학외자(学外者)의 경영 참여, 능력과 업적에 따른 탄력적인 인사 시스템, 제3자 평가에 의한 적절한 자원배분 등으로 학장중심 5인의 이사회에 의한 신속한 탑 다운식 경영체제가 구축되었다. 또한 공립대학도 지방독립행정법인법이 제정되어 지방자치단체의 판단에 따라 법인화가 가능하게 되었다. 그리고 전국 55개의 국립고등전문학교도 독립행정법인 국립고등전문학교기구로 발족되었다.

대학 법인화의 특성을 최대한 살려 국제 경쟁력 향상을 목표로 개혁을 추진하고 있다. 세계 최고 수준의 대학원 만들기를 위한 21세기 수월성센터로서 연구거점(Center of Excellence: COE) 프로그램, 석사 수준의 본격적인 전문직업인 양성을 위한 법과대학원 등의 전문직 대학원 신설, 학부 수준의 현대적 과제에 대응한 인재육성 등의 '지(知)의 시대'를 위한 고등교육의 활성화를 지원하고 있는 실정이다. 이 과정에서 많은 특색 있는 대학이 등장하고 있다. 2003년에 664건의 응모에 80건, 2004년에 534건의 응모에 58건이 채택되어 재정지원을 받고 있다.

사립대학의 개혁은 더욱 활발하다. 사립대학은 장래 학생 수 감소와 보조금 삭감 등으로 매력 있는 대학 만들기에 심혈을 기울이고 있다. 리츠메이칸 아시아태평양대학, 나가사키 국제대학과 같이 해외로 눈을 돌린 대학과 동경의 명치대학, 성덕대학과 같이 평생학습사회에 대응한 대학 만들기, 지역과 연계한 대학 등 다양한 시도가 진행되고 있다.

3) 글을 마치며

일본은 지식기반사회에서 국제 경쟁력의 중핵센터로서 대학개혁을 추진하고 있는 것을 보았다. 기업, 행정, 정치의 삼두마차에 의한 선단식 경영으로 세계의 선두주자로 부상한 일본은 지식기반사회의 도래, 고령화 사회, 저출산사회에서도 국제 경쟁력의 확보를 위해 복지, 교육, 그리고 문화 등의 통합정책으로서 평생학습사회 만들기를 추진한 지 20년이 지났다. 이제 각 부분별 성과를 통합하고 연계하여 국제 경쟁력 확보를 위해서 마지막으로 대학개혁에 박차를 가하고 있다. 이를 통해 행정과 지역, 그리고 대학이 연계하여 지역산업 재생과 지역 만들기 창조를 추진하고 있다.

문부과학성에서는 시급하게 추진해야 할 대학개혁 12개의 제언을 내놓았다(중앙교육심의회 대학분과회, 2005. 7. 14.). 그 내용은 인재양성의 사회적 요구 대응, 각 고등교육 기관의 경영 개선을 위한 사립대학 경영지원프로젝트 팀의 발족(2005. 5. 16.), 입학은 쉽게 졸업은 어렵게 하는 대학출구관리 강화, 유학생 교류 촉진, 대학 인허가 및 인증평가제도 명확화, 21세기형 시민육성을 위해 교양교육과 전문교육의 통합, 대학원 교육의 효율화, 세계 탑클래스의 대학원 육성, 재정 확보를 위한 펀드 시스템 구축 등이다.

우리나라 대학도 실용성과 전문성을 확보하기 위한 대학개혁이 추진되고 있다. 지역과 연계 내지는 융합하는 지역 경쟁력 확보를 위한 중심축으로서 역할이 기대된다.

2. 일본 대학개방의 현황과 과제[2)]

지금까지 대학의 기능은 '교육'(특색 있는 대학교육 프로그램), '연구'(21세기 COE 프로그램, 지역사회 공헌)가 중심이 되어 왔는데, 최근의 현저한 변화

2) 김득영, 일본의 대학개방의 현상과 과제에 대한 토론, 가가와 마사히로, 일본대학개방의 현상과 과제, 한일평생학습세미나: 학습사회를 위한 실천전략(한국평생교육총연합회, 2004. 9. 21), pp. 59-75에 대한 토론

는 지역공헌(지역과의 연계관계 사업)이 강조되고 있다. 지역공헌인 지역사회 서비스는 지방자치단체의 평생학습 추진의 몫으로 간주하고 대학의 시혜적 봉사쯤으로 치부되어 왔지만, 이제는 지역 · 기업 등과 연계 · 협력하지 않으면 대학운영 및 존립의 위기가 온다는 사실을 인식하기 시작한 것이다.

1987년 임시교육심의회의 열린대학구상정책을 시작으로 대학심의회(1988~2000년), 중앙교육심의회 대학분과회(2001.1~현재)에 의한 조직운영의 활성화, 고등교육의 개성화, 교육연구의 고도화 등이 추진되어 왔다. 사회인 입학 유연화, 과목 이수생 · 장기 이수생 제도, 통신제 대학원 제도화, 학부에서 서치라이트 캠퍼스[3] 제도화, 기술 이전 추진 프로그램(TLO), 법과대학원 등 전문직 대학원제도, 독립행정법인 대학평가 · 학위수여 기구의 설치, 국립대학 법인화 등이 추진되고 있다.

앞으로는 대학과 단기대학의 신입생 수용능력이 2008년부터 점차 감소하게 됨에 따라 사회인 · 파트타임 학생과 외국인 유학생 유입, IT에 의한 학점 이수 형태의 다양화 등의 대학개방이 추구될 전망이다. 이미 일본 대

〈표 7-1〉 일본 대학 공개 강좌 개설 상황(2003년도 문부과학성 조사)

단위: 교, 강좌, 명

학교 구분	총수	개설 학교 수	실시율	개설 강좌 수	수강자 수
대학	686	644	94.8%	18,669	893,439
단기대학	499	336	80.8%	2800	138,635
고등전문학교	63	61	96.8%	512	11,426
총계	1248	1041	89.9%	21,985	1,043,500

자료: 문부과학성 생애학습정책국, 제15회 대학개방의 본질에 관한 연구회(문부과학성 자료, 2003년 11월), p. 1.

3) 캠퍼스 이외의 통학이 편한 장소에서 대학원 수업을 실시하는 캠퍼스

학은 보편화 단계에 진입하였기 때문에 지식기반사회와 평생학습 수요의 대응에 따라 '21세기형 시민' 으로서 인재육성을 표방하고 있다.

대학개방은 원래 대학 확장에서 시작되었는데, 정책변화에 따라 '열린 대학', '대학의 지역공헌' 등의 용어로 바뀌었으며, 일부 시민의 교양중심에서 지역의 교육과제나 다양한 평생학습의 수요 창출로 변화하고 있다. 1992년 답신 이후 성인교육과 대학교육의 연계 내지는 협동으로 발전시키고 있으며, 지역 인적 자원 개발의 메커로서 중심역할과 기능의 변화를 예고하고 있다. 또한 2004년 7월 중앙교육심의회 대학분과회의 중간보고서 '대학의 7가지 기능' 에서 지역의 평생학습 거점이자 사회공헌(지역공헌, 産官 · 연계 등)을 처음으로 분명하게 제시하였다.

문부과학성에서 발표한 도표와 일본 대학개방의 현황을 소개하면 다음과 같다.

2002년도 대학개방 공개 강좌를 내용별로 구분하면 일반 교양(23.8%), 전문 · 직업(19.5%), 어학(18.6%), 현대적 과제(17.3%), 취미(13.1%), 스포츠, 기타 순이다. 수강자 대상별 참가자는 일반 성인(78.9%), 고등학생 이하, 특정 직업인, 부모와 자식 등의 순이다.

〈표 7-2〉의 대학개방 기관의 설치 현황을 개관하면 2002년까지 42.3%였으나 2003년 1년 사이에 61.9%로 증설되었다. 국립대학은 15%, 사립대학은 20% 정도 더 많이 개설되었다. 그 명칭은 ○○대학평생학습교육연구센터, ○○대학익스텐션센터, ○○단기대학 공개개방센터 등의 이름이다.

〈표 7-3〉 일본 대학시설 개방의 현황을 보면, 도서관 개방(50.1%), 운동장 개방(40.7%), 체육관 개방(35.9%), 교실 개방(32.7%), 기타, 수영장, 실험실 등의 순이다.

또한 사회인을 제도적으로 대학에서 받아들이는 장치로는 다음과 같은 것들이 있다.

〈표 7-2〉 대학개방의 전문조직과 기관(평생학습센터)의 설치 현황

(2003. 5. 1.)

학교 구분		회답 학교 수	설치 학교 수		설치율	
			2002년	2003년	2002년	2003년
대학	국립	99	45	59	45.5	59.6
	공립	75	21	44	28.4	58.7
	사립	505	218	317	43.8	62.8
	계	679	284	420	42.3	61.9
단기대학		416	204		49.0	
고등전문학교		63	28		44.4	
총계		1,158	652		56.3	

자료: 문부과학성 생애학습정책국, 상게문(문부과학성 자료, 2003년 11월), p. 4.

〈표 7-3〉 일본 대학시설 개방의 현황(2002년 실적)

학교 구분		회답 학교 수	개방 학교 수	개방률	평균 개방 일
대학	국립	99	96	97	258.9
	공립	75	62	82.7	214.1
	사립	505	376	74.5	183.3
	계	679	534	78.6	200.4
단기대학		416	257	61.8	152.4
고등전문학교		63	60	95.2	233.0
총계		1,158	851	73.5	188.2

자료: 문부과학성 생애학습정책국, 상게문(문부과학성 자료, 2003년 11월), p. 12.

- 야간 · 주야 개방제 대학 · 대학원: 2001년도 야간 · 주야 개방제 대학 · 대학원 실시 현황으로 대학은 야간대학 80개교, 주야 72개교, 재학생 수 약 100,000명이었고, 대학원은 야간 20개교, 주야 212개교, 재학생 수 1,919명이었다.

• 사회인 특별선발: 사회인이 대상이고 소논문과 면접 등을 통해 대학에 입학하는 제도다. 2002년도 실시 현황으로 대학이 422개교, 대학원이 346개교가 있었다.

• 통신제 대학 · 대학원: 대학 28개교 약 225,000명 중 방송대학이 약 87,000명이었고, 대학원 14개교, 18,004명 중 방송대학이 549명이었다.

• 과목 등 이수생 제도: 대학 등의 정규 수업과목 중 필요한 일부만 등록하여 파트타임으로 수업을 이수하면서 학점을 취득하는 제도다. 2001년도 실시 현황으로 대학 609개교, 대학원 252개교가 있었다.

• 전문직 대학원: 고도 전문직업인 양성으로 특화한 실천적 교육을 행하는 대학원이다. 2003년부터 제도화되어 시행하고 있다. 동경대학 의과연구과 사회건강의학계 전공, 히토쓰바시 대학 국제기업전략연구과 경영 · 금융전공, 고베대학 경영학연구과 현대경영전공, 와세다대학 공공경영연구과 공공경영학 전공 등이 있다.

• 대학원 석사과정(1년과정 · 장기재학과정): 대학원 석사과정을 단기 또는 장기로 탄력적으로 운영하는 코스로 2000년부터 제도화되었다. 1년과정이 11개 대학원, 장기과정이 5개 대학원이다.

• 서치라이트 교실: 교정 밖에 통학하기 편리한 곳에서 대학원 수업을 실시하는 제도다.

• 대학의 공개 강좌: 대학의 교육 · 연구 성과를 직접 사회에 개방하고 지역주민 등에게 고도의 학습기회를 제공하는 제도다. 2001년 개설 현황을 보면 623개 대학, 18,469강좌, 859,487명이 수강하였다.[4)]

4) 문부과학성 생애학습정책국, 제15회 대학개방의 본질에 관한 연구회(문부과학성 자료, 2003년 11월), p. 13.

2003년 7월 중앙교육심의회 '21세기 일본 고등교육의 장래 구상(그랜드 디자인)' 에서는 고등교육이 수행할 7가지 기능 중, 지역의 평생학습 기회의 거점, 사회공헌의 기능(지역공헌, 산관학연계 등)을 들고 있다. 이 두 기능 모두 지역공헌을 강조하고 있다. 대학의 지적 자산을 산업계에 이전하여 경쟁력 향상과 산관학연계센터 기능을 요구하고 있다.

1987년 이후 평생학습시대의 대학개방이 한층 강조되면서 새로운 대학으로 패러다임의 전환을 요구해 왔다. 1981년 와세다 대학은 익스텐션센터의 설립 이후 200만 명 이상의 시민이 참가해 왔고, 현재 1,400개의 강좌가 개설될 정도로 성장하였다. 또한 호세이 대학의 캐리어 디자인학부, 대학 컨소시엄 교토 등 대학의 개방이 확산되고 있다. 일본은 다른 선진국에 비해 25세 이상 성인의 대학 인구는 매우 낮은 수준이다. 이것은 단적으로 대학운영의 경직성을 말해 준 결과고, 대학이 청년의 공간으로 인식되어 왔다는 증거다. 대학교육심의회와 생애학습심의회 답신에 근거하여 최근 다양한 성인 유인책과 지역공헌 사업이 나오고 있다. 지방자치단체와 대학 간의 파트너십 확립, 지역공헌의 조직적 종합적 추진 틀을 만드는 일은 매우 힘든 일이지만 2003년도에 76개 국립대학이 응모하여 이 중 26개 대학이 선정되어 '지역공헌 특별추진사업' 을 이행하고 있다.

이제부터는 지역사회의 평생학습 · 지식 창조의 거점으로서 21세기형 대학개방체제가 필요하며, 고등교육학과 성인교육학, 그리고 지역학의 접점에서 대학개방을 추진하고 디자인하는 개혁이 필요하다.

3. 교토 대학 컨소시엄의 사례

1) '대학 컨소시엄 교토'[5] 사업추진 경위

지역의 지적 창조활동을 위한 기반으로서 대학 컨소시엄(consortium) 재단은 교토부(京都府) 행정당국의 노력으로 1995년에 '대학마을교류센터(大学のまち交流Center)' 의 설립을 전제로 3개의 사업을 계획하였다. '대학마을교류센터' 의 사업 목적은 다음과 같다.

- 대학이 가지고 있는 학술 · 문화 면의 축적을 사회에 환원하는 거점
- 대학 간의 교류 촉진 거점
- 국내외를 향한 정보발신 거점의 역할 수행

1998년 3월에는 문부과학성 장관으로부터 기본 재산 1억 엔으로 재단법인설립 허가를 받아 '재단법인 대학 컨소시엄 교토' 가 발족되었다. 이 재단은 대학과 기업, 교토 상공회의소의 경제 4단체, 교토시, 교토부의 참가 등 49개 단체(45개의 대학 · 단기대학, 4단체)로 구성되어 있다.

2) 조직의 개요

설립 목적 설립 목적은 대학, 지역사회 및 산업계와의 협력에 의한 대학교육 개선을 위한 조사연구, 정보발신교류, 사회인 교육에 관한 기획 · 조정사업 등을 통하여 대학과 지역사회 및 산업계의 연계와 대학 간의

5) http://www.consortium.or.jp/

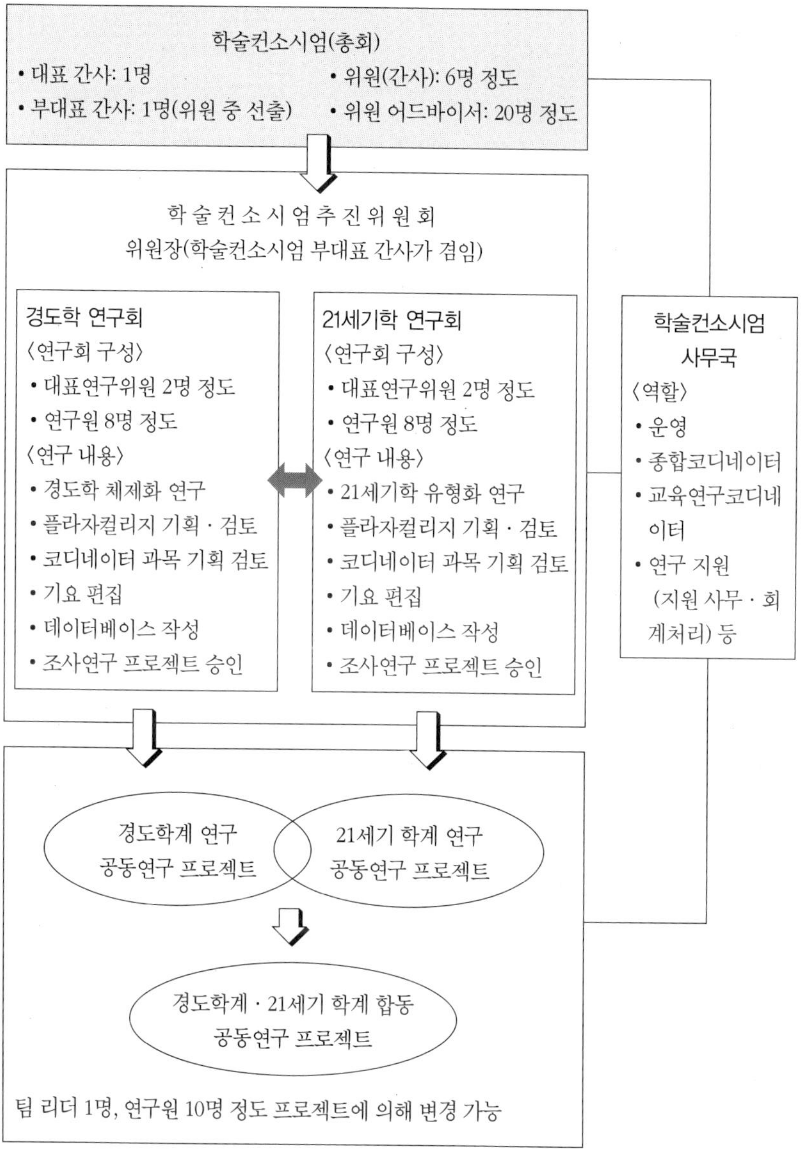

[그림 7-1] 운영체제

자료: 2003년도 학술컨소시엄 http://www.consortium.or.jp

연계를 강화하고, 교육 연구의 성과를 지역사회, 산업계에 환원하기 위함이다.

조직의 개요 사무국은 각 대학 관계자 중 국장 1명, 차장 1명과 주간 7명으로 구성한다. 이외에 촉탁으로 직원을 2명 채용하여 총 11명이 근무하고 있다.

컨소시엄 운영조직은 이사, 감사, 평의원, 운영위원, 사무국원으로 구성한다. 이사 및 감사는 23명으로 대학 총장, 교토시 부시장, 은행과 기업의 대표자, 교토부 · 시의 관리직으로 구성한다. 평의원은 참가대학의 학장이며, 운영위원은 대학총장과 교무부장, 학부장급의 13명으로 구성한다. 상임이사회에는 매 사업 담당이 있고, 그 밑에 각종 위원회가 설치되어 있다.

대학 컨소시엄에 참가하고 있는 대학은 1999년 7월 현재 46개 대학에서 2005년 4월 현재 교토 대학을 포함하여 50개 대학으로 증가하였다. 교토시가 중심적인 역할을 하고 경제단체로서도 상공회의소, 경영자협회, 교토경제동우회, 교토 공업회와 대학을 포함하여 51단체가 이 조직에 참가하고 있다.

3) 사업의 내용

2005년도 사업계획을 보면 교육사업부, 연구기획사업부, 리에존[6]사업부, 학생교류사업부, 관리 · 운영 · 홍보 담당에서 추진하고 있다.

- **교육사업부:** 학점교환사업, 평생학습사업과 고도 인재육성사업, 고등

6) liaison은 불어로 조직 간의 연계 · 연락을 의미한다. 대학의 산학협력 및 비즈니스를 지칭한다.

학교와 대학의 연계사업을 추진하고 있다. 각 대학의 재학생을 위한 학점교환, 학생과외 강좌, 학생교류사업을 행하고 있다. 1999년도에 37개 대학에서 16분야 209과목의 학점을 교환하였는데, 2006년 4월 현재 551과목의 학점을 교환하고 있다.

- 대학과 지역사회 및 산업계와의 연계에 관한 조사연구사업: 공모형 연구조성사업과 공동연구사업이 있다. 공모형 연구조성사업에는 지역연구조성사업과 출판조성사업이 있다. 공동연구사업에는 '벤처학교(가칭)와 관광학, 그리고 복지학 프로그램 조사'와 멀티미디어 조사연구 등을 하고 있다. 1999년부터 창업가 학교 개설과 벤처기업 지원상담 등을 실시하고 있다.
- 대학과 지역사회 및 산업계와의 정보발신교류사업: 정보수집발신사업, 교토 지역 대학 연구자 데이터베이스, 정보화 검토사업이 있다.
- 대학의 인턴십(internship)에 관한 추진사업: 대학과 지역 및 산업계와의 가교 역할을 하는 사업이며, 기업 · 지자체 측, 학생 측의 이해를 한층 깊게 하는 교육적 · 산업적인 의의를 갖고 있다.
  - 보급 · 계몽 · 교류사업은 인턴십 학습 프로그램의 연구, 연수회 등의 개최, 산관학(産官學) 교류회 개최, 관계 단체와 교류, 전국연락협의회(일본 문부과학성, 통산성, 노동성)의 참가 등이다.
  - 학습과정은 비즈니스 과정, 행정과정, NPO 과정의 학습과정을 개설하고 있다. 또한 매년 프로그램을 총괄하고 그 개선을 꾀함으로써 보고서의 발행과 보고회의 개최 등을 소홀히 하지 않고 진행하고 있다.
- 대학의 사회인 교육에 관한 기획조정사업
  - 시티 칼리지 개설: 1999년도에 11개 분야 156과목의 강좌를 개설하여 32개 대학이 참가하였다. 이것은 대학의 공개 강좌가 아니고

각 대학에서 제공된 과목을 정규 학생과 같이 과목 수강생으로서 수강하고 학점을 취득할 수 있는 제도다. 각 과목은 각 대학의 특징을 살린 교과로 수강하기 쉬운 시간대에 개설하고 있다. 전형료와 등록비가 면제이며 등록 수속을 밟으면 회원증을 얻어 대학의 수업을 수강할 수 있는 동시에 각 대학의 도서관도 이용할 수 있다. 입학자격은 고등학교 졸업자와 동등한 자격으로 12년 학교 수료자이지만, 정규과정 외의 과정은 이에 상응하는 학력이 있다고 인정된 자이어야 한다. 이수허가는 각 대학에 맡긴다. 단, 수강료만은 개인이 부담한다. 1997년도에는 28개교(86과목)가 참가하고, 실제 회원 수는 382명이었지만, 1999년도에는 32개교에 회원 467명이고 연 회원 수는 676명으로 증가하였다. 연령대는 20대가 가장 많고, 30대, 40대 순이며, 70대의 회원도 있다. 수강의 목적은 '지식향상' 이 352명, '학위취득' 이 22명, '자격취득' 이 14명 순이다.

- 사회인을 위한 대학 · 단기대학 가이드(guide): 사회인 학생을 위한 서비스(service)로서 '사회인을 위한 대학 · 단기대학 가이드' 가 발간되고, '전화상담실' 도 설치되어 있다.
- 사회인을 위한 대학입학 박람회(fair) 개최: 매년 사회인 입학을 위한 박람회를 개최하고, 대학입학 수속을 설명하고 있다.

• 대학 교직원의 연수교류사업: 대학 교수의 교수능력 향상을 위한 교수법 연수회를 갖고 있다.

4) 대학 컨소시엄의 평가

21세기 교육은 국제적인 대응능력, 협동과 협력, 파트너십, 네트워크 등이 요구된다. 대학 컨소시엄의 시도로 일본의 대학도 드디어 시장으로 나온 셈이다.

ICU와 같은 대학은 1980년부터 세계 50개국 이상의 대학과 컨소시엄을 맺어 학점 교환, 원격교육, 교육과정 활동 등을 행해 오고 있다. 일본의 대학 컨소시엄 교토는 우리나라에 많은 시사점을 준다.

국립교육정책연구소 야마모토는 대학 컨소시엄 교토의 사례에서 드러나는 장점을 다음과 같이 들고 있다.[7)]

- 대학 컨소시엄의 활동에 의해 지역 진흥의 요구를 충족시키고 있다.
- 대학의 교육 면에서는 기존의 재학생과 사회인 양쪽의 학습요구를 만족시키는 성과를 낳고 있다.
- 컨소시엄이 각 대학의 교육자원의 유효한 활용으로 시설 · 강사 · 직원을 활성화하고 있다. 그 활용을 통하여 열린 대학으로 변화하는 양상을 보인다.
- 각 대학이 소유하는 지식이나 기능이 대학 간에서 유효하게 활용될 뿐만 아니라 교토라는 지역의 지식 · 기능 자원으로서 축적되어 지역발전에 기여하고 있다.

대학 컨소시엄 교토는 조직발전의 모델임과 동시에 지역발전의 모델로 자리 잡을 수 있을 것으로 보인다. 교토시의 대학 컨소시엄은 후쿠오카구상에 영향을 주었는데, 그 구상은 다음과 같다.

- 대학의 자원을 활용한 시민, 기업 등의 학습 · 연수활동의 지원
- 지역사회 발전을 위한 지적 창조와 인재 육성
- 기존의 대학 공개 강좌의 충실과 발전

7) 笹井宏益 編, 高等教育機関相互の学習支援ネットワークの形成過程とその制度化に関する総合的研究, **文部省科学術研究費造成金 基盤研究**(国立教育研究所, 2000), pp. 4–5.

4. 특색 있는 대학개방 사례

1) 전일본 대학개방추진기구

대학경영의 악화와 대학진학 인구의 감소, 성인의 평생학습 수요 증대에 따라 대학의 사회공헌 기능이 대학의 생존과 관련되어 강화되고 있다. 일본의 조치(上智) 대학 가카와 마사히로(香川正弘) 교수는 2003년에 '전일본 대학개방추진기구' 를 만들어 첫 강좌로 '대학 확장 인증강사 양성 세미나' 를 열었는데, 이 세미나는 12회의 강좌였고 수강생은 약 20명이었다. 이 세미나는 지방의 중소기업과 대학을 연결시켜 지역경제를 활성화시키는 지역 만들기(활성화) 코디네이터의 양성을 목표로 하고 있다. 세미나에 직접 참석하여 보니, 각 분야의 다양한 전문가가 토요일과 일요일에 참석하여 각자 전문 분야를 발표하면서 다양한 관점에서 상호 학습하고 지원하면서 전문성과 지도력을 업그레이드시키고 있었다. 참여는 자유며, 대학 강사와 퇴직 공무원, 대기업의 고문 등 다양한 사람이 참여하고 있었다. 개방강좌 내용은 교양, 전문, 직업 분야이고, 학습 형태는 자신의 경험과 아이디어를 정리하여 발표하면서 지역에서 실제 당면한 과제를 해결하는 다양한 대안을 학습하는 과정을 거치고 있다. 지방의 중 · 소 상공인, 지역산업, 개인 경영자 등의 절실한 요구에 따라 과제를 해결하며 지역과 중 · 소 상공인의 경쟁력과 개인의 직업능력 향상 등을 목표로 한다.

2004년부터 문부과학성에서 지역의 고도 직업인 육성을 위해 '지역산업별 캐리어업 추진사업' 을 위탁받아 지역밀착형 직종 중 미용실과 스포츠클럽을 선택하여 고도의 전문경영자 교육을 실시하였다. 전국 미용실 총수가 21만 개, 시장 규모가 2조 4,500억 엔이고, 민간 스포츠클럽은 1,700개, 시장 규모가 3,259억 엔이었다.

교육은 미용실과 스포츠클럽 업계의 교육 요구를 파악하여 경영혁신을 위한 인재활성화 프로그램 만들기와 강좌운영과 신규사업, 그리고 경영요구에 맞는 전문교육 프로그램 만들기, 조직문화 혁신 프로그램 만들기로 구성되어 있다.

2) 지역 만들기를 선도하는 다카사키 경제대학의 지역정책학부

1996년 일본 최초로 군마현(郡馬県) 다카사키시의 다카사키 경제대학(高崎經濟大學)에 지역정책학부가 개설되었다. 이 학부는 지역정책학과, 지역만들기학과, 관광정책학과로 구성되며, 지방분권시대의 지역 인재를 양성하고 있다. 목표는 중앙집권적인 정치와 행정을 탈피하여 풍부하고 개성있는 지역 만들기를 배우고 연구하는 것이다. 21세기는 경제효율 중심의 사회가 아니라 여유 있는 순환 공생형 지역 만들기가 요구되고 있다.

지역만들기학과에서는 지역 만들기의 과제를 해결하기 위해 지역개발과 지역 비즈니스, 지역 환경, 지역 문화, 커뮤니티 진흥의 5개 과목군을 중심으로 교육하며, 실천적으로 지역 만들기를 창조 · 운영 · 추진하는 지역 리더를 양성하고 있다.

이 학교는 문부과학성의 '특색 있는 대학교육 프로그램' GP(Good Practice)를 3년 연속 취득하였다. 2003년에는 '학부 이념을 기초로 한 지역 · 사회의 연계' 에서 부속기관을 효과적으로 활용하여 지역과 사회를 종합적으로 연계하였고, 2004년에는 '지역 활성화를 위한 학생참가 교육 프로그램' 에서 36개 세미나의 사회활동지원체제를 구축하고 사회체험활동 및 졸업논문을 지원하였으며, 2005년 '인큐베이터의 학생참가 프로그램' 에서 학생 창업지원 등을 수행함으로써 지역공헌 프로그램 개발의 선도대학으로 인정받게 되었다.

3) 명치대학의 리버티 아카데미[8)]

개요 명치대학은 21세기형 평생학습사회 대학으로 다른 대학에 비해 사회공헌사업에 일찍 손을 대 리버티 아카데미를 1999년 4월부터 개강하였다. 대학 평생학습 거점시설로서 아카데미 코먼은 2004년에 11층 건물로 오픈한 신축건물이었다. 리버티 아카데미, 대학원 비즈니스 스쿨, 법과대학원, 지적자산센터, 박물관, 1,200명 수용의 대강당 등 열린 대학 시설이었다. 신축한 지 1년 뒤 2005년 1월에 최운실 교수 등 국내 학자와 함께 방문하면서 느낀 점은 대학의 평생교육센터가 문화센터의 강좌와 달리 대학의 고도 지적 사회에 적합한 맞춤형 강좌로 이루어지고 있다는 사실이었다. 1999년에는 36강좌, 수강생 2,000명 규모에서 2003년에는 320강좌, 18,000명으로 급성장하였다. 대학 내 사업, 대학과 지역연계사업, e-세미나 개강, 위탁사업 등을 추진하고 있다.

▶▶▶ 명치대학 평생학습센터(리버티 아카데미)

8) http://academy.meiji.jp/ccs/index.html

리버티 아카데미의 이념 및 목적　명치대학이 개교할 때 프랑스 법학이 처음으로 소개되었기 때문에, 프랑스혁명의 자유정신을 이어 받아 대학 평생교육센터를 리버티 아카데미로 명명하였다고 한다. 명치대학은 대학의 거대한 지적 자산과 대학원, 그리고 도서관·박물관 등의 평생교육 부분과 네트워크화한 '평생학습형 대학'을 목표로 하고 있다.

리버티 아카데미는 명치대학 교원이 코디네이터로서 대학의 교육과 연구 성과를 계속적·체계적인 공개교육 프로그램으로 산업사회와 지역사회에 제공하고, 대학이 보유하고 있는 다양한 지적 자산과 그 환경을 널리 시민에 개방하여 열린 대학을 지향하고 있다. 또한 재학생과 졸업생에 대한 국가나 공적 자격시험을 위한 학습을 지원하며, 졸업 후의 계속학습을 지원하는 것도 목표로 하고 있다.

강좌·사업의 전개

- 공개 강좌: 고도전문직업인 중심의 비즈니스 프로그램, 학술강연, 자격시험 강좌, 어학 강좌 등
- TOEIC 단체시험: 명치대학생과 아카데미 회원을 대상으로 토익 강좌 수강 후 연 3회 토익 단체시험을 저렴하게 치르고 있다.
- 특별기획 강좌: 박물관, 문화재단, 대사관, 신문사 등의 외부 단체와 공동주최로 강좌를 개최. 각계 유명인사 초빙 강좌, 실제 공연 등.
- 오픈 강좌: 대학의 사회공헌활동·대학개방활동의 일환으로 '지역행정개혁 세미나', '중소기업 경영혁신 세미나' 등의 집중 강의
- e-Learning·원격 강좌: 인터넷 강좌와 지역과 연계하여 양방향 원격교육을 실시하고 있다.
- 재취업 지원교육: 후생성의 위탁을 받아 '대학 등 위탁 훈련 프로그램'으로 대학의 독자적인 재취직 지원교육 프로그램을 행하고 있다.

- 산업사회의 연계사업으로 기부 강좌와 위탁연수: 기부 강좌는 기업이나 단체의 기부금으로 운영되는 공개 강좌이며, 위탁연수는 기업과 단체 등의 맞춤형 연수로 운영된다.
- 지역사회의 연계사업: 시민과 NPO와의 협력사업, 지방자치단체와의 협력사업이다. 시민과 NPO와의 협력사업은 대학개방활동의 일환으로 대학과 지역이 공동으로 개최하는 강좌나 세미나다. 지방자치단체와의 협력사업은 지방자치단체의 강좌나 시민대학에 대학 교수를 강사로 파견한다.
- 평생학습 정보제공
- 평생학습사업의 조사 등

명치대학과 나리타시와의 연계사업으로서 시민대학 매우 재미있는 대학개방 사업으로 명치대학과 나리타시(成田市)가 파트너로 나리타시청에서 사회인 명치대학 · 나리타 사회인 대학을 운영하고 있다. 이 시민대학은 국제사회과정, 지역사회과정, 녹지환경과정으로 구성된다. 5월부터 11월까지 10회 강좌이며, 매회 다른 내용으로 1년 단위로 학습한다. 다년간 학습한 사람에게 교육법에서 정한 학사, 석사, 박사 칭호와 같이 이 대학에서는 수학사, 교학사, 홍학사의 칭호를 준다. 수학사(修学士)는 각 과정을 1년씩 3년 수료하거나 과정을 불문하고 4년간 수료할 때 취득한다. 교학사(教学士)는 수학사 취득 후 과정 불문 2년간 수료한 후, 지정한 과제 등을 수행할 때 취득한다. 홍학사(弘学士)는 교학사 취득 후, 과정을 불문하고 2년간 수료 후, 지정한 과제를 수행한 후 취득한다. 과제는 주로 지역사회의 발전에 도움이 되는 과제 등을 수행하고 있다. 이러한 것은 평생학습을 통해 인간 만들기를 하여 마을 만들기에 활용하고 있는 좋은 사례다.

성과 명치대학 리버티 아카데미는 고도 지적 사회에 어울리는 대학개방의 모델이 되고 있다. 특히, 비즈니스 프로그램에서 마케팅, 재무회계, 경영 매니지먼트 등을 배운 사회인의 학습 성과를 활용하여 지역사회에 환원하는 지역산업 활성화 프로젝트를 실시하여 일정한 성과가 나타나고 있다. 이것은 관산학민(官産學民) 그리고 외부인사 5자 연계사업이다. 국제 관광도시 하코네(箱根)를 컨설팅한 지역 활성화 모델 사업으로 지역 재생과 활성화에 기여하고 있다.

4) 와세다 대학 익스텐션센터

와세다 대학(早稲田大学)통신과 원격교육에서 일본의 제1 대학이자 선구대학이다. 와세다 대학 익스텐션 센터[9)]는 1981년 대학의 지적 재산을 사회에 개방하고, 평생학습을 지원하는 기관으로서 설립되었다. 교양 · 특수 · 어학 · 비즈니스 강좌를 3학기로 운영하며, 지방강연회(대학이 지역으로 나간 강연회), 『리커런트 북스(recurrent books)』 간행 등을 하고 있다. 1985년부터는 스포츠 · 건강 강좌가 신설되었고, 1987년부터 미국의 미시간 대학교와 연계하여 와세다 대학교 미시간 대학 과학, 공업, 영어 검정시험 창구역할을 하고 있다. 이후 UCLA 대학교, 오레건 대학교, 케임브리지 대학교, 옥스퍼드 대학교, 프랑스, 캐나다, 스페인, 호주, 중국 단기유학 프로그램 등을 개설하고 있다. 또한 독자적으로 학점제도를 도입하는 한편, 전용 교실을 다수 확보하여 강좌 수를 늘리는 등 사회인의 학습 의욕에 어울리도록 준비해 왔다.

9) 익스텐션 센터(Extension Center)는 대학확장, 대학개방센터로서 우리나라의 대학평생교육원과 같은 개념이다.

강좌 및 수강생 수의 추계를 보면 1980년에 31강좌 748명에서 1990년 235강좌 10,471명으로, 2000년에는 939강좌 23,414명으로 증가하고 있다. 2001년에는 제3자의 평가를 받아 평생학습의 선구자로서 비약적인 발전을 꾀하고 있다.

대학개방 노하우를 살려 대학과 전기회사, 그리고 인쇄회사 공동으로 2000년에 자본금 1천만 엔을 들여 와세다 대학 러닝스퀘어 주식회사[10)]를 설립하였다. 위성통신 원격교육사업, 인터넷 원격학습(e-Learning) 관련 기획 및 컨설팅, 학습 콘텐츠 기획 및 제작, 교육 시스템 개발 및 통합, 교육사업에 관한 지원 및 각종 서비스 구축 등의 사업을 추진하고 있다.

5) 캐리어 디자인학부[11)]를 개설한 호세이 대학

2004년부터 국립대학의 법인화와 더불어 일본 최초의 캐리어 디자인 학부가 호세이 대학(法政大学)에 개설되었다. 그리고 2005년 이후 오테마에(大手前) 대학교, 니이시마학원 단기대학(新島学園短期大学), 나고야(名古屋) 경제대학 등에서 캐리어 디자인학과가 개설되고 있다.

사사카와 고이치(笹川孝一) 교수가 캐리어 디자인학부는 캐리어 디자인 학부를 만들어 현재 학부장을 맡고 있다. 캐리어 디자인학부는 기존 사회 시스템의 변화와 실업률 증가, 청년실업 증가, 학교의 직업교육 등의 부실, 그리고 개성시대에 어울리는 캐리어 컨설턴트, 캐리어 어드바이서의 필요성에 의해 만들어졌다. 후생노동성의 직업능력개발국의 검토회의 문서에서는 '캐리어권(權)'을 적극적으로 소개하고 있는데, 캐리어권은 자신의 인생 경험을 적절하게 발전시켜 가는 권리다.[12)] 이러한 사회적 분위기에서

10) http://www.wls.co.jp/company.html

11) http://www.hosei.ac.jp/career/career/characteristic.html

일본 최초로 캐리어 디자인학부를 만들게 된다.

'캐리어 디자인' 은 자신에게 맞는 인생을 발견하고, 이를 위해 필요한 지식과 기술을 습득하여 의식적으로 자신에게 맞는 생활을 실천하는 것이다. 또한 직업상 능력에 한정하지 않고, 가정생활, 지역 공동체의 일원으로서 사회적 활동을 통해 종합적으로 생활을 추구하고 있다. 졸업에 필요한 학점은 124점이며, 기초 과목 36학점, 전문 과목 80학점 이상 이수해야 한다.

캐리어 디자인 학부의 목표는 자신에게 맞는 삶을 살기 위해서 필요한 지식과 기능, 그리고 기술을 습득하여 기업 등 다양한 현장에서 캐리어 형성의 실천경험을 행하는 것이며, 평생학습사회를 지향해 개성적인 삶의 방식을 지원할 수 있는 인재를 육성한다.

또한 호세이 대학은 익스텐션 컬리지를 운영하고 있다. 이곳 '호세이 대학 캐리어 개발 코스(HCDC)' 에서는 2002년부터 후생노동성의 대학 등 위탁 훈련 강좌로서 '캐리어 에듀케이션 프로그램' 을 실시하고 있는데, 재취업 희망자의 지원을 목적으로 프로그램을 개발하고 있다. 실무기능 교양만이 아니라 직업인으로서 폭넓은 능력의 획득을 목표로 내용을 제공하고 있다.

12) 小宮山博仁 立田慶裕 編, 인생을 변화시키는 평생학습의 힘(동경: 신평론, 2004), pp. 263-291.

제8장

시민대학은 시민사회 주역 만들기의 산실

1. 시민대학과 마을 만들기

이 장부터 11장까지는 일본 지역 평생학습마을 만들기 선도자들의 볼런티어 관련 사례다. 그중에서 이 장은 일본 시민대학에 관한 내용이다. 시민대학은 일본의 풀뿌리 민주주의 산실이기도 하다.

여기 소개한 시민대학에서는 대부분 지역의 중장년층 볼런티어들이 다수 참여하면서 새롭게 지역을 창조하고 있다. 그 지역 볼런티어들은 공민관이나 평생학습센터에서 모여 학습한 사람들이다. 이들은 '다시 지역사회를 위해 무엇인가 할 수 있다.'는 보람을 창조하기 위해 시민대학으로 모인 것이다. 시민대학은 평생학습도시 건설을 위한 인재 양성소이고, 시민사회와 지역 활성화의 산실이다.

우리나라에서도 이제 시민대학 활동이 시작되고 있으나, 대부분의 프로그램이 일부 시민의 취미나 직업능력 향상에 치우쳐 있다는 듯하다. 우리나라의 시민대학도 서구나 일본의 시민대학의 모델을 참고로 시민역량 개발만이 아니라 안전하고, 개성 있는 지역 만들기의 산실로 거듭나는 노력이 필요하다.

여기 소개한 시민대학은 일본의 대표적인 모델이라고 할 수는 없지만, 농촌과 중소도시형 모델 중 하나다. 시민이 주역인 사회 만들기, 지역 활성화, 시민적 공공성 확산의 전진기지, 시민 누구나 참여하고 운영이 가능한 조직으로서 시민대학이라면 우리나라에 소개해도 좋겠다고 생각하게 되었다. 주민 주역의 지역 만들기를 위한 지역 활성화의 수단으로서 시민대학 운영은 우리나라 지역사회의 과제이기도 하다. 특히, 이들 시민대학은 우리나라에서도 바로 벤치마킹이 가능한 형태다. 시민대학 운영자들과 설계자들의 자발적인 실천은 시민적 공공성을 창조하고 지역이 재생하는 계기가 되고 있는 것을 실감할 수 있다. 그래서 필자는 직접 몇 차례 방문도 하였고, 루치 시민대학 강사로 초청되어 '지혜의 교류—한 · 일교류와 협력의 역사와 미래' 에 관한 주제 강연도 하였다. 지금도 그 지역관계자들과 교류를 하고 있다. 앞으로 한 · 일 시민대학 간 교류를 통해 서로의 지역 만들기에 보탬이 되길 바라는 마음으로 그들의 연락처도 제시해 놓았다.

2. 일본 시민대학의 특징

시민대학은 다양화, 고도화, 전문화 등을 요구하는 시민의 학습 요구에 대응하고 있다. 정규 대학이 아니라 비정규적으로 운영되는 행태로 자방자치단체의 단독 형태, 재단이나 시민단체가 운영하는 형태, 대학 등과 연계하여 운영하는 형태로 분류할 수 있다.

일본에는 독특한 시민대학이 아주 많다. 어린이 시민대학, 관광시민대학, 지역 만들기 시민대학 등이 그 예다. 이러한 시민대학을 통해 시민의 교양은 물론 시민 주체 마을 만들기의 인재를 발굴 및 양성(사람 만들기)하고 있다. 이러한 지역 인재를 통해 교양과 문화의 마을 만들기 역량을 축적하고 있다.

1980년 초부터 일본의 지방자치단체는 질 높은 민간의 문화센터와 고등교육기관 등과 경쟁을 해야 하는 입장에 서게 되었다. 농촌 중심의 공민관만으로 경쟁이 되지 않는 상황에 이른 것이다. 이에 따라 경쟁력 있는 시민대학을 만들기 시작하였다. 실제 명칭은 ○○(시민)대학, ○○칼리지, ○○자유대학, ○○지역대학, ○○잡학대학, ○○아카데미, ○○주쿠(塾) 등으로 다양하다. 거의 모든 지방자치단체의 수장은 시민대학의 개설 및 활성화를 통해 사람 만들기와 지역 만들기를 동시에 추진하고 있다.

시민대학 강좌의 경영적 측면을 통해 분류하면 '공공서비스 모형', '시민단체 모형', '시장 모형', '융합 모형' 형태로 구분할 수 있다. 공공서비스 모형은 복지국가 이념을 반영하여 공적 자금으로 대 국민 서비스를 제공한다(산토초 루치대학). 시민단체 모형은 시민단체에 의한 자주적 활동으로서 기획 · 운영되는 강좌다. 시장 모형은 강좌 운영이 시장 메커니즘에 의존하여 운영되는 형태다(기요미 가카츠쿠 대학). 융합 모형은 이상의 3모델을 조합하여 운영하는 형태로 명치대학과 연계한 나리타 시민대학(7장), 교토의 대학 컨소시엄(7장) 등이다. 최근에는 융합 모형의 형태로 운영되고 있다.

시민대학의 사업 주체는 교육위원회에서 약 80%, 시청에서 20% 정도 실시하고 있다. 그중에서 교육위원회 평생학습과, 사회교육과, 공민관, 평생학습센터 등에서 실시하는 경우가 많다. 그 외에 재단법인평생학습진흥재단(삿포로시), 사람만들기추진과(지바시) 등도 있다.[1)]

강좌의 운영은 고등교육기관과 연계된 것이 가장 많다. 강좌의 내용을 분류해 보면 향토학습(문화, 식문화, 고전, 음악, 문학, 지역의 보물찾기, 박물관 강좌, 지역의 역사, 부모와 자녀의 체험학습), 시민활동(마을 만들기, 저명인 실천가 강연, 어린이와 노인이 함께하는 지역 만들기, 볼런터어 육성, NPO, 인재 육성, 고교개방, 정보지 발행, 평생학습) 중심이다.

2002년도 지방자치단체의 시민대학의 프로그램 수는 132강좌다.[2)] 향토학습을 111개 지방자치단체의 시민대학에서 실시, 지역의 보물찾기(지역, 사적 등)는 76곳 , 부모자식 체험학습(33), 문화(32), 지역 만들기(32), 평생학습(27), 저명인사 강연(22) 순으로 실시하였다.

시민대학은 사회운영의 주체로서 시민이 자기주도적 학습을 통해 시민적 공공성과 자율성, 그리고 사회 주도성 등을 키우는 장으로 발전하는 것이 필요하다. 이를 위해는 시민대학의 개설, 운영, 평가에 시민이 직접 참여하는 시스템이 요구된다.

3. 시민이 주역인 평생학습마을 만들기 사례
-기요미가타 시민대학-[3)]

1984년 고령화 사회를 맞이할 즈음에 구 시미즈시(清水市, 현 시즈오카시)에서는 장래 평생교육의 방향을 정하기 위해서 '고령자교육촉진회의'를

1) 생애학습과 지역만들기연구회, 생애학습에 의한 지역만들기-전국지자체의 동향-(문부과학성 위탁연구, 2001).
2) 전국생애학습마을만들기협회, 2003년도 문부과학성 위탁연구 자료 참고
3) 이 글은 쇼지 이사무(庄司勳, 기요미가타 시민대학 학장) 씨의 글을 옮긴 것이다.
연락처: 424-0836 静岡市 清水 櫻丘町 7-1, 清見潟大學塾, Tel, Fax 0543-51-1664, http://www.kiyomigata.org/, E-mail: kiyomigata@. wbs.ne.jp

조직하였다. 이 회의에서는 종래에 나름대로 평가받고 있었던 시미즈시의 고령자 교육도 정원제, 기간 한정제, 연령 제한제, 지역 제한제, 인맥에 의한 지역 강사의 선정방식 등으로 주민에게 별로 매력적이지 못하다는 지적이었다.

논의과정에서 시민이 건강하고 배우고 싶다는 의욕이 있는 한, 배울 수 있는 시스템과 사람과 사람을 엮는 네트워크를 만들 필요성이 강조되었다. 그리고 민간 활력과 시장원리의 도입, 볼런티어의 적극적인 지원촉구라는 방법론으로 발전하였다. 회의장의 제공, 광고, 사무는 행정 측이 맡고, 운영은 모두 교수나 사설학원 학생의 자주운영에 맡긴다고 하는 기요미가타(清見潟) 시민대학의 원형이 완성된 것이다.

기요미가타 시민대학은 배우는 것이 사는 보람이라면, 가르치는 것 또한 사는 보람이라는 시점에서 교수 공모제를 시스템의 기본으로 삼았다. 여기에는 교수의 자격에도, 과목에도 아무런 제한이 없었다. 단지 수강자 10명 이상의 지지가 있는 것이 교수의 유일한 요건이다. 좋은 강의가 있으면 수강생은 늘어나게 마련이다. 반대로 영양가 없는 수업이 계속되면, 학생은 감소해 강좌는 다음 해부터 계속할 수 없게 된다. 강좌는 가르치는 자와 배우는 자의 일대일 승부며, 이 긴장감이 학원 발전의 원동력이다. 수강생의 제약도 모두 없애고 누구나 언제라도 자유롭게 배울 수 있는 제도로 만들었다.

이렇게 기요미가타 시민대학은 1985년 9월에 교수 12명, 학생 100명의 규모로 시작하였다. 학원의 운영은 교수회의 자주운영이다. 아무것도 없는 가운데 교수진이 자주적으로 지혜를 짜서 여러 가지 시스템을 만들었고, 모두가 이 새로운 시스템에 확실한 반응을 느끼고 있었다.

기요미가타 시민대학의 키워드는 다음의 세 가지로 이루어진다. 우선 모토는 '노는 마음으로 하는 대학놀이' 이며, 동료와의 학습은 즐거워야 하는 것이 절대 조건이다. 또 '생활자 제일주의' 를 기본 철학으로 하고 있는데, 이 전략은 '시장원리의 도입' 이다. '철저히 배우고, 조금만 아프고 멋있게 죽는다.' 이것이 최고의 미학이며, 가장 아름다운 삶의 태도라고 굳게 믿고 있다. 기요미가타 시민대학의 평생학습은 어디까지나 수단이며 목적이 아니다. 목적은 학습을 통해서 시민이 사는 보람을 향상시키고 건전한 마을 만들기 · 사람 만들기에 공헌하는 것이며, 내일에의 희망과 이상에 불타는 멋있는 마을을 만드는 것이다.

2003년도 기요미가타 시민대학의 현황을 살펴보면, 강좌 수는 전부 154강좌 플러스 기요미가타 세미나 1강좌다. 이것을 담당하는 교수는 94명, 학원 학생 수는 3,339명이다. 규모가 커짐에 따라 3개의 학부로 나누고 있다. 제1학부는 서도, 일본화 등 작품 전시 부문이며, 41강좌다. 제2학부는 무대 발표 부문으로 구성되어 피아노, 코러스, 연극, 무용 등의 67강좌다. 제3학부는 그 밖의 문화 · 교양 부문의 43강좌로 이루어져 있다. 세미나는 월 1회, 대학 교수에 의한 교양 강좌가 있다. 볼런티어에 의한 운영위원회도 운영되고 있다.

피아노 강좌만이 50세 이상이라는 연령 제한이 있다. 이것은 현재 15강좌가 있는데도 희망자가 많기 때문이다. 고령자의 피아노 교실은 기요미가타 시민대학이 효시며, 그것을 피아노 생산업체가 주목해서 전국으로 널리 알렸다. 피아노를 연습하고 있는 고령자가 몇백 명이나 있는 마을은 전국에 그렇게 많지 않을 것이다. 하나의 문화가 훌륭하게 지역에서 형성되어 가고 있는 것이다.

교수는 94명 중 남성이 33명, 여성이 61명이다. 구 시미즈 시민은 77명, 도 내(県內) 타시 · 정 · 촌에서 16명이다. 동경에서 시미즈까지 월 1회 적자를 각오하고 강의를 하러 오는 교수가 1명 있는데, 그는 학원 학생과 함께 배우고 노래하는 것에 더없는 기쁨을 느끼고 있다고 한다. 외국인 교수는

2명(미국인, 중국인)이 있는데, 이들은 어학을 가르친다.

3,339명의 학원 학생 중 남성이 약 20%, 여성이 80%다. 최근 들어서는 남성 비율이 조금씩 높아지고 있다. 최소 연령자는 7세로 그림을 공부하고 있다. 최고 연령자는 95세의 여성으로 18년 동안 계속해서 출석하고 있다. 학원 학생의 대부분이 50대에서 70대 사이의 여성이다. 구 시미즈시 외의 수강자는 약 9%인 300명 정도다. 요코하마나 이즈반도에서 오는 수강생도 있다.

행정과의 역할 분담은 다음과 같다. 행정은 기요미가타 시민대학의 지원책으로서, 강좌 교실 등을 무료로 빌려 주고 있다. 시미즈 중앙공민관의 작은 교실을 전용 사무실로서 무료로 대실하고 있다. 접수처 업무의 보조 및 시찰자 대응은 시미즈 중앙공민관에서 하며, 시 광고지에 교수, 학원 학생 모집광고를 게재하고 있다. 요컨대, 행정은 예산지출을 수반하지 않는 지원의 역할로 일관하고 있다. 행정이 숨은 공로자로 일관하고, 운영을 공모한 시민교수에게 맡긴 것은 시의 탁월한 식견에 의한 것이다. 관용과 인내의 마음이 시민대학을 떠받치고 있는 것이다.

지방 재정이 어려울 때마다, 예산 삭감을 해야 하는 각지의 교육위원회가 빈번히 시찰하러 방문하고 있다. 큰 재정 지출 없이 3,000명이 넘는 수강생의 평생학습이 어떻게 가능한지가 문제의식인 것이다.

생활자 중심의 사상과 시스템, 그리고 행정과의 협동이 초래한 성과로서 자발적인 의사에 근거하고, 타인이나 사회에 공헌하고 싶은 사람의 힘이 상상할 수 없는 큰 사업을 이룩한 것이다.

일본에서는 저출산 · 고령화가 급속히 진행되는 가운데 지금 대변혁의 시대가 시작되고 있다. 앞으로 고령자에게 중요한 것은 삶의 보람이다. 일본의 베이비붐 시대에 태어난 세대가 고령기를 맞이하는 2015년 전후에는 고령화율이 정점에 달한다. 이 세대는 학교교육의 진학률을 올리고, 사회교육에 컬처스쿨을 정착시킴과 동시에 삶의 보람을 학습활동으로 실현시키고자 하는 기운을 고조시킨 세대다.

앞으로의 고령화 사회는 종래 이상으로 '삶의 보람의 실현' 을 학습활동의 원동력으로 삼는 고령자가 많이 있는 사회일 것이라고 생각하지 않으면 안 된다. 지연, 혈연에 의한 인간관계를 대신하고 학습활동에 의해 만들어진 인간관계=지연(知緣)이 아닌 지연(志緣)이 오늘날 큰 의미를 갖게 해 주고 있다. 학습활동 참가자는 자발성과 자주성을 바탕으로 지연이나 혈연에 의한 관계보다도 계속 민주적인 인간관계를 만들어 내고 있다. 사람들은 학습 성과를 볼런티어 활동이나 사회활동으로 활용하는 등 스스로가 소속한 학습활동 집단 이외의 사람들과 네트워크를 넓혀 갈 가능성을 가지고 있다.

고령자의 개성을 중요시 여겨 많은 사람이 자기실현이 가능한 장을 요구하고 있다. 이제부터는 학습운동을 진흥시키는 볼런티어가 활동의 장으로 이상 사회를 추구하고, 자신의 모임을 사회의 모범으로 키워 가는 것이 요구된다.

기요미가타 시민대학에서는 학원 경력이 10년을 넘는 사람도 많아 서로가 서로를 아는 사이가 되고 있다. 이러한 장점을 살려 학생 상호 간의 복지활동 시스템화로서 지역통화의 도입을 추진한다. 지역통화[4]는 사람의 상냥함이나 서로 힘을 합치는 상호 부조를 표현하고자 한 것이다. 학생 중에는 고령자가 많고 다양한 개성을 가진 사람들로 구성되어 있기 때문에 의외의 전개가 있지 않을까 하는 생각이 든다. 학생이 다양한 능력을 발휘할 수 있는 것과 인간관계의 구축이 가능하다는 것이 기요미가타 시민대학

4) 법정통화(원, 엔, 달러)와 달리 지역에서 다양한 볼런티어 활동 · 지역활성화 활동에 지불하는 통화다. 에코머니라 부르는데, 경제(economy)와 생태(ecology), 그리고 지역사회(community)가 결합한 에코뮤니티머니의 준말이다.

의 가장 큰 매력 중 하나임에 틀림없다.

기요미가타 시민대학의 미션은 광범위한 평생학습을 통해서 자립공생형의 복지사회의 구축, 즉 고향 만들기에 있다. 사람들이 평생학습에 의해 사는 보람이 넘쳐 나고, 최후까지 존재감을 가지고 살아가면서 자신의 인생을 완수할 수 있다면 가장 행복한 인생이라고 할 수 있다. 앞으로의 고령사회를 유지하기 위해서는 자유로우면서 자립한 인간으로서 서로 서로 교류하는 사고방식과 시스템이 필요하다.

"학원에서 배우는 이들이 인간관계를 한층 원활하게 하여 함께 자립하고, 함께 살기 좋은 마을을 구축하는, 서로의 마음이 통할 수 있는 사회를 이룩하고 싶다. 또 우리는 더욱 많은 사람에게 배우는 즐거움, 가르치는 기쁨, 그리고 함께 사는 기쁨의 고리를 넓혀 가고 싶다. 참가자의 상호 부조에 머물지 않고, 우리는 평생학습활동을 통해서 더욱 널리 세대 간 교류, 국제 교류까지 그 고리를 넓혀 가고 싶다. 이른바 복지 이상의 실현이다. 가장 질 높은 복지사회의 실현은 싼 값으로 실현할 수 있는 복지로 연결된다고 우리는 믿고 있다."

구 시미즈시는 간호보험 적용 자율이 전국 평균보다도 3% 이상 낮았다고 한다. 그 원인을 조사 중에 있지만, 구 시미즈시는 기요미가타 시민대학을 비롯하여, 평생학습이 왕성한 마을이다. 고령에도 평생학습을 하는 것이 그 원인 중 하나일 가능성이 높다. 그렇다고 하면, 시민이 자신의 생각을 살리고 그 자립적인 삶의 태도를 발전시키는 평생학습은 가장 싼 값으로 실현할 수 있는 복지, 궁극의 복지라고도 할 수 있을 것이다.

4. 시민대학을 통한 마을 만들기 코디네이터 양성
-산토초 루치 시민대학-[5)]

1) 마을의 개요

산토초(山東町)는 시가현(滋賀県) 동북부에 위치하고 북쪽으로 이부키(伊吹), 남쪽으로 스즈카(鈴鹿) 산맥에 접해 있는 녹음이 풍부하고 아름다운 자연환경으로 둘러싸인 인구 13,000명 남짓의 작은 마을이다.

마을은 오사카 주변 지역(近畿), 관서 북쪽 내륙 지역(北陸), 동해(東海)로 이어지는 요충지다. 또 나카야마(中山) 에도로 가는 도로의 여인숙 마을이었던 가시와바라(柏原)는 옛날부터 내려오는 이부키(伊吹) 쑥뜸집이나 민가의 거리 등 문화유산이 전승되고 있다. 마을 중앙에 물오리가 자연번식하고 있는 현의 천연기념물인 미시마(三島) 연못이 있다. 여기에서 바라보는 이부키(伊吹) 산은 절경이다. 또한 마을 중앙으로 흐르는 아마노(天野)천 주변에 반디불이가 난무하고 여름밤의 정취가 아름다워 외부에서도 많은 사람이 방문하고 있다. 역사적 문화재나 전통 예능도 각지에 남아 있다.

21세기가 개막된 2000년 3월 10일에는, '산토(산은 3, 토는 10이란 일본말)' 의 의미를 살린 310석의 음악 전용 홀과 스튜디오, 세련된 레스토랑과 건강복지센터, 밤 10시까지 개관하고 있는 도서관(장서 10만 권)이 일체가 된 only one의 복합시설 '루치플라자' (루치는 마을의 심벌로 '반디불이' 를 의미하는 이태리어 룻치오레가 어원)가 오픈(open)되었다. 여기에 사람이 모이

5) 이 글은 쓰보이슈(坪井修, 산토초 당시 사회교육 담당공무원) 씨의 글을 옮긴 것이다. 2006년 1월에 산토초는 마이바라시로 통합되었고, 그는 마이바라시 시장 비서로 활동 중이다.

▶▶▶ 산토초 평생학습센터 루치플라자

고, 배우는 것이다. 사람과 문화, 사람과 서비스, 사람과 사람과의 교류가 생기면서 마을에 새로운 바람이 불기 시작하였다.

2) 마을 만들기의 기본 방침

저출산 · 고령화, 국제화 · 글로벌화, 고도 정보화 등이 진전되는 가운데, 산토초를 둘러싼 사회경제적 환경도 크게 변화되고 있었다. 버블경제 붕괴 이후 경기 부진의 장기화, 정부나 지방자치단체의 재정사정 악화에 의해 기존의 가치관이나 시스템 등에 대한 신뢰는 크게 흔들리기 시작했고, 사람들은 목적의식을 잃어 갔다.

산토초에서는 이렇게 변화하는 시대 조류에 대응하고, 일본의 특성을 고려하여 종합계획의 미래상을 '아름다운 산토초-사람 · 마을 · 생활'로 정하고 주민과 행정의 협동 · 협창(協創)에 의한 산토초 만들기를 추진하고 있다.

그 기본은 주민과 행정이 서로 바람직한 파트너십 아래서 서로 역할을 분담하면서, 지금까지 선인(先人)이 쌓아 온 자연환경과 생활문화를 소중히 하고, 새로운 문화를 창조하면서 다음 세대에 계승해 가는 것이다.

3) 마을 만들기 대학의 개교 과정

지금 '무엇인가를 하고 싶다.', '사는 보람을 발견하고 싶다.' 고 의욕에 불타면서도 '무엇을 해야 좋을지 모른다.' 는 사람이 의외로 많다. 이와는 반대로 의욕적으로 지역을 위해 특기를 살려서 활동하는 볼런티어도 많아지고 있다. '마을 만들기는 사람 만들기' 라고 말하는 것처럼 사람을 성장시키고 만들어 가는 것이 평생학습이다. 시대적으로 평생학습은 사람의 요구에 대응하는 것으로 많은 기대를 모으고 있다.

산토초에서는 '주민 참가와 주민 주역의 마을 만들기' 를 표방하고, 주민에 의한 평생학습활동이 왕성한 마을을 만드는 것을 마을의 중점 프로젝트의 하나로 내세우며, 2001년에 '언제나, 어디서나, 누구나' 학습할 수 있는 마을의 거점시설 '루치플라자' 를 개설하였다. 또한 같은 해에 평생학습에 의한 마을 만들기를 주민과 함께 추진하기 위한 'G′t플랜' (= 'G' 는 '학습(gakusyu)' 의 'G', 't' 는 '마을(town)의 't' 를 나타내고 있다. 그리고 'G' 와 't' 를 '′' 로 결부시키는 것으로 '평생학습에 의한 마을 만들기' 를 표현하고 있다)을 책정하였다.

이 플랜의 사업 성과로 '마을 만들기 대학(이하 '대학' 이라고 말한다)' 을 개교하였다. 대학은 즐겁게 마을 만들기를 배우고, 스스로 생각하며, 상의해 그것을 기초로 힘 있게 행동할 수 있는 사람을 성장시키기(인재 육성) 위한 사업이다. 이 실현을 위해 지금까지의 단년도 형식의 문화교실적인 강좌가 아니라, '개인의 학습 성과를 마을 만들기로 살릴 수 있는 강좌' 를 개념으로 삼았다.

▶▶▶ 산토초 루치 시민대학

대학의 이름은 산토초의 심벌인 반딧불이를 내세워 '루치 대학' 으로 결정하였다. 교육과정은 '사람', '마을', '생활' 의 세 분야이고, 전국의 마을 만들기의 실천가나 전문가를 초청하여, 개론적인 학습에서 실천활동에 '사례연구' 를 개입시켜 2년간 학습한다. 강의는 루치 플라자를 학사(学舍)로 매월 2회 개강하며, 수업은 학생이 당번제로 운영하고 지역을 건강하게 하는 자주기획 이벤트('크리스마스 이브의 밤을 색칠한다.', '루치 트리의 크리스마스')가 있어 선진지역과 교류 및 파티, 졸업 연수를 한다.

4) 대학의 특색

평생학습마을 만들기, 지역 활성화의 최종 목표는 '인간 만들기' 다. 평생학습을 통한 지역 만들기 인재 양성 및 활성화를 위해 2001년 10월에 2년제 시민대학이 만들어졌다. 학장에는 지방자치단체장인 읍장, 부학장에는 교육장과 인근 대학 교육학부 교수, 루치 대학 사무국은 교육청 사무국 평생학습과에서 담당하면서 총 30명 정원으로 출발하였다.

이 대학의 특징은 '학습단위의 인정' 과 '학습의 평가' 다. 입학시험은 수

〈표 8-1〉 루치 대학 조직표

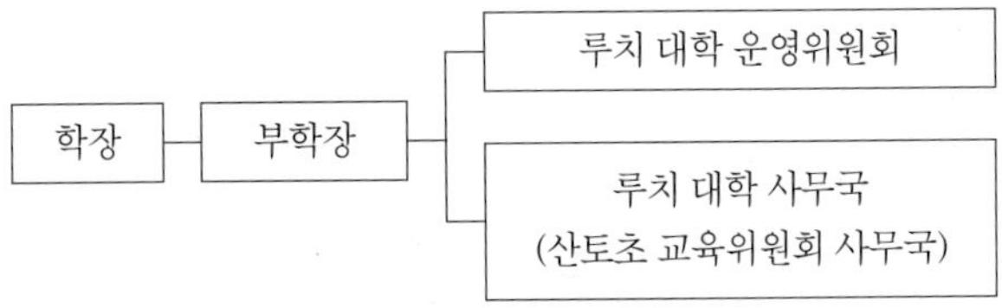

강할 때마다 '1학습=1단위'를 인정하고 졸업하기 위한 단위를 취득한다. 학습 성과는 '산토초(山東町) 학습 리스트 여권'에 학습경험연수로 적는다. 이를 어떻게 활용할지는 각자 다르다. 학생 중에는 교수를 겸하는 사람도 있다. 수료자에게는 '루치 학사'의 칭호를 수여하고, 마을의 각종 위원회 등에 참획하게 하는 것 외에 학습한 성과를 지역에서 살릴 수 있도록 응원한다. 그 외 2년차 학생은 배운 성과를 살리면서 집합학습에 의한 학습 형태로 마을 만들기에 관한 사례연구를 그룹마다 조사 · 연구하고, 졸업 리포트로 제출한다. 그리고 이를 '산토초 마을 만들기 포럼'에서 보고한다.

목표 즐겁게 마을 만들기를 배우면서 '아름다운 사람 · 마을 · 생활을 협동하여 창조하는 평생학습 고장 · 산토초'를 실현하기 위해 1년제 교양 중심 시민대학이 아닌, 개개인의 학습 성과를 마을 만들기에 활용하는 2년제 시민대학을 목표로 하고 있다.

대학의 조직 산토초 읍장이 대학장, 교육장 1명과 지역대학의 교수 1명이 부학장이다. 또한 대학 운영위원회는 관련 대학과 루치 대학 졸업생 가운데 선임된 12명 내외로 대학운영에 대하여 심의한다. 대학 정원은 40명이며, 대학원의 정원은 30명이다.

교육과정 교육과정은 대학과 대학원 모두 2년제다. 수강과목은 아름다운 사람 · 마을 · 생활을 협동하여 창조하는 평생학습마을 만들기를 목표로 일반 교양, 정치, 경제, 예술, 마을 만들기의 기초 등을 세 가지 학습 군으로 나누어 학습한다.

- 인간 만들기 강좌 22학점
- 마을 만들기 강좌 15학점
- 생활 강좌(일반 교양, 현대적 과제) 12학점
- 세미나와 시찰연수 1학점, 보강 등

대학은 50학점, 대학원은 20학점을 상한으로 하고, 1강좌 수강마다 1학점을 취득하고 총 수업시수의 80% 이상을 취득하면 졸업할 수 있다. 그리고 그룹워크에 의한 마을 만들기 사례연구는 필수과목으로 청소년과 마을 만들기, 조직과 마을 만들기, 역사문화와 마을 만들기, 환경과 마을 만들기 등이 있다.

운영방식 수업 시간은 매주 2, 4주 월요일 밤 7:30~9:30분까지다. 대학은 루치플라자라는 평생학습센터이며, 강사는 학습 주제에 맞는 실천가들을 전국적으로 초빙하고, 학습은 강의와 워크숍, 그룹워크, 실천교류, 현장연수, 체험활동 등 다양한 형태를 취한다. '산토초 마나비스토 패스포트(산동학습ist 여권)' 를 교부하여 학습력을 평가한다.

학습 성과 평가 및 활용 대학을 졸업하기 위해서는 그룹워크에 의한 마을 만들기 사례연구 논문을 제출해야 하고, 통과된 사람은 루치 학사의 학위를 수여 받는다. 또한 졸업논문은 마을 만들기 포럼에서 발표하면서 행정기관에 제언하고, 평생학습 인재은행에 등록하여 평생학습 지도자로 활동한다. 현재 졸업생 일부는 평생학습기관의 볼런티어 및 촉탁직원으로 활동하고 있다.

입학 자격 및 수업료, 기타 18세 이상으로 마을 만들기에 관심과 흥미를 가지고, 계속적으로 학습할 수 있는 사람이면 입학할 수 있다. 수업료는 입학금이 5,000엔, 수업료가 1년간 5,000엔이다. 휴학은 원칙적으로 인정되지 않으나, 특별한 사정이 있으면 허가할 수 있다. 또한 관련 대학의 공개 강좌에도 참석할 수 있다.

5) 사업 성과

대학이 개교하여 많은 강사와 시찰해 준 지방자치단체 관계자들에게서도 신선하고 독특한 정보와 마을 만들기의 힌트(hint)를 얻었다.

어떤 강사의 조언을 계기로 멋진 이벤트가 탄생하기도 하였다. '성야(聖夜)를 색칠하는 꿈과 빛의 제전', '루치 트리 크리스마스'는 이 고장의 상공회 청년부와 학생이 협동한 자주기획 이벤트였다. 루치플라자에 3,000개의 페트병을 쌓아 올려 트리를 만들고, 지역 아이들을 초대한 크리스마스 이벤트는 학습의 성과가 마을 만들기에 기여한 본보기가 되고 있다. 또한 반디불이 축제나 쑥뜸제 등 지역 이벤트에 학생이 자주적으로 참여·기획하는 의식도 생겨나게 되었다. 이러한 착실한 대처로 학생 상호 간의 관계가 깊어지는 동시에 지역에 대학이 조금씩 파고들게 되었다.

그 외 아름다운 마을 만들기 심의회위원, 사회교육위원, 생태마을 주민회의 등 행정의 각종 위원으로의 취임과 다른 시·정·촌에서 개최되는 '마을 만들기 포럼'의 패널리스트 산토초 특파원으로 활약하는 학생도 나오고 있다. 이러한 지역과의 관계는 마을 내외의 정보 교환과 인적 네트워크의 확대를 가져왔으며, 우리 마을의 보물을 재발견하게 되는 것이 아닌가하는 기대를 안겨 주고 있다.

6) 향후 과제와 전망

2년간의 학습을 마친 35명의 제1기생이 2003년 9월에 졸업하였다. 입학 당시는 40명이었지만, 일과 가정 사정 등에 의해 몇 명이 자퇴하였다. 2년간 즐겁고 건강하게 계속 학습하는 어려움도 통감했다. 또한 초기단계에서 학생 상호 간의 인간관계 만들기의 중요성과 학생의 자발적인 활동을 만들어 가는 계기 만들기와 조직을 언제, 어떻게 제공할지가 대학 운영의 키워드가 된다는 것을 배웠다.

졸업하는 학생에게 의뢰한 대학의 사업 평가는 제2기생의 학습 커리큘럼 등에 많은 도움이 되고 있다. 향후 마을 만들기 연구와 실천의 장소로서 새롭게 생긴 '루치 대학원' (대학원에는 대학을 졸업한 사람이 진학할 수 있다)과 '루치 대학' 학생이 마을에 대한 긍지와 애착을 가지고 새롭게 탄생하는 마을에서 열심히 일할 수 있도록 지원하고 싶다.

'평생학습으로 사람이 건강하면 마을이 건강' 이라는 말을 끝으로 한·일의 평생학습을 통한 교류가 실현되기를 기대한다.

5. '시민이 주역인 마을 만들기' 의 일익을 담당한 사례 -사이타마현 시키시-[6)]

1) 현재의 활동에 이르는 경위

나는 1995년 7월 정년을 맞아 30여 년 남짓 근무한 회사를 퇴직했다. 잠

6) 이 글은 나가타 노부오(永田伸夫, 시키 시민대학 운영위원장) 씨의 글을 옮긴 것이다.

시 쉰 후에 그동안의 경험을 살려 볼런티어로서 시키시(志木市) 사회복지협의회의 광고위원이 되었고, 광고지 편집 일을 하게 되었다. 이것이 지금 활동의 원점이 되고 있다.

1997년 가을에 시키시 교육위원회 평생학습과의 주최로 개최된 '평생학습 볼런티어 양성 세미나' 에서 처음으로 평생학습 볼런티어의 존재를 알게 되었다.

그 세미나 수료 직후 참가자 가운데 지역 유지 20명 정도가 '더 계속해서 공부하고 싶다.' 고 하여 결성한 것이 '평생 낙습(生涯樂習) 엘(L)의 모임' 으로 엘은 Lifelong Leaning의 'L' , 시의 평생학습의 심벌마크의 애칭 엘짱에서 땄다.

구성원의 대부분은 이미 시내에서 무엇인가 볼런티어 활동의 실적을 가지고 있었고, 지도자의 경험도 가지고 있는 사람이었다. 신설 그룹의 기본규칙으로서 '수평이질교류' (사회의 수직적인 관계가 아니라 경험 · 지식만을 가지고 수평적으로 평등하게 참여한다는 의미)를 지향하였다. 더욱이 자신이 지금까지 소속되어 있는 그룹의 이익 대표가 아니기 때문에 그룹 다툼 등은 필요하지 않고 배(선원)가 푹 쉬는 항구(물과 식량을 보급받고 건강을 회복하고 다시 출항한다)와 같은 분위기로 만들고 싶다는 것이 그룹 구성원의 암묵적인 약속이었다.

여기서는 '평생 낙습 엘의 모임' 활동을 모체로 간략하게 소개하고자 한다. 행정과 시민의 협동이 모든 활동에 영향을 미치고 있다.

2) 시키시에 대해서

시키시는 사이타마현(埼玉県) 남부에 위치하고, 면적 9.06km^2, 인구 약 67,000명에 달하는 작은 마을이다. 현의 수도인 사이타마시와 아라카와(荒

川) 강을 사이에 두고 시내에 흐르는 신가시가와(新河岸川)와 야나세가와(柳瀨川)는 맑게 흐르는 강이라고 말하기 어렵지만 제방에는 벚나무가 강변으로 계속 뻗어 있고, 벚꽃 구경과 강변의 산책을 즐길 수 있는 시민의 휴식 장소가 되어 있다.

역사적으로는 아라카와(荒川)의 지류, 신가시가와(新河岸川)의 중계지, 상업의 마을로 발전해 왔다. 시내에는 쌀 곳간이 많이 있는 옛집들이 산재해 있다. 그중 시의 문화재로 지정되어 있는 '무라야마(村山) 쾌재당(快哉堂)'은 신스이(親水) 공원 내에 옮겨져 평생학습활동의 장으로 이용되고 있다.

3) 평생학습 볼런티어, '평생 낙습 엘' 모임의 활동

'평생 낙습 엘 모임'은 평생학습 볼런티어로 출범하였다. 어떻게 해야 평생학습 볼런티어가 될 수 있을지 잘 몰랐지만, 활동의 내용을 모색하면서 우선 '스스로를 높인다.'는 이념으로 연구회를 시작하였다. 멤버의 경험과 지식을 총동원하고, 서로 가르치거나 배우면서 때로는 외부에서 강사를 초빙하면서 지금도 모임의 이름대로 즐기면서 학습을 계속하고 있다.

평생학습 볼런티어로서의 활동은 '행정의 외야석 응원단'을 캐치프레이즈로해서 행정기관의 요청이 있으면 우선 무엇이든지 응원하기로 하였다. 최초로 한 봉사는 '평생학습 정보 스테이션 상담원'으로, 평생학습 상담을 시민의 손으로 행하는 일이었다. '평생학습과'의 획기적인 발상의 전환으로 13명이 연수를 받아 약 4년간 상담원 업무에 종사했다.

또 평생학습과의 담당업무인 '시민문화 페스티벌'의 일부 업무와 '성인의 단체 활동'에도 협력하였고, 2000년과 2001년에는 '평생학습 볼런티어 양성 세미나'를 기획에서 운영까지 하는 업무 담당자로 위촉받는 등의 업적을 쌓았다.

'시민과 행정의 틈새 산업' 이라는 또 하나의 측면에서는 세 차례에 걸쳐 일반 시민을 대상으로 하는 공개 강연회 개최를 비롯해 행정보다 먼저 일을 진행시켜 나간 '평생학습 미니 축제' 등의 사업을 개최하여 시민을 위한 평생학습의 네트워크를 넓히는 역할을 수행하였다.

2003년 5월에는 '관동(關東)지구 광역 애니메이터 양성 강좌(후원: 전국 평생학습마을 만들기 협회) 운영의 중심 단체가 되어 시키시 이외의 도시에도 참가하였다. 멤버 중 일부는 학사융합을 향해 시민과 학교와의 코디네이터의 일도 맡고 있다.

4) 마을 만들기 볼런티어의 이행

2000년 이래 '평생 낙습 엘 모임' 의 방향이 '마을 만들기 볼런티어' 로 조금씩 옮겨 가고 있다.

2001년에는 시키시의 새로운 시장으로 호사카 구니오(穗坂邦夫) 시장이 취임하였다. 호사카 구니오 시장은 '시장은 시티 매니저' 라며 취임식 직후부터 적극적으로 시민과의 대화집회를 개최하면서 시민의 의견을 적극적으로 받아들였다. 그리하여 그 해 10월 '시키시 시정운영 기본 조례' 를 제정하였다.

이 기본 조례는 '시민이 주역인, 시민에 의한 마을 만들기' 가 기본 이념이며 시민과의 협동(마을 만들기를 위한 시민의 활동 지원), 정보 공개, 시민의 시정 참획을 골자로 하고 있다.

같은 해 11월 시키 시민위원회가 '시민 한 사람 한 사람이 시의 주인으로서 시민 자신에 의한 제2의 시키시 만들기' 를 목표로 발족되었다. 엘의 회원도 몇 개의 부회에 참가하게 되었다. 교육 부회 산하의 평생학습 분과회를 실질적으로 움직여 온 것은 엘의 멤버였다.

시민위원회에서는 시의 예산 편성에 즈음하여 시의 업무 재검토와 평가 등 정책 과제를 처리하면서 시에 대한 제언을 행하기 위해서 회합을 되풀이하였다.

평생학습 분과회에서는 2003년 3월 중간 제언으로서 평생학습 행정의 기본 이념에서부터 평생학습 정책, 사회교육시설, 평생학습에 관련된 학교교육과 시민활동 지원 등의 정책까지 광범위한 제언을 행하였고, 그 활동은 2004년 3월 최종 제언에 많이 포함되었다.

5) 마을 만들기를 위한 시민대학의 개교

시키시에서는 2002년 '지방자립계획'(지방도시 재생사업)을 발표하였다. 이것은 저출산 · 고령화 사회에 직면하여 지방재정의 궁핍을 타개하려는 대책 중의 하나였다. 시의 직원 수를 줄이고, 부족한 시민 서비스는 시민 볼런티어에 의한 '행정 파트너(partner)'로 보충한다는 것으로, 일본 내에서도 주목을 받았다. 내용적으로는 아직 충분히 숙성되지 않아 실제 운용 시 다소 문제점이 발생하리라는 것이 예상되지만, 지금까지 금기시 되었던 공무원의 수를 삭감한다고 하는 발상이 행정의 내부에서 나왔다는 점은 높이 평가할 만하였다.

이 '행정 파트너' 제도는 2003년 8월부터 실질적으로 시작되었으며, 2003년 7월에는 전부터 현안 사업이었던 '시키(志木) 시민대학'이 움직이기 시작했다. 개설 준비위원회의 '중간보고'를 받고 운영위원회가 이행하면서 2004년 7월에 11강좌, 230명의 수강자로 시작하였다.

시키 시민대학은 '시민에 의한, 시민을 위한, 시민의 대학'을 기본 이념(concept)으로 하여 기획단계부터 시민에 의한 자주운영(장래에는 자립)으로 진행되었다.

그 목표 방향은 '학습의 마을 만들기로의 환원' 으로 소위 문화교양계의 강좌를 비롯해 마을의 자연, 환경, 역사, 산업 등의 학습과 대학의 최대 중심 프로그램이 되는 '마을 만들기 위한 볼런티어 양성 강좌' 를 개설하였다. 또한 장래의 마을을 짊어질 젊은 세대를 받아들이는 시도로 국제 교류 등과 같은 추상론이 아니라 구체적으로 마을 만들기에 도움이 되는 교육과정의 개발도 염두에 두고 있다.

수료생을 어떻게 활용할지도 하나의 과제인데, 시민대학의 운영 참여를 고려하면서 실제로 활약의 장을 만들어 주는 것도 구상하고 있다.

이러한 모든 것이 원활하게 이루어지면, 시민대학이 단순한 평생학습의 연장이나 발전에 머물지 않고 시민의 힘을 업데이트하고 마을 만들기의 중핵이 되는 인재 양성 기관으로 존재하게 될 것이다.

6) 향후의 과제

시키시의 학교교육 분야에서는 이미 학교등교 거부학생을 대상으로 '홈스터디(home study)제도' 나 최근의 '중학교 구의 폐지' 등 획기적인 시책을 잇달아 실현해 왔다.

평생학습 분야에서는 2003년 4월, 초등학교 · 공민관 · 도서관을 일체화하는 학사융합을 목표로 하고, 시민과 아동이 시설을 공용한다는 획기적인 '이로하 유학관(遊学館)' 이 탄생하여 평생학습활동의 새로운 거점으로 기능을 하고 있다.

시민이 학교를 지켜보고, 키우고, 운영하기에 이르기까지 서로 영향을 미치는 소위 '지역설립학교' 라는 컨셉으로 학교가 경영되고 있다. 시장은 '마을 만들기의 장애가 되고 있는 것은 시 직원과 시민의 눈높이의 차이' 라고 말하고 있는데, 그렇다면 행정 파트너의 수준을 끌어올리는 일이 과제였다. 그것이 긴축재정 상황에서도 오히려 시민대학을 만들게 된 이유다.

오랜 세월 동안 일본 행정을 유지해 온 중앙집권이 붕괴의 조짐을 보이고, 지방의 파워가 국가를 바꾸는 원동력이 되고 있다. 시키시는 지방의 작은 도시에 불과하지만 행정과 시민이 협동하여 일본 국내에서도 최첨단으로 가는 새로운 시험에 도전하고 있어 그 움직임은 일본 내에서도 주목을 받고 있다. 또한 행정파트너제도는 행정이 시민에게 던진 '도전장' 으로 시민은 이에 대한 회신을 하지 않으면 안 된다. 이에 대한 올바른 회신은 시민이 평생학습을 통해 자신의 실력(시민력)을 끌어 올릴 때 가능할 것이다.

제9장

공무원의 평생학습활동은 마을 만들기의 엔진

1. 일본의 평생학습마을 만들기는 전문직 공무원의 노력의 결과

성공한 평생학습도시는 공통점으로 최고경영자인 시장의 마인드와 중간 관리자의 통합적 리더십, 담당 공무원의 전문성과 열성 등으로 이루어졌다는 것이다. 장기간 일본 지역을 시찰 · 견학하고, 평생학습 실무자들과 워크숍을 하면서 일본의 파워는 단순한 경제적 성공만이 아니라는 사실을 느꼈다. 일본의 경제대국 뒤에는 뛰어난 인적 자원과 이를 관리하는 시스템, 그리고 헌신적인 공무원의 노력이 있었다. 그런 의미에서 그들의 평생학습 활동 관련 라이프 스토리를 소개한다. 이 장에서 소개한 내용에는 상당 부분 일선 공무원들의 평생 지역 만들기의 사례다. 그들은 대학 교수 이상의 전문성과 실천적 노하우를 가지고 있는 사람도 많다. 그것이 바로 지역을 변화시키는 동력이 되고 엔진이 되어 지역이 튼튼해 보였다.

혁신적인 평생학습마을 만들기 사례나 공무원의 의식개혁 사업으로 출발한 출장배달강좌 등은 전국의 모델이 되고 있다. 이 장의 지쿠고시, 동경도의 아다치구와 미즈호초 사례는 평생학습도시를 추진하고 있는 우리나라의 현장 전문가들에게 많은 시사점을 줄 것이다. 기후현 시라카와초의 후지이 중앙공민관 관장과 지쿠고시의 에리구치 씨, 미즈호초의 오케다 씨는 한국의 평생학습축제 때 방문한 적이 있으며, 아다치구의 다카이 씨와 아오모리현 히로사키 타나카 중앙공민관장은 필자와 전국평생학습시설 볼런티어 워크숍에서 만나 교류를 하였다. 이들은 자기 지역 만들기에 열성적으로 노력하고 있으며, 지역을 변화시키는 장본인이기도 하였다.

이들은 자비로 평생학습시설 볼런티어 평생학습 워크숍에 매년 참가한다고 하였다. 또한 다른 전국평생학습마을 만들기 코디네이터 양성 강좌에도 지역 공무원 다수가 자발적으로 자비 연수에 참여하는 것을 보았다. 이들은 멀리 평생학습 관련 행사장에 출장을 가서 자기 지역을 소개하기도 하고 상호 교류를 통해 평생학습마을 만들기의 아이디어를 공유하기도 한다. 때로는 외국에 나가서 교류하거나 배우기도 한다. 학습한 새로운 프로그램과 아이디어를 자기 지역에서 실천해 보고 1년에 한 번씩 다시 모여 그 성과를 함께 논의하는 모습이 참으로 인상적이었다.

2. 일본 평생학습(사회교육) 담당 공무원의 현상

제2차세계대전 이전에는 내무부 소속 행정공무원들이 주로 주민의 사상통제와 주민 계몽을 전담하였으나, 패전 이후 미국에 의한 일본의 민주화 전략에 따라 문부과학성(한국의 교육인적자원부에 해당)이 학교교육과 성인교육을 맡게 되었다. 이 때부터 지역교육과 문화 · 스포츠 · 지역 부흥 등의 전반을 중앙에서는 문부과학성이 책임지고, 지방에서는 기초자치단체에서 책임지게 되었다. 지역에서는 주로 공민관이라는 지역학습센터에서 지역 만들기를 추진한다. 따라서 문부과학성 소속의 사회교육 주사(우리나라의 사회교육 장학사에 해당)와 지방자치단체 소속 공민관 주사가 교육과 생활을 접목시켜 지역 교육 과제를 해결하는 데 큰 역할을 해 왔다.

일본의 평생교육 관계 행정직원은 사회교육 주사(우리나라의 교원 출신의 교육청 평생교육 장학사에 해당), 사회교육위원, 사회교육 지도원, 공민관 주사, 도서관 사서, 학예원, 청년의 집 지도 직원, 사회체육 관계 직원, 시설 관련 직원 등이다. 그중 지역에서 공민관 주사와 사회교육 주사(평생교육 장학사)가 중심적인 역할을 수행하고 있다. 사회교육 주사는 교육공무원특례법에서 '전문적 교육직원' 이라고 규정되어 있으며, 사회교육법에서는 도교육청과 시교육청의 사무국에서 '사회교육을 행하는 자에게 전문적 · 기술적 지도와 원조를 하고, 단 명령과 감독을 하지 않는다.' 고 규정되어 있다. 대학과 문부과학성이 위탁하는 사회교육 주사 강습에 의해 이원적으로 양성되고 있다.

도 · 도 · 부 · 현의 사회교육 주사의 역할은 '전체 도 · 도 · 부 · 현의 사회교육 행정의 추진, 시 · 정 · 촌 교육위원회의 조언 · 지도' 이고, 시 · 정 · 촌의 사회교육 주사의 역할은 '주민의 자발적 학습을 조성, 그 지역의 사회교육활동을 추진하기 위한 실제적인 코디네이터, 주민의 학습 희망 실태와 지역의 교육적 필요를 파악, 주민의 학습 의욕 환기, 집회 등의 기획, 시설의 배치 · 이용 계획, 학습 내용의 편성, 지도자의 발굴과 그 활용 계획 입안' 등이다.[1]

1) 문부과학성, 급격한 사회구조 변화에 대처하는 사회교육 본연의 모습에 대해서(사회교육심의회 답신, 1971).

일본의 도시화와 공업화가 급격하게 진행됨에 따라 다양한 사회문제가 터져 나왔다. 이때 일본 정부는 가정교육과 청소년 교육, 그리고 직업교육 등을 지원하는 '청년의 집' 을 만들었고, 주 5일 사회의 진행으로 아동센터와 청소년 방과 후 센터 등을 추가로 만들면서 담당자를 배치하였다. 특히, 청소년과 가정문제 등이 지속적으로 사회문제가 됨에 따라 지역의 중견 교사를 재교육하여 파견 사회교육 주사로 활용하는 제도가 1970년대 중반에 만들어졌다. 학교 완전 주 5일 사회가 되면서 일부 지방자치단체에서는 지역교육 코디네이터라는 새로운 제도를 만들어 지역교육에 대응하고 있다.

사회교육 지도자는 2002년도 현재 사회교육 위원이 37,519명, 사회교육 지도원이 104,445명. 사회교육 주사 3,279(겸임 653)명, 공민관 전임직원 12,911(겸임 12,148)명, 도서관 전임직원 16,291명 중 사서가 7,317(겸임 168)명, 박물관 전임직원 11,428(겸임 1412)명, 청소년 시설직원 4,085(겸임 1560)명, 여성회관 직원이 613명(겸임 187)이다. 평생학습 볼런티어와 약 20,000여 개에 이르는 NPO 단체도 존재하고 있다.[2)]

우리나라에도 하루 빨리 평생교육 관계 전문직원이 배치되어야 하고, 평생학습사회 교육 및 연수 시스템이 정착되어야 한다. 또한 지역에서 지역과제를 스스로 해결할 볼런티어 발굴 및 교육, 시민 협동의 공공과제 발굴 및 사업 추진, 교직원 및 공무원의 볼런티어 활용이 과제로 남아 있다.

2) 김득영, 일본 농촌사회 평생학습도시 사업의 전개, 2004년도 한국평생교육총엽합회 춘계 연차대회(2004), pp. 17-60.

3. 공무원 코디네이터의 주체적 마을 만들기 실천
–후쿠오카현 지쿠고시–[3)]

1) 사회교육에서 평생교육으로

전후(1945년) 일본의 사회교육은 평생교육과 함께 눈부신 발전을 거듭해왔다. 전후 부흥기에는 국민의 지역 만들기, 마을 만들기에 관심이 높아서 아이부터 고령자까지 모두가 지역 만들기에 몰두했다. 이런 배경에는 사회교육 관계자에 의한 지도, 인재와 단체 육성에 대한 진지함이 있었고, '사람이 바뀌면 가정이 바뀌고, 가정이 바뀌면 마을이 바뀐다. 그래서 지역이 바뀌면 국가가 바뀐다.' 라는 큰 목표가 있었다. 이를 위해 직원 자신도 평생학습에 열심히 임했고, 그 결과 지역주민의 신뢰를 얻어 지역의 지도자로서 절대적인 지위를 확보하였다.

당시의 지역 · 마을 만들기의 주역은 청년, 여성이었다. 청년단, 부인회에 소속되어 공민관에서 학습활동을 계속하고 지역의 견인차 · 추진체 역할로서 지역을 지도해 온 것이다.

지금은 이들의 활약에 의해 전국적인 운동으로 번지고 법제화된 것이 많다. 예를 들면, 청년단이 열심히 추진한 환경문제(파리 · 모기 등의 구제, 소독, 청소 주간 등), 영유아의 보육문제, 민간의 자동차 학교의 개설 등 시대를 앞서 추진한 것들이 많았다. 또 부인회의 생활학교의 개설, 식생활 개선, 공명선거 등의 대처도 훌륭한 활동들이었다.

3) 이 글은 에리구치 미치루(江里口充, 후쿠오카현 지쿠고시 공무원이자 마을 만들기 코디네이터) 씨의 글을 옮긴 것이다.

이런 활동들을 지도, 지원해 온 것은 사회교육, 특히 공민관의 공민교육으로서 정치학급, 시민대학 등을 개설해 전국 방방곡곡으로 확산되었다. 그러나 일본은 1955년부터 고도 성장기로 변하면서 지역 만들기의 중핵이었던 청년들이 동경 중심의 관동(關東), 오사카 중심의 간사이(關西) 공업지대로 빠져나갔다. 또 여성의 사회진출도 눈에 띄게 변화해 갔다. 이 때문에 지역을 유지해 온 중추적인 핵심이 없어지게 되고, 남아 있어도 기업전사로서 잔업을 계속하게 되면서 지역 만들기의 정열은 식어 버렸다.

이러한 상황을 사회교육 입장에서 바라보고만 있지는 않았다. 시행착오를 겪는 가운데 원점으로 돌아와 저출산과 고령화가 진행하는 상황에서 인생 80세(평균 수명 80세)에 어울리는 마을 만들기의 주역을 모색해 온 것이다.

고도 성장기는 오래 계속되지 않았고, 버블경제가 끝나면서 사람들은 주 5일제로 여가사회를 맛보게 되었다. 따라서 여가사회를 유용하게 활용하기 위해 여러 차원에서 대응을 하게 되었다.

정부는 기존의 사회교육으로는 해결할 수 없는, 평생교육이라는 시점에서 대책을 강구하지 않으면 안 된다고 인식하게 되었다.

2) 급격한 사회구조의 변화에 대응하기 위한 사회교육

1968년 3월 문부과학성 장관은 사회교육심의회에 '급격한 사회구조의 변화에 대처하는 사회교육 본연의 모습에 대해서' 자문을 요청했다. 사회교육심의회는 1971년 4월에 보고서인 답신을 제출하였는데, 그 '머리말'에서,

> 우리나라(일본)의 사회교육은 전후 헌법, 교육기본법의 이념에 근거하고, 민주주의의 실질화를 목표로 해서 실천하여 왔다. 이 기본적인 이념은 앞으

로도 지키면서 육성하지 않으면 안 되며, 또한 사회교육의 실천에서 구체화하여 나가야 한다.

한편 사회의 변화는 너무 급격하게 이루어지고 있다. 과거 몇십 년에 걸친 우리나라의 경제성장과 기술혁신의 진전은 참으로 눈부시고, 중 · 노년층의 인구는 증가하며, 인구의 도시집중은 심화되고, 핵가족화가 현저하게 되며, 국민의 학력 수준도 향상되는 등 사회구조가 급격하게 변화하고 있다. 동시에 사람의 물질적인 생활은 풍요롭게 되고, 정보접촉의 폭은 넓어지며, 여가시간은 증대되고, 물심양면에서 행동의 선택 범위가 현저하게 확대되었다. 그 반면에 소위 개성의 상실, 인간 소외, 세대 간의 단절, 지역 연대의식의 쇠퇴, 교통재해, 공해, 자연의 파괴 등 바람직하지 못한 현상도 발생하고 있다.

이러한 심각한 변화 가운데서 국민 각자는 생애의 각 시기에 따라 새로운 생활과제와 학습 요구를 가지고 있거나 모든 연령 계층을 통해서 끊임없이 자기 계발을 하고, 인간으로서 주체적이고 풍요롭게 살며, 서로 연대감을 높일 것을 요구하고 있다. 따라서 자기 학습과 상호 교육의 의욕을 조직적으로 높이고, 이를 위한 기회의 장을 풍부하게 제공하는 사회교육에 대한 기대는 점점 커지고 있다. 본 심의회는 이러한 사회교육에 대한 기대에 부응하기 위해서 지금까지 사회교육의 실적과 문제점을 밝힌 뒤, 향후 사회교육 추진의 기본 방책을 검토하고, 이 답신을 정리하였다.

사회교육이라고 하는 개념은 종래처럼 좁은 테두리 안에서 생각하는 경향이 있지만, 금후 그 본연의 모습을 고려해 봤을 때 사람의 일상생활 속의 모든 학습활동에 대한 교육적 배려로서 넓게 잡을 필요가 있다. 이러한 사회교육은 국민의 자발적인 학습활동을 기반으로 하기 때문에 그 진흥을 꾀하기 위해서는 사회교육에 대한 국민 자신의 올바른 이해를 우선 높이는 것이 중요하다.

고 언급하고 있다. 이 답신 안에서 처음으로 평생교육이 정부차원에서 제기되었다. 답신에는 다음과 같은 부언도 있었다.

> 첫째, 향후 평생교육의 관점에서 학교교육을 포함시켜 교육의 전체 계획을 입안하는 것이 필요하지만, 그중에서 사회교육을 바르게 위치, 부여하는 동시에 평생교육에서 사회교육이 향후 달성해야 할 역할의 중요성에 비추어 보고, 사회교육 행정의 시책을 충실하게 전개할 수 있도록 꾀하는 것

이 답신을 책정하는 데 약 3년을 할애하면서 현저하게 변해 가는 사회에서 사회교육 본연의 모습을 중요시 하고 폭넓게 해석하고 있는 것이다.

여기에서 평생교육이 나온 후 1977년 6월 문부과학성 장관은 중앙교육심의회에 대하여 '당면하는 교육의 과제에 대응하기 위한 시책' 에 대한 자문을 행하였고, 심의회에서는 '평생교육의 관점에서 향후 교육 본연의 모습을 종합적으로 고찰한다.' 고 대답하였다. 여기서 '평생교육의 의의' 를 다음과 같이 제시하고 있다.

> 인간은 자연적 · 사회적 · 문화적 환경과의 관계 속에서 자기를 형성해 가는 것이지만, 교육은 각자 생애를 통해서 자질 · 능력을 키우고 주체적인 성장 · 발달을 계속하는 데 중요한 역할을 담당하고 있다. 현대사회에서 우리는 모든 연령층에 걸쳐 학교, 가정, 직장, 그리고 지역사회의 여러 가지 교육 기능을 통해, 또한 각종 정보와 문화적 현상의 영향 아래 지식, 기술을 습득하고 감성을 가꾸고, 심신의 건강을 보유 · 증진하는 등 자기의 형성과 생활의 향상에 필요한 사항을 배우는 것이다. 따라서 향후 교육 본연의 모습을 검토할 때 사람의 생애 각 시기에 있어서의 다양한 교육 기능을 고려하는 것이 필요하다.

3) 평생학습체계로 이행

1971년 이후 수차례에 걸쳐 중앙교육심의회 등에서 고도 성장기 이후의 사회변화에 대응하기 위한 답신을 제출하였다. 전후 일본의 교육 대개혁은 1984년에 설치된 임시교육심의회에서 행해졌는데, 내각총리가 '교육개혁에 대한 자문을 요청하였다. 이에 심의회에서는 제1차에서 제4차까지 2년간 심의한 내용의 답신을 제출하였다.

이 답신에서 평생교육을 평생학습으로 바꾸었으며, 평생학습의 기반 정비로 '평생학습에 의한 마을 만들기' 가 부상하게 되었다.

4) '마을 만들기는 사람 만들기' 와 그 실천활동

살기 좋은 마을, 자랑거리를 갖고 있는 마을, 살고 싶어지는 마을 만들기는 그곳에 살고 있는 사람에 의해 만들어지는 것이다. 이것은 간단한 일이 아니다. 그 마을을 알고, 지역을 사랑하고, 정말로 살고 있어서 좋다고 실감할 수 있어야 가능한 일이다. 마을을 알지 못하고, 단지 살고 있는 것만으로 이루어질 수 있는 것이 아니다. 사람들이 학습하는 장과 학습 기회를 만들어 가는 것이 중요하다. 전국 각지의 지방자치단체 장들은 말하고 있다. '마을 만들기는 사람 만들기' 라고.

그러나 학습 강좌를 만들면 다 되는 거라고 생각해서는 안 된다. 그것을 준비하는 측의 사람 스스로가 배우는 것에서 시작할 필요가 있다. 나는 프로그램을 만드는 사람, 당신은 배우는 사람이라고 생각하면 '사람 만들기' 는 할 수 없다.

이 때문에 전국평생학습마을만들기연구회(이하 '연구회' 라고 한다)에서는 지역에서 활동하고 있는, 또는 지도자 입장에 있는 사람을 대상으로 '지역 애니메이터(animator) 양성 강좌', '마을 만들기 코디네이터(coordinator) 양성 강좌'를 준비하여 지도자를 육성해 온 것이다. 나도 마을 만들기 코디네이터의 강좌에 참가를 하였고, 지역에서 '마을 만들기를 준비하는 인재 양성 강좌(지역 애니메이터 양성)'를 추진해 왔으며, 그것도 7년간 계속해 오고 있다. 거기에서는 많은 사람이 지역 리더로 활동하고 있다.

평생학습마을 만들기를 추진하는 데 사회교육의 역할을 숙지하지 않으면 잘못된 방향으로 가는 경우가 있다. 가르치는 사람, 배우는 사람이라는 종래의 인식대로 생각하면 목표를 놓쳐 버린다. 그러므로 모두가 함께 배우고, 함께 실천하고 행동한다는 자세가 중요하다. 가르치는 사람도 배우는 사람에게서 배운다는 생각으로, 즉 모두가 학습자라는 입장에 서는 것이 중요하다.

그렇게 하지 않으면 마을 만들기를 기획하는 데에는 어려운 일이 생긴다. 이 때문에 상대(배우는 이)의 입장에서 생각하고 행동하는 지역 애니메이터가 필요하게 된 것이다. 또 지역에는 많은 사람이 활동하고 싶고, 무엇인가를 하고 싶다고 생각하고 있지만 그 방법을 모르고, 또 한 단계 자신을 향상시키고 싶지만 어디에 가서 상담하면 좋을지 등을 모른다. 이 때문에 마을 만들기 코디네이터가 나타나게 된다.

지금 지역에는 이들의 지도자, 지원자가 해야 할 일이 산적해 있지만 그 정보를 지역 사람에게 널리 홍보하지 못하고 있는 실정이다.

5) '시민이 주역인 마을 만들기'는 누가, 무엇을, 어떻게 하는가

지방분권법의 시행(1995)으로 중앙정부에서 지방으로 권한이 이양되어 삼위일체라고 하는 지방분권이 첫 걸음을 내딛기 시작했다.

지방분권, 삼위일체[4], 재정 상황의 악화는 주민에게 이해되지 않는 부분인 것이다. '마을 만들기' 는 거기에 살고 있는 사람의 지식과 기술 등을 구사해 만들어 가는 것이지만, 버블기 이전과 이후는 세상이 크게 변화해 버렸다. 그래서 평생학습을 추진하는 가운데 사회교육은 무엇을 해야 할지 고민해 왔다. 물론, 종래의 방법을 그대로 유지해서 효과를 거두기 어렵다고 생각하지만, 사회교육이 가지고 있는 노하우가 불완전한 것만은 아니다. 사회교육은 과거부터 추진해 온 큰 재산을 가지고 있으며 지금이야말로 그들의 노하우를 활용할 시기다.

사회교육에서 추진해 온 공민관 활동은 바로 '시민이 주역인 마을 만들기' 며, 그 근저에는 민주주의의 기본이 있고, 이것이야말로 전후 일본을 여기까지 일으켜 온 원동력이었다.

주민 한 사람 한 사람이 자신감을 느끼고 가정 · 지역이 좋아지도록 하기 위해서 평생학습을 열심히 하는 것이다. 이를 위해서 사회교육 행정에 요구되는 것은 지역 리더의 양성, 볼런티어 활동의 정보제공이나 학습상담 등이며, 그 가운데서도 특히 주민이 학습 성과를 지역 활동에 활용할 수 있도록, 학습의 장과 기회를 만들어 주는 것이 급선무다.

전국 각지에서 연구회의 지도로 지역 애니메이터 양성을 행하고 그 사람들에 의해 단체(지부)와 동아리 활동이 열심히 이루어지고 있어, 그 지역에서는 반드시 여러 명의 '마을 만들기 코디네이터' 가 지역 활동의 리더로 활발하게 움직이고 있다. 활동의 범위는 '마을 만들기' 가 중핵이고, 시대의 과제를 포착하여 보육 서포터, 지역 만들기 활동, 관광안내 볼런티어와 행정이 시행하는 이벤트 등의 운영에 관여하여 주민을 리드하고 있다. 여

4) 삼위일체는 삼위일체 개혁으로, 고이즈미 행정부의 2002년도 국가와 지방의 세정개혁이다. ① 국가로부터 지방의 보조금 삭감, ② 국세의 지방세로 세권 이양, ③ 지방교부세제도의 개혁이다. 이상의 3가지 개혁으로 보조금이 40조 엔 이상 삭감되었고, 국세 가운데 3조 엔이 지방세로 이양되었다.

기에서 중요한 점은 '마을 만들기=지역을 안다.'는 것이다. 이것이 바탕이 되어 있지 않다면 공염불로 끝날 수 있다.

'마을 만들기'가 '거기에 살고 있는 사람의 평생학습과 볼런티어 활동'으로 성립하고 있는 것은 두 말할 필요도 없다. 지방분권, 삼위일체개혁은 '시민이 주역인 마을 만들기'로 주민, 행정, 중앙정부가 쌍방향에서 이해하고, 처음으로 함께 추진하는 것이다. 그중 하나만 빠지거나 늦어져도 전진할 수 없다.

지금 지역에서 평생학습을 추진하는 사람이 살기 좋은 국가, 마을을 요구하고 진지하게 상의하며, 행동하고 실천하려 하고 있다. 평생학습마을 만들기를 통해서 한 사람 한 사람의 주민이 현지에 살고 있는 고장에서 살고 있어서 행복하고, 배워서 좋았다고 할 수 있는 '마을 만들기'가 실현되길 기원한다.

4. 사회교육 주사의 직업관 -동경도 아다치구-[5)]

1) 명령, 감독은 하지 않는다

나의 직함은 사회교육 주사다. 동경(東京) 23구 중 하나인 특별구(特別區) 아다치구(足立區)의 교육위원회에서 근무하고 있다. 사회교육 주사란 사회교육에 관계되는 전문적 교육 직원으로, 다이쇼(大正)시대부터 각 부·현(府縣)에 있었으며, 패전 후에는 1951년의 사회교육법의 개정에 의해 도·

5) 이 글은 다카이 다다시(高井正, 아다치구 교육위원회 평생학습과 사회교육 주사) 씨의 글을 옮긴 것이다.

도 · 부 · 현(都道府県) 및 시 · 정 · 촌의 교육위원회 사무국에 반드시 두도록 정해졌다. 따라서 어느 지방자치단체라도 지방공무원으로서 일하는 사회교육 주사가 최소한 1명은 존재하게 된다. 특별구(特別區)의 사회교육 주사는 약 90명 있으며, 원칙적으로 퇴직할 때까지 사회교육 · 평생학습의 분야에서 계속 일하게 된다.

직무는 법률에 '사회교육을 행하는 자에게 전문적이고 기술적인 조언과 지도를 준다.' 고 되어 있고, '명령 및 감독을 해서는 안 된다.' (사회교육법 제9조의 3항)고 되어 있다. 이것은 패전 전의 상의하달식의 사회교육 행정을 반성하여 규정한 것이다. 제2차세계대전 이전과 전쟁 중의 중앙집권 국가를 가능하게 한 것은 '교육칙어' 를 중심으로 한 학교교육과 함께, 사회교육이라고는 말할 수 없지만 사회교화의 선두에서 활동한 사회교육 주사의 존재라고 볼 수 있다.

이와는 반대로 제2차세계대전 패전 이후 사회교육은 시민의 자발성 · 주체성을 기본으로 하고 있다.

2) 볼런티어와 사회교육

자발성이나 주체성이라는 용어가 볼런티어와 관련해서 자주 사용되는 이유는 볼런티어와 사회교육이 동전의 앞과 뒤라고 말할 수 있기 때문이다.

또한 사회교육은 특정 비영리활동촉진법에 나타난 활동 분야의 하나가 되며, 많은 NPO단체는 자기활동 분야에서 사회교육을 하고 있는데, 사회교육운동을 깊고 넓게 하기 위해서는 학습활동이 불가결하다는 것의 증거이기도 하다. 다시 말해서, 사회교육이 무엇인지를 생각하면 나는 대략적으로 '성인이 자기 자신을 성장시키는 일', 즉 사람이 자신의 생활을 풍요롭게 하는 지혜와 힘을 만들어 내는 것이라고 본다. 바꾸어 말하면, 생활의 현실을 점검하면서 차별과 빈곤을 없애고, 사람이 사람으로서 존경받고, 평등하고, 평화로운 사회를 형성해 가는 학습활동을 중핵으로 하는 총체적인 프로그램일 것이다.

그리고 사회교육 주사의 역할은 시민 자신이 배우는 힘과 배우는 방법을 습득하고, 주체적으로 학습을 조직하여 전개할 수 있도록 시민의 요구에 따라 지원하는 것이라고 생각한다. 당연히 지원뿐만 아니라 시민과 공무원이라고 하는 입장의 차를 감안하면서 협동하고, 반대로 시민에게서 배운 것을 행정에 살리는 것도 중요하다.

사회교육 주사로서 보낸 지 25년. 물론, 이 기간은 희노애락, 희비교차의 연속이었다. 개관한 지 얼마 안 되는 공연장에서 록 콘서트를 개최한 일, 지역의 여성사(女性史)를 출판한 일, 남성문제 강좌의 개강, 여성 창업의 강좌 개설 등등……. 여기서는 일본 사회교육 주사가 하는 일을 소개하면서 일의 성격상 다양한 생각을 가진 사람과 만나기 때문에 여러 의견을 모아 하나의 형태로 만들어 내는 몇 개의 업무를 소개한다.

3) 청년관에서 일하다

1979년 4월 청원서명운동에 의해 청년관이라는 신관이 건설되어 사회교육 주사로서 처음 배치되었다. 청년관에는 방음이 된 방이 있어 수많은 록밴드가 활동하고 있었고, 콘서트 대강당도 널찍했다. 내가 취직한 해에, 정원 300명 규모의 대강당이 오픈해 곧바로 콘서트를 개최하자는 목소리가 나왔다. 그렇지만 록에 대한 어른들의 편견과 물건을 부수거나 옷을 벗고 나오는 것은 아닐까 하는 등의 우려로 좀처럼 대강당을 빌릴 수가 없었다. 최종적으로는 청소년 활동을 이해하는 청소년위원의 협력을 얻어 관객이 '이상한 짓'을 하지 않도록 감시하겠다는 조건으로 대강당을 빌릴 수 있었지만, 콘서트 개최가 성사되기까지는 1년 이상이 경과했다.

그 사이 신출내기인 나는 여러 사람과 상담하면서 교육위원회의 지원체제 만들기와 대강당 측의 이해를 얻기 위해서 움직였고, 밴드 멤버에게도 손가락질 당하지 않을 운영을 하자고 호소했다. 모두가 하나가 되어 꿈을 현실화하는 것이 초년 공무원이었던 내 자신의 존재 이유가 되었다.

4) 여성문제 학습과의 만남

두 번째로 옮긴 사회교육과에서는 청년문제와 여성문제 학습을 담당했다. 처음으로 개설된 여성대학은 총 23회로 야간에 개설하여 숙박연수가 있는 강좌를 담당하였다. 학습자가 주체적으로 활동할 수 있도록 학습 프로그램의 작성과 기록 만들기, 사회 등의 운영도 학습자가 담당하는 것을 기본으로 하는 사업이었다.

그리고 폐강식 때 아다치구(足立區)의 지역 여성사(女性史)를 만들자는 의견이 나와 여성대학 참가자에 의한 자주적인 연구회가 탄생하였으며, 『발피리의 노래—아다치 · 여성의 역사』[6]의 출판까지 4년간, 사회교육 행정은 시민의 학습활동을 어떻게 지원할 수 있을 것인가 하는 실험에 몰두하게 되었다.

반권력적인 시점을 가지는 '여성사'에 지방자치단체가 어떤 방법으로 관련을 갖게 할 수 있을까를 고민했던 날들을 잊을 수 없다.

세 번째 직장으로 여성종합센터가 개설된 지 1년 후인 1989년 3월, 『발피리의 노래—아다치(足立) · 여자의 역사』의 출판을 계기로 지역 여성사를

6) 스즈키 유우코(鈴木裕子) 편, 아다치(足立) 여성사 연구회 저, 협력 아다치구(足立區) 교육위원회, 도메스 출판사.

만드는 의미, 자치단체가 관련된 의미 등을 묻기 위해서 연구회와 함께 '지역 여성사 교류 연구집회' 의 개최를 호소했다. 전국에서 2일간 600명 정도의 사람이 모여 서로의 경험을 말하면서 토의를 거듭할 수 있었고, 하나의 지방자치단체라도 전국적인 추진력을 발휘할 수 있다는 확신을 가질 수 있었다.

지역의 여성사 쓰기나 집회 개최 등은 진실한 대화를 통해 만들어진 '꿈' 이었다. 콘서트도 그렇다. 그 꿈을 하나의 형태로 구현하는 것은 당사자의 몫이지만, 그 지원자로서 사회교육 주사가 존재한다고 본다.

5) 남성문제

학생 시절, 사회교육서클 등에서 교육문제와 인권문제 등에 관해 배우는 가운데 인권에 대한 나름대로의 생각을 갖게 되었다. 그러나 예를 들어 결혼하고 아내의 성이 나의 성으로 바뀐다는 점에 아무런 의문도 품지 않았다. 성(gender) 문제에 대해서는 13년 정도 직무를 담당하게 되어 많은 사람과 사건을 통해 인권에 대한 인식이 부족함을 깨닫게 되었다.

1988년 신설된 여성종합센터에서 9년간 많은 강좌를 통해 습득한 여성문제 학습은 인권문제로서 여성문제의 구조를 파악하고, 문제해결을 향한 실천력을 배양하기 위한 학습이었다.

이러한 강좌의 참가자 대부분은 여성이었다. 다양한 장면에서 불합리한 모순에 부딪히고 자신의 삶의 태도에 대해 고민하지 않을 수 없었던 경험을 가진 여성은 적지 않았다. 학습을 하는 그녀들의 남편이나 파트너, 직장 남성들의 무심한 발언은 남의 일이 아니기 때문에 마음에 와 닿는 것이었다. 이러한 여성들의 지적을 받으면서 남성에게 필요한 것은 자기 자신과 마주 대하는 처신이라는 점을 깨닫게 되었다.

거기에서 착안한 것이 남성만을 대상으로 삼은 '남성개조 강좌' 였고 이를 처음으로 실시한 것은 1990년 가을이었다. 그 이후 담당자로서 직접 또는 간접적으로 기획 등을 담당하면서 총 7회의 강좌를 개최해 왔다.

6) 남성개조 강좌

최근 몇 년 동안 연간 자살자는 3만 명을 넘었으며, 그중 70% 이상이 남성이다. 특히, 불황을 배경으로 중 · 장년 남성의 자살 비율이 증가하고 있다. 가족 때문에 일하고, 일이 제일이라고 여겨 온 남성에게서 도산이나 은퇴는 자기 정체성(identity)을 붕괴시키는 쪽으로 이어지기 쉽다. 예를 들면, 집에서 아내와 결혼기념일을 축하하고 싶으나 일 때문에 이것이 여의치 않다. 이런 스트레스가 쌓여 차츰 병들어 간다. 그럼에도 불구하고 그렇게까지 최선을 다한 자신을 회사는 무참하게 정리 해고한다. 그런 그에게 남는 것은 자신의 인격을 스스로 말살하는, 자살이라고 하는 선택지인지도 모른다.

아이들의 '마음의 교육' 과 '사는 힘' 을 키우기 위해서는 국가에서 교육개혁을 추진하고 있다. 그러나 어른이야말로 '마음의 교육' 과 '사는 힘' 이 필요하다고 실감하고 있다. 아이의 모델이 되는 어른, 어른이야말로 그러한 힘을 스스로가 육성하지 않으면 안 된다.

남성개조 강좌에서는 성(gender)이 내포하는 비대칭성을 고려하면서 '남자다움' 의 갑옷을 벗었을 때 거기에 있는 자기 자신을 재인식하고, 여성이 해 온 것처럼 자기찾기의 계기 만들기와 감성을 불러일으킬 수 있을 워크숍(workshop)을 진행하였다. 이는 정말로 자기 자신의 삶의 방법, 존재 이유를 묻는 계기가 되었다.

7) 세상을 바꾸는 일

15년 정도 전에 교직을 목표로 하는 학생을 대상으로 하는 잡지의 인터뷰 요청을 받고, "사회교육은 세상을 바꾸어 가는 일이다. 세상을 바꾸기 위해서는 우선 인간이 바뀌지 않으면 안 된다. 그 때문에 사회교육을 하는 것이다. 이제부터 어떻게 살고 싶은 것인가라고 자신에게 묻는 사람이 늘어나면 늘어날수록, 세상이 바뀌어 가지 않을까?"라고 대답했다. 너무 거창하게 이야기한 것 같아 부끄러운 생각도 들지만, 그 생각은 지금도 변함이 없다.

그 후에도 나는 전국볼런티어연구집회와 도 내(都內)의 볼런티어 · 시민활동 관계 이벤트의 실행위원으로 시민활동을 행하면서 배우는 등의 많은 경험을 해 오고 있다.

내 스스로 '꿈-현실의 벽=사는 힘' 이라는 공식을 만들어 봤다. 볼런티어도 NPO도 사회교육도 세상을 바꾸는 일이다. 한 사람 한 사람이 자신의 삶의 태도를 디자인하고, 자신의 '꿈' 실현을 목표로 하여 인생의 주역으로 살다가 종말을 맞이하는 것이다. 이런 세상을 만드는 것이 사회교육 주사이며, 시민의 한 사람으로서 나의 꿈이기도 하다. 매우 거창한 꿈이기 때문에 '사는 힘' 은 절대로 마이너스가 될 수 없다. 이런 것을 생각하고 있는 사회교육 주사가 있다는 사실을 알아 준다면 정말 기쁘겠다.

5. 공민관 관장의 활력은 마을을 변화시키는 원동력

-아오모리현 히로사키시(배운다고 하는 것은 변화하는 것이다)-[7]

▶▶▶ 일본 평생학습 마스코트 마나비

평생학습의 마스코트 캐릭터 '마나비'[8]의 벌꿀 항아리는 지혜의 항아리다. 배운 것을 항아리에 넣어 꿈과 희망, 아이디어와 에너지로 변하게 하는 불가사의한 항아리다.

학습 지원대인 공민관은 다양한 기회의 확대를 컨셉으로, 이 '마나비' 항아리에서 여러 가지 전략을 동원하면서 네트워크 형성을 위한 활동에 도전하고 있다.

1) 히로사키시의 개요

히로사키시(弘前市)는 쓰가루(津輕) 평야의 남부에 위치한 내륙 마을로 아오모리현(青森県) 전체 면적의 2.8%에 지나지 않는 작은 도시다. 17세기 초부터 명치유신(明治維新)까지 약 260년에 걸쳐, 쓰가루반(津輕藩) 10만 석의 도시로 쓰가루의 정치 · 문화 · 경제의 중심지로 발전하여 왔다. 인구

7) 이 글은 다나카 히로코(田中弘子, 아오모리현 히로사키시 중앙공민관장) 씨의 글을 옮긴 것이다. 연락처: 青森県 弘前市 下銀町 19-4 弘前文化センター 内, 전화: 0172-33-6561 FAX: 0172-33-6570, E-mail chuko-1@hi-it.net, http://www.hi-it.net/-chuko/& http://www.hi-it.net/-bunka/

8) '가면라이더'의 저자인 만화가 이시노모리 쇼타로(石ノ森章太郎)가 디자인한 것이다. '배우다'는 일본말 '마나부'와 영어의 '벌(bee)'의 합성어로 '마나비'로 명명하였다. 1989년에 시작된 전국 평생학습축제(마나비피아)에서 데뷔한 이래 평생학습 마스코트로서 전국적으로 활용되고 있다.

179,000명의 '사과와 성(城), 그리고 벚꽃마을'로 사과는 전국 최고의 생산량을 자랑하고 있으며, '벚꽃축제', '네부타축제'[9] 등 수많은 관광자원을 소유하고 있다. 특히, '네부타축제'는 동(洞)자치회 단위로 네부타를 작성, 많은 아동이 참가하여 운영하고 있다. 이러한 활동이 지역 만들기의 원동력이 되고 있다.

2) 히로사키시 액션플랜

'인간과 만남, 인간이 지탱하는 마을', '지역 자원을 활용한 풍부한 산업의 마을', '친환경으로 자연과 조화로운 마을'의 미래상을 내걸고 계획 · 실현을 위해 '사과 마을 만들기', '아동의 무럭무럭 프로젝트', '볼런티어 추진 프로젝트' 등 13개의 전략 프로젝트를 설정하고, 각 부 · 국을 초월한 프로젝트 팀을 만들어 우선적 · 중점적인 시책을 전개하고 있다.

3) 공민관의 실태

- 1955년, 인근 12정 · 촌과 합병한 이래 12지구(地區) 공민관에 비상근 직원을, 중심부의 중앙공민관에는 상근 직원을 배치하고 있다.
- 1981년 9월 문화센터 개관과 동시에 중앙공민관장은 문화회관장과 겸하고 있다.
- 1950년부터 공민관이 설치되어 있지 않는 시가지 대책사업으로서 동자치회연합회와 공동주최로 '학구학습 강좌'를 각 학구의 관계 단체

9) 네부타축제는 오랜 옛날 농민이 바쁜 여름철에 밀려드는 졸음을 쫓기 위해서 수마(睡魔)를 배에 띄어 강물로 흘려 보내는 행사에서 발전하여 축제가 되었다. 칠석축제에서 발전하였다는 설도 있다. '네부타'는 '졸다(ねむてぇ, ねぶてぇ)'라는 어원에서 기원하고 있다.

와 협력하여, 12개 초등학교구에서 실시해 왔다. 다채로운 내용에 의한 공동학습 역사가 시의 재산으로 발전하였다.

4) 지금 도전하고 있는 공민관 네트워크의 활동과 성과

히로사키 대학 교육학부와 중앙공민관이 연계한 대학생 볼런티어 활동

- 교원양성에 있어서 학사융합(학교교육과 사회교육의 융합)의 가능성을 찾는 '프렌드십(Friendship)' 사업과 자연체험활동' 과 2001년부터 중앙공민관 주최 '초등학교 아동회 · 중학생 연구회' 에 대학 2학년생 20명이 기획단계부터 참여(이수과목)하였다.
  - 교육장 위촉의 소년교육지도원 30명의 교류를 통해 기능을 습득(구성은 초 · 중학교 교원, 아동회 OB, 소년단체 지도자)
  - 2001년도에 참가한 대학 3년생 10명이 2002년도의 '아동회 · 학생 연구회', '아동클럽' 에 볼런티어로 참가
  - 키즈(Kids)☆월드(world): '모두가 두근두근 키즈☆월드 두근두근 대작전' 을 대학생 20명이 2003년부터 자주적으로 기획하여 운영(월 1회 · 초등학생 60명 참가).
- 아동 무럭무럭 프로젝트: '히로사키 불가사의 발견 사적순례 걷기대회(rally)' 대학생 20명이 자주 기획 · 운영

청년그룹활동 추진 '청년 프로젝트 학원' 에서 NPO · 시민단체, 상공업자, 교육 · 연구기관, 행정과의 네트워크를 목표로 청년그룹활동을 전략적으로 추진하고 있다.

- 목적은 그룹 간의 네트워크 만들기, 청년의 적극적인 사회참여, 창업

이나 시민에 의한 마을 만들기 활동을 통한 지역의 활성화에 이바지하는 인재(재미있는 마을을 만들기 위해서 스스로 일하는 사람) 육성

- 학원 학생(18~40세): 2003년도 9명, 2004년도 11명
- 각 기관과 네트워크하고 있는 상담자(adviser), 서브 어드바이서를 선출(NPO · 히로사키 창조학원 · 반짝이는 여성학원 졸업생 등)
- 학습 프로그램
  - 학습: 2003년도는 학원 학생주도의 기획을 실현하기 위해 어드바이서 · 서브 어드바이서에 의한 기획 검토, 사회창업 · NPO를 테마로 필요한 기술 습득. 2004년도는 앉아서 배우는 학습 강좌를 줄이고, 지역의 과제 발견 '마을의 보물탐험대' 를 통해 새 것을 만들어 내는 기술을 습득하게 하였다.
  - 실천: 종합형 지역 스포츠클럽의 설립을 목표로 하는 학원생이 '스포츠네트 히로사키' 를 설립, 퍼브릭 뷰잉(public viewing) 이벤트 개최 · 여름의 네부타축제 기간 동안 상점가의 빈 점포를 활용한 프로젝트 'WANDO NO 네부타' 로, 금붕어 네부타 만들기 체험이나 히로사키(弘前) 금석 사진전 등을 개최
  - 제안: 히로사키 환경 파트너십(partnership) 21에 제안한 재활용(recycling) 이벤트는, 히로사키 대학 환경서클 '와도와(わどわ)' 와의 연계로 '히로사키 대학 리사이클 시' 로 실현하였다. 새로운 것을 시작할 뿐만 아니라 기존의 조직이나 이벤트의 활성화에도 연결하는 제안을 하고 있다.
- 2004년 5월 5일 일본 과학미래관에서 개최하는 '볼런티어 전람회(messe) 2004' 에 참가하여 활동 소개와 함께 전국사회교육시설 볼런티어와 교류를 하였다. 이 교류를 통해 청년 프로젝트 학원(塾) 주최의 공개 세미나 강사 의뢰와 새로운 네트워크가 형성되었다.

사회교육 관계 단체나 민간업자의 위탁사업

- 아동 무럭무럭 프로젝트의 자연체험 프로그램: '산나물 캐기 하이킹', '낮 캠프(Day camp)', '2박 3일 캠프', '세계문화유산인 시라카미(白神) 산지 트래킹' 사업은 '자연체험의 모임'에 위탁하여 사회교육 관계 단체로 육성하였다.
- IT학습 서포터(supporter) 배치사업: '출입이 자유로운 IT도전학습', '초등학생 퍼스널 컴퓨터 클럽', '노인 컴퓨터 클럽', '영유아를 데리고 일하고 싶은 여성을 위한 재취업 응원 퍼스널 컴퓨터 강좌'를 긴급지역 고용창출 대책사업비를 책정하여 민간업자에게 위탁하여 고용창출 대책사업으로 추진하였다.

취미문화서클을 자기만족에서 자기실현으로 연결하는 작전 개시

24개의 취미문화서클은 자신이 가지고 있는 노하우를 사회에 환원하기를 바라고 있다. 이에 따라 학습 프로그램을 1권의 책으로 만들어, 각 기업의 문화서클과 각 학교의 종합적인 학습 시간에 활용하도록 방문활동을 행할 예정이다.

5) 향후 과제

2003년 내각부 남녀공동참획국은 '직업갖기', '창업', 'NPO', '농업', '마을 만들기', '국제' 등의 분야에서 여성의 도전 지원 정책을 만들었다. 캐치프레이즈는 '여성의 도전은 남성의 건강, 사회의 활기!'이다. 여성의 도전 지원정책은 다양한 기회의 확대일 것이다. 이는 원래 공민관 활동의 컨셉에도 있을 법한 내용이다.

일본의 공민관이 탄생한 지 반세기 이상 경과하였다. 그동안 자유시간의 증가 · 학습력(歷)의 고도화 · 소비의 확대 · 생활의 IT화 등 학습 환경도 크게 변화되어 왔다. 이러한 변화는 공민관의 다채로운 시도를 가능하게 하는 한편, 대응이 불충분해서 정체나 매너리즘화되는 공민관을 양산하기도 하는 등 공민관의 존재 의의가 문제시되고 있다.

- 시 · 정 · 촌 합병 전에 각 관계 기관과의 폭넓은 연계를 목표로 한다.
- 대학과의 연계를 지금부터 계속해 가는 시스템을 만든다.
- 청년 프로젝트 학원은 사업평가를 한 뒤에 계속 여부를 고려한다.
- 공민관 직원은 '항상 시민이 주인공' 이라는 시점을 중요하게 여겨 일을 통하여 코디네이터(coordinator)로서, 학습 프로듀서(producer)로서 힘을 길러야 한다.

6. 평생학습이 나라를 변화시키는 '시작의 한 걸음' -도쿄도 미즈호초-[10]

'혼자서 할 수 있는 일은 혼자서 한다.'

평생학습은 시민의 자립을 촉진하는 것이고, 시민이 자립하는 것은 지역이 자립하는 것이며, 지역이 자립하는 것은 풍부한 나라를 창출하는 것이다. 나는 행정직원으로서 평생학습을 추진하고 있을 때, 평생학습은 개인이 주체적 · 계속적으로 행하는 학습활동인데, 왜 그 평생학습을 공적 행정기관이 추진하는가 하는 의문을 갖게 되었다. 이에 대한 대답이 "혼자서 할 수 있는 일은 혼자서 한다."라고 하는 의식개혁이었다. 이미 아주 당연한 말 같지만 중요한 것으로 평생학습 없이는 가능하지 않는 일이다.

10) 오케다 겐(桶田潔, 동경도 미즈호초 교육위원회 사회교육 주사) 씨의 글을 옮긴 것이다.

1) 평생학습마을 만들기와 볼런티어 활동

'평생학습마을 만들기'는 두 가지 관점에서 생각해 볼 수 있다. 하나는, 주민이 평생학습을 하기 쉬운 '평생학습을 위한 마을 만들기' 환경을 정비하는 일이고, 주민의 평생학습 성과를 마을 만들기에 반영하기 위해서 평생학습 볼런티어를 활용한 '평생학습에 의한 마을 만들기'다. 행정적 면에서 보면 전자는 수동적, 투자적인 시책이며, 후자는 능동적, 경영적인 시책이라고 말할 수 있다. 그리고 그 주역은 물론 시민(국민)으로, 평생학습을 관철한 시민의 의식개혁과 볼런티어 활동의 촉진 없이는 불가능한 일이다.

일본에서 볼런티어라고 하면 금방 복지와 결부시키는 경향이 있지만, 볼런티어는 사회복지를 비롯하여 의료 · 보건, 국제협력, 환경보호, 교육 관계, 예술 · 문화, 스포츠, 재해 관계, 소비자 관계 등 모든 분야에 존재하며, 활동의 장도 자택에서 지역, 국내, 해외로 폭넓은 전개가 가능하다. 활동 시간도 다양해서 각각의 특성을 살린 활동을 전개할 수 있다.

그 형태 또한 노동력 제공(땀을 흘린다), 지식 제공(지혜를 준다), 재산 제공(재정적 지원을 한다) 등 다양하다. 그리고 그 활동에는 자발성, 공공성, 무상성, 선구성의 원칙이 있다고 말하고 있다.

일본에서는 1995년의 한신(阪神) · 아와지(淡路) 대지진을 계기로 볼런티어에 대한 사회적 관심이 급속히 고조되어 1995년을, 볼런티어 원년이라고도 말한다. 볼런티어 활동을 전개하기 위해서는 그 활동에 관한 학습의 축적이 불가결하다. 평생학습활동의 성과를 활용하는 것이 볼런티어 활동이며, 볼런티어는 평생학습을 기초로 한 주체적 활동이라고 말할 수 있다. 즉, 평생학습 없이 볼런티어 활동은 있을 수 없다는 뜻이다.

동경도에도 시민 볼런티어 활동은 폭넓은 분야에서 다양한 형태로 전개되고 있다. 여기에서 말하는 '시민 볼런티어 활동'은 시민에 의한 볼런티어 활동을 포함시킨 시민활동이라는 점에서 생각해 볼 수 있다. 원래, 볼런티어 활동과 시민활동의 차이에 대해서는, 전자가 완전 무상의 활동인 반면, 후자는 이익을 얻을 것이 있으면서도 그것을 일부의 사람끼리 분배하는 것이 아니고, 다음 사업에 활용하면서 사회에 환원하는 비영리 활동이다.

시민활동에는 볼런티어 활동은 물론 유상의 주민참가형 활동이나 NGO, NPO라고 부르는 비영리민간조직의 활동도 포함하며, 그 분야도 다방면에 걸친다. 그리고 각각에 의한 볼런티어 활동은 조직화되어 그룹・단체에 의한 활동으로 발전하고, 그룹・단체가 상호 연계하는 네트워크화가 진전되고 있다. 지역에서도 그 특성을 살려 적극적으로 볼런티어 활동이 전개되고 있다. 또한 볼런티어 활동의 대상도 동경도나 도시부에서는 아이 키우기에 관한 볼런티어 활동이나 일본어 교실 등 외국인을 대상으로 삼은 볼런티어 활동이 왕성하고, 농촌부나 산간부에서는 이사 서비스 등의 고령자를 대상으로 한 활동이 원활하게 이루어지고 있다. 모두 아이를 키우기 쉬운 환경의 조성, 국제화에 대응해 외국인이 활동하기 쉬운 환경의 창출, 고령자가 안심하고 쾌적하게 살 수 있는 마을 등 볼런티어 활동이 마을 만들기에 반영되어 지역사회가 형성되고 있다.

볼런티어 활동은 힘든 일이 아니고 수월하게 할 수 있는 일로서 주민의 요구를 직접 충족시키는 것이 가능하다. 볼런티어 활동은 행정에서는 좀처럼 할 수 없는 섬세하고 치밀한 주민 서비스를 전개할 수 있다. 바꿔 말하면, 행정의 '가려운 곳에 손이 닿지 않는' 상태를 '가려운 곳에 손이 닿는' 상태로 할 수 있는 것이 볼런티어 활동이다. 동경도에서도 도시와 농촌이 공생하는 미즈호초(瑞穗町)에서도 많은 볼런티어가 활동하는 가운데 평생학습을 추진하는 볼런티어로서 지역 애니메이터가 중심이 되고 있다. 또한 새로운 마을 만들기의 시도로서 지역탐험활동을 통하여 평생학습의 성과를 활용한 마을 만들기를 촉진하고 있다.

2) 지역 애니메이터와 지역탐험활동

여기에서는 '평생학습에 의한 마을 만들기' 를 실천하기 위한 하나의 방법으로 '지역탐험활동 · 지도 만들기' 의 사례를 소개한다. 이 사례는 지역 사람들의 주체적인 평생학습 성과를 활용한 것과 마을 만들기를 목표로 평생학습활동을 통합한 것으로, 행정과 시민의 협동을 목표로 한 사업이라고도 할 수 있다. '통합과 협동' 의 계기는 시민 볼런티어의 존재다. 미즈호초의 '지역탐험활동 · 지도 만들기' 의 중심인물로서 '지역 애니메이터' 의 존재가 있다. 평생학습의 성과를 활용하고, '지역을 건강하게 한다.' , '지역에 새로운 바람이 불게 한다.' , '지역에 숨결을 준다.' 등 지역을 활성화하는 리더를 '지역 애니메이터' 라고 한다.

일본에서는 전국평생학습마을만들기협회가 지역 애니메이터 양성 프로그램을 작성하고, 전국적으로 양성하고 있다. 또한 전국적인 연계도 있는데, 미즈호초에서는 양성 강좌를 연 1회 실시하고, 4년간에 걸쳐 지역 애니메이터를 양성해 왔다. 미즈호초에서는 지역 애니메이터는 마을 만들기를 위한 볼런티어이면서, 스스로 평생학습활동을 전개하는 동시에 평생학습 축제를 개최하고, 평생학습에 관련되는 사업에 적극적으로 참여 기획하고 있다.

그리고 지역 애니메이터들이 모여 평생학습에 관한 조사연구, 정보 교환 등을 목적으로 미즈호초 평생학습마을만들기연구회를 조직하고, 주체적으로 사업도 실시하고 있다. 이 과정에서 지역탐험활동 · 지도 만들기가 이루어졌다. 또한 지역 애니메이터 상호 간을 연결시킬 수 있는 역할은 '마을 만들기 코디네이터' 가 담당한다. 지역탐험활동은 지역의 보물찾기다. 지역의 보물이 지역 활성화의 기폭제가 될 것을 기대하고 있다. 여기서 보물은 금은보화가 아니고, 자연, 역사, 문화, 산업, 인재 등 지역의 개성, 특성이 될 수 있는 것들이다. 시점을 바꿈에 따라 눈에 들어오는 보물은 다양하다.

우리 마을의 보물찾기는 미즈호초 평생학습마을만들기연구회가 중심이 되어, 지역탐험활동 · 지역 지도 만들기를 전개하고 있다. 지도 만들기는 마을을 걸으면서 알게 된 것을 지도에 기입하는 작업이다. 이 활동을 하나의 평생학습으로 포착하여 향상시키고, 심화시켜 널리 확산시키기 위해서는 모든 기관과의 연계가 불가결하다.

3) 지역탐험활동 · 지도 만들기의 실제

시작의 한 걸음(향상시킨 다) 미즈호초는 유명한 애니메이션 '이웃집 토토로' 의 무대로서 신록이 우거진 사야마(狭山) 구릉의 서쪽 끝에 위치하고, 미군 요코타(横田) 기지가 있는 마을이다. 당초 차나무 밭이나 농산물 영업장, 공중화장실 등을 지도에 기입했지만, 최초로 완성된 지도는 토토로[11]의 고향 재단과 연계한 A3판 '하코네가사키(箱根ヶ崎) 역에서 사야마 구릉의 입구, 육도산까지의 안내도' 였다. 이 지도를 작성하는 과정에서 미즈호초에는 흙으로 만든 광이 많은 것을 발견했다. 당시 이 지도는 사야마 구릉을 방문하는 사람에게 호평을 받아 가까운 술집에 비치해 두면 금방 없어져 버리는 판이었다. 그 다음으로 마을 내의 벚나무와 은행나무에 주시하여 A3판 '벚꽃지도', '은행지도' 를 작성하였다. 이전에는 깨닫지 못했던 것으로 지역에는 몇 군데나 벚나무와 은행나무 명소가 있었다. 이 지

11) 토토로는 미야자키 하야오 감독의 애니메이션 주인공으로 사람이 살기 전부터 숲속에 살고 있다고 전해지는 요정이다.

도는 확대, 재편집되어 '미즈호의 큰 나무(樹)와 숲(林)' 이라는 기획전에 전시되었다.

지역탐험활동을 사업화(심화시킨다) 지역탐험활동은 지역 이해를 촉진한다. 봄 방학에 아이들이 주체가 된 지역탐험활동을 2일간 실시하였다. 첫째 날에는 구역을 정해서 지역을 걷고, 지역의 보물찾기를 한다. 앞의 활동에서 발견한 흙으로 만든 광에 주시하여, 걸으면서 지역의 보물을 찾게 하였다. 지역탐험활동은 오감을 활용하게 하는 것을 기본으로 한다. 보거나, 듣거나, 만지거나, 냄새를 맡거나, 때로는 맛을 확인하기도 한다. 흙으로 만든 광에 대해 아이들이 설명을 원할 때에는 지역 사람이 안내자가 되기도 한다. 유쾌하고 정성스럽게 설명해 주거나 광 안을 안내해 주거나 광에 관계되는 추억을 얘기해 주는 등 그 방법은 다양하다. 아이들은 보거나 듣거나 느낀 것을 각자 기록하는 것으로 첫째 날 일정을 마친다.

둘째 날에는 지도 만들기를 한다. 기록한 것을 참고로, 보거나 듣거나 느낀 것을 모조지에 써 넣고, 지도를 작성한다. 인상 깊은 것을 그림으로 표현하거나, 광 안이 싸늘해서 추웠던 경험을 전해 주거나, 안에서 무너지기 시작했던 광 벽의 일부를 흙으로 바른 것 등 각자가 경험한 내용을 표시하여 독특한 지도를 완성한다. 이 지도는 마을의 평생학습축제에 전시되어, 주제를 보다 심화시키기 위한 학습활동과 결부되었다.

지역탐험활동을 활용한다(널리 퍼지게 한다) 지도 만들기 활동은 지역을 홍보하는 동시에 지역과 연계되어 확대될 것이다. 사야마 구릉을 중심으로 해서 그 매력을 충분히 소개한 토토로의 고향 재단 · 편 '사야마 구릉을 보고 걷기' 는 사야마 구릉에 접하는 6개의 시와 면이 모델 코스로 설정되어 각각의 버스 정류장에서 바턴 터치를 해서 사야마 구릉을 한 바퀴 도는 여행 안내서다. 미즈호초 평생학습마을만들기연구회가 지역탐험활동으로 발견한 흙으로 만든 광을 중심으로 미즈호초의 매력을 십분 소개하고 있다. 지역탐험활동은 아이에서 노인까지 모든 사람이 참가할 수 있는 지역 활동이며, 다양한 전개가 가능해서 각종 사업과도 협력이 가능하다.

4) 맺음말

새로운 마을 만들기는 새로운 발견에서 시작된다. 그리고 완성된 지도는 새로운 마을 만들기의 메뉴가 된다. 지역탐험활동 · 지도 만들기는 지역을 활성화하기 위한 하나의 방법이며, 지방의 발신이기도 하다. 지역을 보는 것은 지역을 아는 것이며, 지역을 아는 것은 지역에 대해 배우는 것이다. 지역에 대해 배우는 것은 지역에서 생활하는 것이며, 지역과 함께 존재하는 것이다. 평생학습을 통하여 행정직원의 의식이 바뀌면 일이 바뀐다. 일이 바뀌면 관청이 바뀐다. 관청이 바뀌면 시민이 바뀐다. 시민이 바뀌면 마을이 바뀌게 된다.

7. 아이를 넉넉하게 성장시키는 평생학습마을 시라카와–기후현 시라카와초–[12)]

1) 시라카와초의 개요

시라카와초 시라카와초(白川町)가 속하는 기후현(岐阜県)은 일본의 한가운데에 위치해 있으며, 주요 도시인 나고야(名古屋)에서 1시간 거리의 내륙에 위치하고 있다. 해안선이 없고 대부분을 산과 강이 차지하고 있다.

그 속에 있는 시라카와초는 총면적 238km^{2}가 산림이며, 인구는 약 1만 명이다. 물과 신록이 풍부한 일본의 전형적인 농산촌 마을이다. 특산물인 '시라카와(白川)차'나 '노송나무 재료 가공' 등 건축 · 농림업을 중심으로 마을 활성화를 꾀하고 있다.

▶▶▶ 일본이 자랑하는 파이프오르간 산지

시설 · 직원배치　평생학습을 전개하는 거점으로서 5개의 촌락에 지구(地区)공민관을 설치하고, 전임의 공민관장 · 주사를 배치하고 있다. 또 면사무소 가까이에 중앙공민관을 두고, 교육위원회 소속 7명의 직원이 평생학습을 담당하고 있다.

한편 관내에 있는 대강당에는 마을에서 제작한 대형 파이프오르간이 갖추어져 있고, 또 한 대의 중형 파이프오르간이 있는 작은 홀과 합쳐서 전국 오르간 아카데미 · 오르간 강습회 · 콘서트 등 오르간(organ)을 중심으로 한 활동을 전개하고 있다.

2) 시라카와초의 평생학습

이념　평생학습의 이념은 사람들이 일생에 걸쳐 자기 계발에 노력하고 상호 연대감을 높이면서, 인간으로서 주체적으로 살아가려고 노력하는 태도나 마음을 발전시키는 데에 있다. 또한 마을의 한 사람 한 사람이 일상생활 속에서 이 이념을 기조로 활동하는 데에 있다. 지금까지 물질적인 풍요

12) 후이지 요시타카(藤井義孝, 기후현 시라카와초 낙습관 관장) 씨의 글을 옮긴 것이다.

로움을 추구해 온 사람도 사는 보람 · 융통성 · 충실감이라고 하는 '마음의 넉넉함' 을 요구하는 동시에 스스로의 학습을 지역에 볼런티어 활동으로써 환원하고, 지역의 발전에 공헌하려고 하는 의식이나 행동으로 향상되어 왔다. 그러므로 평생학습으로부터 마을을 일으키는 '평생학습마을 만들기' 를 전개하기 위한 체제 구축이 시급한 일이다.

'평생학습마을 만들기' 의 중점

- 지구(地區)공민관을 중심으로 한 지역 과제의 대처와 지역 만들기의 거점만들기
- 고향 전승문화와 식(食)문화 등의 재구축
- 각종 볼런티어의 육성과 연계, 활용
- 차세대를 넉넉하게 키우는 평생학습 지원
- 정보화, 국제화 사회 등 다양한 요구에 대응하는 학습과 활동

3) 아이를 지역에서 넉넉하게 성장시킨다

청소년의 미숙한 성장 사회의 발전과 더불어 물질적 풍요 · 편리한

생활 · 고학력 사회, 핵가족 · 저출산 · 고령화가 진행되는 가운데 다양한 문제점이 부각되어 왔다. 그 가운데에서 최대의 문제는 청소년의 미성숙한 성장이다. 15만 명에 달하는 등교하지 않는 아이들, 200만 명에 달하는 미취업 아르바이트 종사자, 니트족(NEET)[13)]이라고 부르는, 취직도 하지 않고 학교도 가지 않는 70만 명의 청년, 청소년기부터 집에 계속 틀어박혀 있는 성인, 목표가 없는 아이들의 비행이나 성(性)비행 등 21세기를 짊어지는 청소년들의 문제는 지금 일본에서 아주 시급히 해결해야 할 과제다. 그 최대의 원인은 물질적 풍요와 편리함에 가정과 아이가 고립되면서 가정이나 지역의 교육 기능이 계속해서 저하된 데에 있다. 현재 도심부도 산간부도 거의 같은 현상에 시달리고 있다.

마을의 아이 육성지원 계획 시라카와초에서는 마을의 최대 과제로 다음 세대에 마을을 책임질 아이의 육성을 표방하고, 앞장서서 후생성 · 일본 문부과학성이라는 종적인 라인조직의 허울을 깨고 청소년 육성에 영향을 미치는 기관을 단일화해 마을 전체에서 지원해 주는 시스템을 만들었다.

〈시라카와초(白川町)의 마음이 설레는 계획〉

'사람과 자연이 빛나는 따뜻한 마을 아름다운 농촌 시라카와(白川)'

⇧

'미래를 짊어질 청소년이 무럭무럭 자라는 아름다운 농촌 시라카와(白川)'

- 0세부터 15세까지 일관된 교육 기구와 내용의 창조
- 존재감 넘치는 시라카와의 보육원 · 학교의 창조
- 청소년의 넉넉한 성장에 공헌할 수 있는 지역사회의 창조

⇧

13) NEET(ニート)는 영국에서 생긴 용어로 Not in Employment, Edueation, Training의 약자다.

'지역의 힘으로 아이 지원'
(문화활동, 스포츠활동, 어린이회 등에서의 사람과 자연의 확대)

- 지적 호기심이나 추구력을 향상
- 인간관계 만들기의 확대
- 자란 환경의 원점 '고향'을 마음에 새김

'아이 키우기 응원단을 자각하는 평생학습마을 만들기'
- 아이에의 환원을 목표로 하는 평생학습
- 아이를 위한 풍부한 고향 만들기

'지역의 교육열을 높이는 <5개의 수단>'
- 지역의 자연 · 문화자원의 활용
- 다양한 인재의 네트워크 구축과 활용
- 지역 전체로 아이와의 네트워크 만들기
- 계절 행사 · 전통문화의 재구축
- 아이가 성장하는 거처 · 기회의 설정

'활기찬 볼런티어 어린이 응원단' —환원과 창조—
- 보육위탁
- 각종 복지
- 보육원 · 학교지원
- 도서관 · 책 읽어 주기
- 지역 가부키진흥회 · 일본 북(鼓) 클럽 등
- 유아학급
- 각종 성인 · 노인
- 문화 · 스포츠 단체
- 어린이 문화 강좌
- 장난감 도서관
- NPO

4) 실천 사례—'어린이 문화 강좌의 개시'

바람 시라카와초에서는 '완전 학교 주 5일제'의 실시와 '사회교육법'의 개정으로 '아이는 가정에서' 부터를 기본으로 지역의 많은 사람과 네트워크를 형성하면서 성장시키는 계획을 세웠다. 이것을 바탕으로 산간부의 넓은 지역에서 고립해서 성장하는 아이들을 마을 전체에서 지역의 볼런티어나 지도자를 중심으로 학사연계하여 다른 연령대와의 체험활동을 전개해 나가고자 한다.

<사회교육법의 개정> 새로운 공민관의 역할(요점)
- 가정교육에 관한 학습 기회의 제공
- 유아, 학교교육과의 연계 확보
- 청소년에게 볼런티어 활동 · 다양한 체험활동의 기회 제공

청소년이 성장하는 장소로서 공민관 활동 시작에 즈음하여 마을 내 5개 지구(地区)에서 간담회 연수회를 열고, 어린이 활동 계획을 책정하였다. 이것은 새로운 세대를 짊어질 모든 아이가 모든 지역에서 많은 사람과 관련되어 성장하는 환경 만들기를 공민관이 중심이 되어 추진하는 구상이다.

지구공민관에서 어린이 문화 강좌의 개설 어린이 활동 계획의 목표 · 방침부터 정하고, 지구공민관마다 '어린이활동실행위원회'를 내세운다. 어린이 문화 강좌 개설까지 지역의 볼런티어, 서포터와의 연계, 학교시설의 전면 개방, 지역 지도자의 확보, 학부모와 아이에게 자세한 취지설명 등 극복해야 할 과제가 많다.

'지역과 연결되어 살아가는 힘을 키운다.'
- 가정에서 생활체험: 제1 토요일
- 지역에서 사회참가 · 자연체험: 제2 토요일
- 스포츠활동: 제3 토요일
- 지역문화활동: 제4 토요일

〈표 9-1〉 2004년도의 개설 상황

	개설 강좌	참가 인원수
시라카와(白川) 지구공민관	8강좌	
시라카와(白川) 북(北)지구공민관	6강좌	• 초등학생 489명
소하라(蘇原) 지구공민관	7강좌	96%
구로카와(黑川) 지구공민관	6강좌	• 중학생 76명
사미(佐見) 지구공민관	6강좌	35%

아이의 지원체험에서 어른도 배웠다 아이들은 다른 연령층과 함께 활동하는 즐거움, 많은 사람과의 교류, 배우는 즐거움, 처음 해 보는 체험 등으로 많은 감동을 받았다. 아이들의 이런 모습을 통해 어른들도 사는 보람이나 일하는 보람을 느낀 활동이었다. 또한 중학생이 리더십을 발휘하고, 기획 · 운영에 참여하는 힘도 생기기 시작했다. 청소년들이 고향 마을에 긍지를 가지고 네트워크를 형성하며 자라는 것을 목표로, 공민관을 기지로 참여하는 '고향 텔레비전' 사업도 개설하고 있다. 적극적으로 온 힘을 발휘해 평생학습마을 만들기를 목표로 하는 어른의 모습을 통해 아이들은 살아갈 힘을 키워 갈 수 있다고 확신하고 있다.

▸▸▸ 전통의 다도를 배우기

▸▸▸ 강 환경조사

제10장

평생학습 볼런티어가 도시(마을) 만들기의 주역

1. 일본의 볼런티어 역사

동서양을 막론하고 볼런티어의 역사는 종교적 구제, 전통적 상호 의존의 커뮤니티의 형성에 기인한다. 볼런티어는 17세기 유럽에서 '자경단', '지원병' 의 의미로 사용되다가 19세기 후반 들어 현재와 같은 의미로 사용된 것이다. 일본의 경우 볼런티어의 실천은 역사적으로 '나라시대의 불교의 수용에서 시작된 공공적 복리'[1], 재난구호 등에서 시작되었다고 할 수 있다. 그러나 현대적 볼런티어 활동은 제2차세계대전의 패망 이후의 일이다. 미군에 의한 '공사분리의 원칙' 에 의해 사회복지법인이 설립되어 '사회복지는 공적 책임' 이라는 의식이 생기게 되면서 전쟁고아 보호 등의 활동을

1) 일본 볼런티어 학회, http://popo.or.jp/vgakkai/shin8.html

하게 된다.

고도성장 사회가 시작되면서 지역사회의 파괴와 가족의 해체, 생활환경의 파괴, 공해문제 등의 사회문제 해결을 위한 다양한 주민운동과 주민학습활동이 생겨났다. 1970년대는 '커뮤니티 형성과 사회복지' (중앙사회복지심의회 답신), '부인 볼런티어 활동 촉진사업' (문부성), '봉사은행', '볼런티어 보험제도' (후생성), '지역 볼런티어센터' 개설 등이 생겨났다. 1980년대는 시설복지에서 재택복지로 정책이 변화하면서 재택지원 볼런티어제도가 생겨났고, 환경문제와 지역 만들기 볼런티어 활동, 기업의 해외 진출로 '해외협력 볼런티어', 국제분쟁 · 난민 · 에이즈 퇴치 등의 국제협력 등을 위한 'NGO활동추진센터'[2]가 생겨나면서 그 수가 증가하고 있다.

1990년대에 들어서면서 생활 대국, 성숙사회, 학습사회, 장수사회의 실현을 목표로 볼런티어 사회의 확대를 위한 다양한 활동이 전개된다. 즉, '전국볼런티어페스티벌' (1992), '볼런티어 코디네이터의 배치촉진' (1993), '볼런티어 코디네이터 어드바이서의 양성촉진' (1993), '볼런티어 체험 월간(7~8월)의 추진' (1994)이다.[3] 1995년 고베 지역의 대지진으로 6천 명 이상이 참사하는 끔직한 천재지변이 일어나면서 수많은 사람이 복구 볼런티어 활동에 참여하였다. 이로서 볼런티어 활동이 일본 사회에 보편적으로 이루어지는 단계로 접어들었다. 이를 계기로 볼런티어 활성화를 위해 1998년 특정비영리활동촉진법(NPO법)이 제정됨에 따라 지역주민과 행정 사이에 비영리민간단체(NPO)가 다양한 사회공헌 활동을 하고 있다.

볼런티어는 사회복지에서 전사회 영역으로 확대되고 있으며, 사람 만들기 활동, 평생학습활동으로서 새롭게 자리 메김을 해 가고 있다. 볼런티어

2) http://www.jca.apc.org/janic

3) http://www.alc.co.jp/clubalc/vj/what/history01_01.html

대중화는 '탈집단화, 탈정치화, 탈화폐 경제' 사회가 되고 지방분권사회와 배움의 나눔을 즐기는 사회로 변화함에 따라 교육과 복지, 그리고 노동을 함께 엮는 제도적 장치 마련을 추진하고 있다.

2. 평생학습과 볼런티어 활동[4)]

1) 볼런티어 활동 내용

볼런티어 활동 내용은 몇 백 종류나 된다. 그중에서도 많은 분야는 사회복지뿐만 아니라 교육, 문화, 스포츠, 국제교류 · 협력, 자연환경보호, 보건, 의료, 지역 진흥 등 다방면에 걸쳐 있다.

또한 볼런티어 활동을 진행하는 방법도 한 방향의 자선 · 봉사형의 활동으로부터 서로 서로 돕고, 서로 배우고, 서로 수련하여, 서로의 생활을 향상시켜 가는 쌍방향형의 활동으로 넓혀지고 있다. 볼런티어 활동이 평생학습의 주요 테마가 되는 것도 이 때문일 것이다. 일반적으로 볼런티어 활동의 내용은 다음과 같다.

- 학습원조활동: 사회의 다양한 과제를 해결하기 위한 학습회, 집단활동, 광고활동, 상담활동 등의 기획 · 실시 · 지도 · 원조, 공적학습 관련 사업을 확대하기 위한 지원 · 운동
- 환경보호활동: 자연환경, 신변의 생활환경의 보호 · 개선
- 동료 만들기: 마음의 풍요로움과 즐거운 생활을 널리 알리기 위한 동료

4) 김득영 역, 평생학습마을 만들기론(대전: 대전지역평생교육정보센터, 2003).

만들기, 사업의 기획 · 실시 · 지도원조

- 건강안전활동: 건강과 안전을 위한 조사 · 보급활동 · 지도 · 시설정비
- 복지활동: 장애(handicap)를 가진 사람에 대한 간호 · 방문, 탁아, 점자봉사, 독거 노인의 시중 들기
- 구조 · 원호활동: 피해자나 난민의 구조 · 원호, 시설봉사(이용 · 미용)
- 문화재 보호 등의 활동: 문화재의 보호 · 전승 · 활용, 민화(民話)의 전승
- 국제 교류에 관한 활동: 외국 유학생, 여행자 등에 대한 원조 · 안내, 외국인을 위한 강좌의 개설 · 지도, 옛날 우표 수집
- 시설관리 등의 활동: 지역의 공공시설의 수리, 설비 정비 등의 활동

활동은 동아리 등에서 배우면서 그 성과를 살려서 행하거나 혹은 자신이 가지고 있는 전문적인 지식 · 기술을 통해 지역을 위해 활약하는 것으로 노동력 · 물자 · 자금의 제공 등 여러 가지가 있을 수 있다. 공공의 기관 · 단체의 임원, 위원으로서의 적극적 활동도 결과적으로 볼런티어 활동이 되고 있다. 또한 활동의 장소도 복지시설 · 사회교육시설에서의 활동, 학교교육에서의 볼런티어 활동, 마을 만들기의 활동 등 그 범위는 폭넓게 생각할 수 있다.

2) 볼런티어 활동과 평생학습의 관계

볼런티어 활동은 평생학습과 깊은 관계가 있다고 말할 수 있다. 이에 대해 평생학습심의회답신 '이제부터 사회의 동향에 대응한 평생학습의 진흥 방책에 대해서' (1992년)는 구체적으로 다음 3가지 관점에서 생각하는 것이 필요하다고 지적하고 있다.

- 볼런티어 활동 바로 그것이 자기 계발 · 자기실현으로 연결되는 학습활동

이다: 평생학습시대를 맞이하여 적절한 학습 기회와 지도자가 필요하다. 개개인이 학습에서 얻은 것을 새롭게 배우는 이에게 가르치는 것도 볼런티어 활동이지만, 이것을 통해 지도자의 문제를 해결하고 있는 마을도 있다. '가르치는 것' 은 배운 것을 더욱 깊게 보다 확실하게 한다. 그런 의미에서는 '배우는 것' 이기도 하다. 자신의 학습 성과로 남의 생활에 도움을 주거나 남을 기쁘게 해 주는 것이, 점점 활동의 의욕을 높이고 배우는 기쁨을 확장시키고 자기 계발, 자기실현으로 연결되는 것이다. 볼런티어 활동에 참가하고 있는 어떤 어르신이 "나이가 들어 다른 사람의 신세를 지는 자신이 아니다. 참으로 힘과 용기를 가진 새로운 자신을 찾은 것과 같은 생각이 든다." 라고 말한 것이 떠오른다.

- **볼런티어 활동을 행하기 위해서 필요한 지식 · 기술을 습득하기 위한 과정이 학습이다:** 학습 성과를 사회적으로 살려, 실천하는 데에 볼런티어 활동의 의미가 있다는 것이다. 볼런티어 활동에 참가함으로써 다양한 사람과의 만남 · 다양한 문제 · 현실 체험에 의해 감동이나 애정, 기쁨, 자신감 등을 실감할 수 있다. 그리고 자신의 특기, 경험, 아이디어(idea), 노동력, 때로는 재력이나 시간 등의 활용법과 스스로 해야 할 것을 알게 된다. 또한 볼런티어 활동으로 필요한 지식 · 기술 등을 향상시키는 것이다. 보다 좋은 볼런티어를 위해서는 보다 높은 지식기술이 필요하고 그 때문에 평생학습도 필요하다.
- **사람들의 평생학습을 지원하는 볼런티어 활동도 있다:** 만약 볼런티어 활동이 활발해 지면, 보다 많은 학습 수요가 생기고, 평생학습의 진흥이 의도대로 잘 될 것이다. 서로의 평생학습을 통해 서로 지탱하는 볼런티어 활동은 더욱 활발한 평생학습의 추진과 볼런티어 활동의 진흥으로 연결된다.

3) 평생학습마을 만들기 볼런티어

1999년 6월 9일, 평생학습심의회는 '학습의 성과를 폭넓게 살린다.' 고 하는 답신에서도 학습 성과를 '개인의 직업능력(carrier) 개발에 살린다.' '볼런티어 활동에 살린다.' '지역사회의 발전에 살린다.' 고 구체적으로 제창하고 있다. 평생학습을 추진하고 학습 성과를 서로 활용함으로써 커뮤니티 형성을 꾀하는 것은 마을 만들기에 있어서, 특히 도시에서의 마을 만들기의 유효한 전략이 되는 것이다. 지금, '마을 만들기 볼런티어' 라고 하는 말이 조용히 퍼지고 있다. 꽃이 만발한 마을 꾸미기를 하는 사람, 관광 가이드(guide) 볼런티어, 마을의 표지판을 만드는 사람, 아름다운 자연환경을 보호하는 사람, 지역에서 예술문화를 발표 · 보급하는 사람, 지역의 역사를 연구하고 있는 사람, 청소년 건전 육성을 위해 활약하는 사람 등, 모두 지역을 활성화하는 볼런티어들이며, 마을 만들기에 공헌하는 사람들이다.

여기에 제시하고 있는 사례는 평생학습마을 볼런티어 활동을 지원하고 상담하며, 지역을 활성화시키고 있는 볼런티어 지도자이자 코디네이터들의 활동 내용이다.

3. 작은 한 걸음이 동료를 만들고, 마을을 바꾼다

-교토부 가메오카시-[5)]

내가 평생학습 생활을 하게 된 계기는 결혼을 하면서 교토시(京都市) 내

5) 이 글은 사토 리에(佐藤理惠, 교토부 가메오카시 kity대표) 씨가 쓴 글을 옮긴 것이다.
연락처: 우편 621-0822 京都府 龜岡市 篠町 野條 下川 22-7 TEL/FAX 0771-25-2646, E-MAIL cip64470@rio.odn.ne.jp

에서 가메오카시(龜岡市)로 시집 오면서부터의 일이다. 처음에 시집을 와서 아는 사람도 없고, 손을 들어도 택시가 멈추지 않으며, 택시조차도 그다지 달리지 않는 지역이어서 상당히 낯설고 익숙해지지 않았다. 매일 간절히 교토로 돌아가고 싶다고 생각하던 어느 날, 일 관계로 알고 지내던 프리 아나운서인 이와사키 히로미(岩崎裕美) 씨가 가메오카시의 여성정책위원장으로 촉탁받았지만 자신을 도와 줄 젊은 사람이 없다고 전화로 협력을 부탁해 왔다. 나는 이전에 시정(市政) 모니터를 해 본 경험은 있었지만, 이 지역에 친숙해질 수 없어서 망설였다. 하지만 결국 나는 내가 좋아하는 이와사키 씨의 부탁이라 거절할 수가 없어 받아들였다.

시민공모로 지도자 양성 강좌 수료자 20명이 추진위원이 되어, 이와사키 씨를 비롯하여 전문적 분야의 전문위원, 시 여성 직원으로 구성된 검토위원 등 3분야의 위원이 모여 1년간 다양한 활동을 하면서 '가메오카시 유·아이 플랜'이라는 명칭으로 여성정책 책정을 시작하였다. 그때부터 아는 사람이 한두 사람씩 늘어나면서 드디어 나는 가메오카시 시민으로서 친숙해지고 있구나 하는 생각이 들었다. 약 2년 동안 여성정책을 통해서 많은 공부와 경험을 하게 되었다. 그때 평생학습도시인 가메오카시에서 평생학습축제가 열리게 되었고, 당시 위원 가운데서 최연소였던 내가 대표로 이야기를 하게 되었다. 거기에서 후쿠토메(福留) 선생을 만나 여러 가지 이야기를 들은 후 애니메이터, 코디네이터 강좌를 수강하여, 인증서도 받았다. 그후 나는 조금씩 여성정책에서 평생학습으로 생각이 옮겨가기 시작하였다. 여성정책을 계속하는 가운데서 확실히 좋은 경험을 거듭하였고, 그런 활동이 필요하다는 것도 느끼고 있었다.

그러나 그런 중에도 많은 의문이 생겼다. 남녀의 벽, 어른과 아이의 벽, 건강한 사람과 장애우의 벽, 고령자와의 벽, 시부모와 며느리의 벽, 타인과 집안 사람의 벽 등 많은 벽이 있다는 것을 절감했다. 예를 들면, 지금의 며

느리는 보육시설이 없으면 영유아 시기에는 공부시키고 싶어도 할 수 없다고 하는 한편, 시어머니 세대는 자신들 때에는 아이를 업어서라도 열심히 시켰다고 한다. 그리고 아이가 없는 나에게는, 아이를 낳은 적도 없는 사람은 입을 다물고 있으라고 하면서 이야기에 끼어 주지도 않았다.

그리고 또 하나, 필요한 것도 행정 규제로 없는 것이 많아 행정과 시민의 벽을 느꼈다. 혹시 여성정책이라고 해서 의외로 여성이 너무 부각되는 것은 아닐까……. 이런 것과 병행해서 평생학습을 배우기 시작한 나는 여자라기보다는 사람으로서 자신답게, 필요한 것은 필요로 하고 실천하는 형태로서 평생학습에 전심전력을 하기로 마음먹고, 여성정책 멤버 몇 사람의 동의를 얻어 12명의 여성과 그 가족으로 KITY[6]라고 하는 평생학습 패밀리 그룹을 만들었다.

최초의 활동은 당시 가메오카 시민의 반대에도 개의치 않고 200억을 들여서 만든 평생학습시설 '갤러리아 가메오카'에서 시작하였다. 언제까지 불평을 해도 이미 만들어진 건물을 어쩔 수 없는 것이 아닌가! 그렇다면 어디에도 없는 굉장한 시설에 사람을 모아 무엇을 할 수 있을까 궁리하여 매월 결정된 날에 개최하는 축제와 같은 프리마켓(free market)[7]을 개최하기로 했다. 단지 재활용만이 아니라 그 하나의 공간을 빌려서 자신의 책임 범위에서 무엇을 해도 좋은 자유로운 스페이스를 각 단체의 홍보의 장이나 퍼포먼스의 장으로도 대여하고, 그동안의 활동으로 넓혀진 네트워크를 연결하여 조금씩 키워 갔다.

가정을 가진 주부에게는 일부러 모인 회의보다 월 1회, 거기에 가면 누군

6) kity=kameoka improve try youthful의 약자이자, 키티짱이라는 고양이 캐릭터 이름으로 1998년 설립된 가메오카시의 여성 볼런티어 단체다.

7) 쓰던 물건을 사고 파는 재활용시장

가가 있고, 누군가가 웃고 있다! 쓰지 않는 물건을 조금이라도 팔아서 자신들의 활동자금을 번다. 물건을 내놓지 않고 아이를 돌봐 주는 멤버도 있다. 아이가 없는 나에게는 어린이와의 시간이 매우 좋은 공부가 되었고, 자기 엄마가 말하는 것은 듣지 않아도 내가 말하면 잘 들었다. 지금까지 자기 멋대로 하던 어린이도 자기보다 작은 아이와 만나면 매우 어른스럽게 흐뭇한 표정이 되어, 함께 프리마켓에 참여함으로써 어린이 스스로도 어떻게 하면 조금이라도 물건을 잘 팔 수 있을까를 고민하는 가운데, 돈의 소중함도 느끼게 해줄 수 있었다.

프리마켓 활동을 재개하기 위해, 우리는 작은 포럼을 만들게 되었다. 우선 돈이 없으면 할 수 없다는 생각을 뒤집는 일이었다. 무엇을 위하여 지금까지 동료 만들기를 해 온 것인가? 여성정책과 평생학습으로 서로 알게 된 사람, 멀리는 고치(高知)의 여성그룹 협력으로 출연자나 내용을 결정하였다. 멀리서나마 응원해 주는 사람들의 협력과 프리마켓의 실적으로 평생학습재단의 조성금도 받을 수 있게 되었다. 남편들은 여러 형태로 협력해 주었고, 어린이들은 모든 일에서 솔선해서 도움을 주었다. 보육문제는 회의장 안에 어린이 공간을 만들어, 학교 교사를 지망하는 대학생에게 부탁하였으며, 아동들은 자기 부모가 보이는 곳에 두어 어른들이 모임에 참가하면서 안심하고 공부할 수 있도록 하였다. 그러나 학생들은 아동 취급을 한다며 투덜거렸다. 모두 자신들의 손으로 만든 작은 포럼으로 1,000엔의 참가비용에도 불구하고 100명 이상의 사람이 모였다. 멀리 시코쿠(四國)에서도 참가하였는데, 행정으로서는 결코 할 수 없는 모임을 우리는 성공시켰다. 이 포럼으로 큰 자신감을 갖게 되었고, 참여자들은 자신의 가족 등의 벽을 뛰어 넘게 되었다. 모두가 자신의 마을을 멋진 마을이라는 생각을 갖게 됨에 따라 나는 정말로 가메오카의 주민이 되었다는 생각이 들었다.

여기까지가 내 인생을 크게 변하게 만든 것은 평생학습이다. 그게 무슨 평생학습인가라고 생각하는 사람도 있을지도 모르겠다. 그러나 나는 살고 있는 과정, 인생 모두가 평생학습이라고 생각한다. 주위로부터 무엇이 평생학습인가라고 하는 이야기를 자주 듣는다. 특별한 일을 하지 않아도, 사람은 그때, 그 장소, 그 상황에서 여러 평생학습을 하고 있다는 것을 깨달았으면 하는 생각이다.

평생학습은 사람과의 만남이 크고, 매우 중요한 포인트라고 생각한다. 그래서 마을 만들기나 평생학습에 문제가 생겼을 때, 무엇보다 사람들의 만남을 통해 답을 구하게 된다. 고치현(高知県) 스사키시(須崎市)의 포럼에서는 모든 사람이 매우 즐거워 보람을 가지게 되었고, 특별한 것은 없었지만 정성이 담긴 대접으로 멋진 시간을 보냈다. 또 기회가 된다면 그 도시를 다시 찾고 싶도록 해 주었다. 나는 가메오카에도 사람들이 방문하고 싶도록 해 주어야겠다는 점을 배웠다. 히로시마현(広島県)에서는 남자 대학생이 '나는 이 고장을 아주 좋아합니다.' 고 하면서 환히 웃는 얼굴로 이 고장을 떠나고 싶지 않아서 가까운 곳에서 취직했다고 말하였다. 이런 식으로 젊은이가 생각하는 마을, 정말 멋있다는 생각이 든다. 우리 고장도 어린이들이 가슴을 펴고, 이렇게 말하는 청소년이 한 사람이라도 많이 있는 마을이 되었으면 하는 생각이다. 그것을 위하여 지금 내 자신이 이 고장을 더 좋아지도록 하는 것이 다음 과제다.

동료 만들기는 마을 만들기!!

전국 평생학습마을만들기연구회를 통해서 서로 알게 된 간사이(關西) 2부(府) 4현(県)의 멤버로 평생학습마을 만들기 네트워크 간사이(關西)를 만들고 나는 사무국장을 맡고 있다. 한 사람이라도 많은 사람에게 평생학습은 어렵지 않고 특별한 것도 아니며, 나와 같은 보통 주부라도 이런 식으로 싱싱하게 빛날 수 있다는 것을 알리고 싶어서 열심히 일하고 있다. 꼭 이 사람이 할 수 있기 때문에 나도 할 수 있다는 생각을 갖도록 해 주고 싶다. 작은 한 걸음이 모여 큰 바람이 되는 것을 느끼게 하기 위해서 네트워크 간사이에서는 연 1회 각 현(県)을 돌며 실천교류회를 각 현과 협력하면서 가지고 있다. 평생학습은 한 사람이 한다. 그러나 동료가 있으면 더욱 큰 힘이 되는 것이다. 이는 내가 여성정책, 그리고 KITY라는 동아리를 통해서 마음속으로 느끼고 체험한 것이다.

앞으로 어느 마을로 이사 가서 살지도 모른다. 그렇지만 그때도, 마을이 바뀌고, 나라가 바뀌어도 거기에서 동료가 생기고 빛나는 것이 생기는 그것이 평생학습이라고 생각한다. 나도 이 마을이 싫다고 도망쳤다면 지금의 나 자신도 멋진 동료도 없었을 것이다. 작은 한 걸음을 내딛는 것으로 동료가 생기고, 새로운 바람이 분다. 모두 태어났을 때부터 자연적으로 살아가는 과정, 인생 모든 것이 평생학습을 하는 것이다.

4. 시민의 평생학습과 시민활동-히로시마현 히로시마시-[8)]

1) 시민의 평생학습과 시민활동

'시민의 평생학습과 시민활동을 지원한다.'

이것은 내가 소속된 '히로시마시(広島市) 마을 만들기 시민교류 플라자(plaza)' (이하 '시민교류 플라자')라는 시설의 설립 목적이다. 히로시마시가 외곽단체인 재단법인 '히로시마시 사람 · 마을 네트워크' 에 시민교류 플

8) 이 글은 다메마사 히사오(爲政久雄, 히로시마시 공민관 직원) 씨의 글을 옮긴 것이다.
연락처: tame@ms2.megaegg.ne.jp 090-4809-7284.

▶▶▶ 히로시마 시민교류 플라자

라자를 위탁하면서 2002년 5월에 개설되었다. 평생학습센터와 시민활동 지원센터가 일본 전국의 각 현·시·정·촌에 정비되는 가운데, 이 양자의 기능을 겸비하는 시설은 드물다고 할 수 있어 다른 도시의 시찰도 끊이지 않는다. 그러나 실제 현장에서 그 기능의 구축과정은 지금도 시행착오의 연속이다. 일견 양자는 유기적으로 결부될 것 같은 느낌이지만, 사용자(user)인 시민에 있어서 그 관계성은 그다지 관심사가 아니다. 평생학습을 시민활동과 마을 만들기에 활용하는 것이 어떤 의미에서는 구분하지 않아도 되는 일을 하고 있는 것인지도 모른다는 나약한 생각을 하는 경우도 많다.

그러나 '평생학습에 의한 마을 만들기'는 시민의 학습 성과를 살리면서 자주적인 지역 만들기로 추진할 수 있다. 이것을 더욱 추구하면 지속 가능한 사회, 협동·분권형 사회라는 마을 만들기 가치관의 변혁을 수반하여 시민이 지역사회의 주체가 되고, 지역 자원·문화·역사의 재평가·보전 활동, 주거환경의 개선 등 지역의 실상과 과제를 고려하여 대응하면서 시민주체의 마을 만들기로 연결될 수 있다. 원래 당연히 그렇게 되어야 하지만, 지금까지 행정과 기업이 주로 추진해 온 것을 지역주민, 시민단체, NPO라고 한 섹터가 하나의 기둥으로 역할을 수행해 간다는 것이다.

그러나 실상은 많은 지역단체, 시민단체는 있지만, 조직을 매니지먼트할 수 있는 인재 부족, 그것에 기인하는 운영기반의 취약 등이 공통적인 과제가 되어 있다. 이것을 해결하기 위해서는 행정에 의존하지 않고 대등한 입장에서 마을 만들기를 수행할 수 있는, 자립한 시민을 지역 전체에서 육성하는 것이 필요하다. 즉, '배우는 것'(평생학습)을 '행동하는 것'(시민활동)으로 연결시킬 수 있고, 한편으로 행동하기 위해서 배우는, 이 양자의 연쇄 · 순환이 보다 풍부한 사회를 창조하는 열쇠라고 말할 수 있다.

2) 새로운 볼런티어 활동 체험

여기에서는 나의 체험과 먼저 말한 시행착오 가운데 일을 통해서 얻은 사례를 몇 가지 소개하고 싶다. 내 자신은 몇 년 전에 마흔 살을 맞이하였지만, 거의 10년 전만 해도 평생학습도 시민활동도 전혀 인연이 없었다. 세상에는 아마 나와 같은 사람도 많을 것이다. 젊은 때 학생 시절에는 가수가 되고자 작사 · 작곡을 하면서 연주활동에 몰두하고 있었다. 하지만 뜻대로 안 되어 취직을 할 수밖에 없었다. 그러다 가끔 있는 국제교류 이벤트에서 오래간만에 연주할 기회를 얻은 것을 계기로 그 이벤트를 돕게 되었다. '국제평화문화도시' 라고 하는 이념을 내거는 이벤트는 10년 전의 히로시마에도 그 수가 적었다고 할 수 있다. 1994년에 지방도시에서 처음으로 아시안게임이 개최되었을 때, 공민관을 중심으로 하나의 관이 하나의 나라나 지역을 시민 수준에서 응원하는 '1관 1나라 · 지역의 응원사업' 이 진행되었다. 그래서 단숨에 시민 가운데서 '국제교류' 가 뿌리를 내렸다. 그 후 이런 시민의 풀뿌리 활동이 퍼지게 되면서 이 해를 히로시마의 볼런티어 원년이라고 말하게 되었다.

다른 나라의 언어, 문화, 습관 등을 배워 교류를 깊게 함으로써 드디어 시민이 히로시마의 이념을 가지고 100명이 한 사람처럼 보조를 맞추게 되었다. 그러나 배우거나 교류하기에 앞서 각각의 외국인이 가지고 있는 다양한 고민이 조금씩 보이기 시작하였다. 그것은 표면적인 언어나 문화의 벽만이 아니라 결혼 · 이혼과 아이 키우기, 노동 등의 생활 전반에 영향을 미치는 제도의 벽, 또한 그 과제의 내면까지는 들어갈 수 없는 마음의 벽이기도 했다. 서로의 문화를 아무리 배워도, 교류 이벤트를 아무리 거듭해도 '내부로부터의 국제화' 에 눈을 돌리지 않으면 진정한 신뢰관계는 쌓이지 않는다.

그래서 이벤트로 가까워진 사람들에게 이러한 재일 외국인의 생활상담을 모국어로 대응할 수 있는 구조를 찾아보았지만, 행정기관에서는 없었기 때문에 오사카에서 그러한 활동을 추진하고 있는 단체에 어드바이스를 받고, 히로시마에 그와 같은 볼런티어 단체를 설립하게 되었다. 현재 이 단체는 외국어로 통역에 대응하거나 운영에 영향을 미치는 100명 가까운 볼런티어 등록자가 있으며, 행정서사(書士) 등과 연계하면서 월 1회 외국인을 위한 생활상담회를 시내에서 개최하고 있다.

3) 히로시마시 마을 만들기 시민교류 플라자

지금으로부터 5년 전 시민교류 플라자의 전신인 볼런터리 종합지원센터(1998년 10월~2002년 4월)에 한 남성이 상담하러 왔다. 그는 정년을 맞아 여가시간에 볼런티어 활동을 하고 싶다고 말하면서 퇴직 후 재취업에 도움이 될까 하여 조경관계의 직업훈련학교에 다니고 있다고 하였다. 원래 건설업에 종사하였던 경험과 관심이 있던 분야인 만큼 배운 지식과 기술을 살려

▶▶▶ 히로시마시 평생학습센터: 히로시마시 마을 만들기 시민교류 플라자

서 바이오톱(biotop)[9] 만들기 등의 환경보전활동을 희망하였다. 나는 내가 소속된 환경시민단체를 소개하였고, 그는 곧 그 단체에 들어갔다.

이 단체는 기업과 공민관이 연계하여 '어린이 에코클럽' 이라는 어린이 환경학습활동에 주력하고 있었다. 나 자신이 음악이라는 취미를 살려 환경 프로그램 속에 테마송을 넣는 등 내 자신의 역할을 찾아냈던 것처럼 그 남성도 이전 경험을 살리고 물건 만들기의 노하우를 살려 체험활동과 이벤트 등에서 서서히 실력을 발휘해 갔다. 최근에 그는 다양한 만남이 있는 네트워크도 넓혀가 길거리 녹화(綠花)를 시민의 손으로 발전시켜 가려는 단체(NPO)의 이사를 맡기에까지 이르렀다. 정말로 지금까지 학습과 경험으로 가꿔 온 것을 현장에서 실천하고, 그 성과를 또 피드백하는 학습을 되풀이하고 있는 것이다.

또 하나의 사례를 소개하면, 4년 정도 전에 40대 남성의 상담이 있었다. 그는 상당한 아이디어맨으로 백화점 공모기획현상에서 최우수상을 획득했다고 하였다. 이때 상금을 사회를 위해서 쓸모 있게 쓰고 싶다는 상담이었

9) 생물군집이 존재할 수 있는 환경조건을 구비한 지역. 생물군의 생식 장소

다. 이야기를 하는 가운데 친한 친구가 음악가인데, 골수은행을 지원하는 자선 콘서트를 개최하고 있어서 그 티켓을 구입해서 누군가를 초대하면 좋겠다고 제안하였다. 그렇지 않으면 제대혈(Umbilical cord blood: UCB) 은행을 지원하기 위해서 임산부를 초대하면 어떨지도 제안하였다.

제대혈은 출산 후에 처리되는 아기의 배꼽과 산모의 태반에 포함된 혈액으로, 적혈구와 백혈구, 혈소판을 만드는 조혈줄기세포가 많이 포함되어 있어 백혈병 등의 환자를 구할 수 있다. 곧바로 이 지원단체의 멤버에게 상담을 받아 병원과의 중개에 협력을 얻게 되었다. 콘서트 당일 그는 스스로 접수처에 앉아 초대한 20여 명의 임산부와 그 가족에게 제대혈 뱅크의 팸플릿과 티켓을 건네주었다. 후일담으로 다른 사람을 통해 우연히 들은 것이지만 텔레비전 프로그램의 기획회사가 이 에피소드를 드라마 소재로 채용하였다고 한다.

이 남성은 몇 년 전 시민교류 플라자의 '마을 만들기 학교' 라는 기획 만들기 연수를 수강하였다. 회사에 근무를 하면서도 동시에 다양한 공개 강좌에 참가하거나 마술 등의 취미를 가지고 있었지만, 자신이 가지고 있는 아이디어를 무엇인가 마을 만들기에 살리고 싶다는 욕구가 있었던 것 같다. 학습을 거듭해 가는 가운데 자신과 사회와의 접점을 회사 밖에서 만들어 내자는 생각을 하게 된 것이 아닌가 한다. 연수에서는 백가몬이라는 세계 공통의 게임을 사용하여 여러 나라에서 히로시마를 방문하는 여행객과 교류하거나 많은 세대 간의 커뮤니케이션을 꾀하려는 기획에 열을 올리고 있다. 연수로 만난 동료와 오픈 카페에서 프로로부터 배웠다는 커피를 즐기면서 마을 만들기로 시간을 보내고 있다.

두서없이 언급한 일련의 사례는 언뜻 보기에는 맥락이 없는 것 같이 보일지 모르지만, 모두 취미와 일을 통해서 학습해 온 '나' 라는 개인의 '개(個)' 단위를 어떤 단계에서 '공(公)' 이라는 사회에 대하여 자발적으로 열어 간다고 하는 공통점이 있다.

한때 공민관 직원이 '어떻게 하면 평생학습을 배우는 시민을 마을 만들기와 연결할 수 있을지(의식전환을 해 줄지), 이를 위해 자신이 무엇을 하면 좋을지 모른다.' 고 말한 적이 있었다. 그러나 그 방식은 상담자의 수만큼이나 다양하여 매뉴얼할 수 있는 것이 아니다. 그리고 그 방식은 상담자 자신이 찾지 않으면 안 된다.

예를 들면, 퍼스널 컴퓨터의 학습회에서 기술을 습득한 사람이 우연히 자신이 사는 지역 반상회의 총무를 맡았다고 하자. 그 이전 총무들은 아무도 퍼스널 컴퓨터를 할 수 없기 때문에 반상회 회의록을 문서화하는 이가 없었는데 그가 문장을 정리해서 보관한다면 이는 매우 소중한 보물이 될 것이다. 이 자료가 쌓여 마을신문 만들기까지 연결되는 경우도 있을 수 있다. 혹은 요리교실에서 배운 사람이 사회복지협의회의 이벤트에 유혹되어 요리를 하게 된다. 거기에서 만난 노인들과의 교류로 양로원에 배식을 담당하게 되고, 점점 솜씨를 닦게 된다. 이처럼 지역과의 관계가 깊어지면 과제가 쉽게 보이게 된다. 그리고 그 해결을 꾀하기 위해서는 더욱 전문성을 높이게 된다.

'배우는 것' 과 '행동하는 것' 을 굳이 결부시키지 말고 필연적으로 그 사람 자신 안에서 문제(과제)와 역할을 찾아낼 수 있다면, 연쇄적으로 순환해 가는 것이 아닌가 한다. 이 때문에 우리가 할 수 있는 것은 배운 사람에게 그 성과를 살리도록 동아리(circle)를 만들어 주는 것이다. 그때 코디네이터로서 사회에 공헌하라고 의식을 주입하는 것이 아니라 그 사람의 자발성을 끌어내 부추기는 역할을 하는 것이다. 또한 그 사람들의 활동 모체가 되는 단체에 대해서도 그러한 능력을 살려 활동을 지속해 가거나 발전해 간다는 사실을 깨닫도록 효과적인 매칭(matching)을 꾀하는 것이 중요하다.

지역 과제를 지역에서 해결해 갈 수 있도록 하는 성숙한 시민사회. 이것은 시민 한 사람 한 사람이 사회 구조 속에서 목적과 역할을 확실히 갖고 협동하고 상생해 가는 사회다. 이를 위해 평생학습과 시민활동이 수행하는 역할은 크고 내 자신도 아직 계속해서 배울 필요가 있는 것 같다.

5. 마음의 에너지가 되는 볼런티어가 아름답다
-기후현 기타가타초-[10)]

내가 볼런티어를 시작한 것은 대학교 때다. 유학생을 위한 일본어 수업 보조자로서 볼런티어를 하러 간 것이다. 최초의 목적은 불순한 것으로, 영어를 가르쳐 줄 수 있는 유학생을 찾는 것이었다. 그런데 내가 속한 반은 영어권 유학생이 어찌된 일인지 한 사람도 없었다. 그러나 외국 유학생들이 점차 일본어가 능숙해지는 것을 보고, 다른 나라에서 자란 사람들끼리라도 함께 웃을 수 있는 분위기와 일본어가 의외로 재미있음을 깨닫고, 일본어 볼런티어에 대한 매력을 느끼게 되었다. 그 이후 그룹에 소속되거나, 개인 단위 등 여러 형태로 일본어 볼런티어를 계속하고 있다.

나는 현재, 기후현(岐阜県) 모토스군(本巣郡) 기타가타초(北方町)라고 하는 인구 17,000명, 면적 5.17km^{2}의 작은 마을에서 볼런티어 코디네이터로 일하고 있다. 교육위원회의 평생학습추진실의 촉탁직 공무원이다. 일은 주로 볼런티어와 그 도움을 필요로 하는 사람을 연결하는 역할을 하는 것이다. 볼런티어 파견 의뢰가 들어오면 등록된 볼런티어를 소개하거나 등록된 볼런티어 중 적절한 이가 없을 때에는 다른 볼런티어를 찾아 주기도 한다.

10) 이 글은 20대 여성 아다치 미호(足立美穗) 씨의 글을 옮긴 것이다. 그녀는 기타가타초 촉탁 공무원으로 활동하면서 볼런티어 활동에도 매진하고 있다.

또한 볼런티어를 해 보고 싶은 사람이 있을 경우에는 희망하는 활동을 소개하고 특별히 희망하는 것은 없지만 무엇인가 볼런티어 활동을 하고 싶어 하는 사람에게는 어떤 활동이 좋을지 함께 의논하기도 한다.

다음은 내가 지금까지 행한 볼런티어 코디네이터에 대해 소개하고자 한다. 어느 날, 초등학교에서 방과 후의 클럽활동(연간 15회)으로 옛날 놀이를 가르쳐 주는 볼런티어를 소개해 달라는 의뢰가 있었다. 볼런티어 등록자 중에는 '옛날 놀이를 가르침' 이라고 등록되어 있는 분은 없었고, 유일하게 할 수 있을 거라고 짐작된 마을 노인회 어르신들도 몇 번이나 학교에 발길을 옮기지 않으면 안 되는 이 의뢰를 처음에는 달갑게 여기지 않았다. 그러나 학교당국만이 아니라 아이들의 열의도 있어, 어떤 형태라면 무리하지 않고 '옛날 놀이 클럽의 강사' 를 소개할 수 있을까를 궁리했다. 그래서 그 노인회의 지도자와 상담을 했고, 노인회의 멤버를 15개 그룹으로 만들어서 순서대로 학교에 가서 볼런티어를 하면 되겠다는 방법을 생각해 냈다. 옛날 놀이라고 해도 놀이의 종류는 여러 가지가 있어, 15회를 각각 다른 놀이를 하기로 하고, 노인회의 멤버들에게는 자신이 가장 자신 있는 놀이가 있을 때 볼런티어를 하러 가기로 함으로써 이 활동은 실현되었다.

몇 번이나 걱정이 되서 활동 상황을 보러 간 적도 있었지만, 그때마다 화기애애한 분위기로 활동을 하고 있어 안심할 수 있었다. 노인회의 멤버들은 의욕이 넘쳐 연습을 하거나 도구를 준비하여 자신들이 가장 자신 있는 놀이를 가르치게 되었고, 아이들은 텔레비전 게임 등 평상시의 놀이와는 다른 옛날 사람들이 즐기고 있었던 놀이에 대해 신선함을 느끼면서 몰두하여 놀고 있었다.

이렇게 좋은 분위기로 볼런티어 활동이 진행될 때, 정말로 그 일에 보람을 느끼게 된다. 내가 소개한 볼런티어 활동의 현장에 가 보지 못해도, 후일 볼런티어의 어르신이 웃는 얼굴로 창구에 나와 즐거웠던 활동을 이야기해 주시는 것도 기뻤다. 볼런티어 여러분에게서 꾸미지 않은 건강함을 얻을 수 있는 것도 감사해야 할 일이다.

볼런티어 코디네이터를 하고 있으면, 사람이 움직일 때 발산하는 에너지에 대해서 생각해 보게 된다. 굉장히 흥미가 있는 볼런티어 활동을 하고 있으면서도, 의뢰자나 관계자의 분별 없는 한 마디로 단숨에 의욕을 상실해 버리는 볼런티어를 본 적이 있다. 또한 활동 그 자체에 관해서는 그다지 흥미가 없거나 자신이 가장 자신 있게 할 수 있는 일이 아니더라도, 자신을 필요로 한다는 것을 느끼거나 기쁨을 느낄 수 있으면, 조금씩 그 활동에 빠져 들어가는 사람도 있다. 요컨대, 활동자의 '마음'에 따라 좌우된다고 생각한다.

이런 나의 생각을 더욱 강하게 갖게 한 일이 있었다. 올해부터 나의 업무로 '기타가타초(北方町) 아동회육성협의회사무국'이라는 일이 추가되었다. 아동회는 지역의 자치회를 최소 단위로 읍·면·현 내외(県内外) 지구로 연결하는 전국 조직이며, 육성협의회는 마을단위의 활동을 정리하거나 지도를 행하는 조직이다. 아동회의 의의·목적은 '같은 지구(地區)의 청소년이 학교나 가정을 떠나 지역 인사(육성자를 중심으로 한)의 지도와 원조를 받으면서 놀이를 중심으로 한 활동을 통해 협조성과 자주성 등을 몸에 익히게 한다.'고 되어 있다. 기타가타초에서 아동회는 대체로 초등학교 아동이 들어가기 때문에 각각 단위 아동회는 월 1회 정도, 놀이나 폐품 재활용(recycling) 운동 등의 활동을 하고 있다.

그런데 아동회가 잘 추진되는 곳도 있지만, 육성자의 입장에서 아동회 활동이 대단히 부담이 되는 곳도 많이 있다. 육성자는 아동회 활동에 영향을 미치는 어른으로 아동회의 여러 가지 업무를 하거나 준비를 하기도 한다. 육성자는 대부분 초등학생의 아동회 회원의 어머니가 그 역할을 맞고 있다. 대부분의 단위 아동회의 육성자(회장을 비롯한 임원)는 순번으로 돌아가며 맡고 있으며, '일 년간 하는 볼런티어 활동' 으로서 많은 아이를 통솔하게 되는데, 여러 가지 업무, 예산의 운영 등에 관해서 그다지 경험이 풍부하지 않은 사람에게는 대단히 부담스러운 일이다. 육성자에게 아동회의 일은 '억지로 하는' 일이며, 이를 즐거운 일이라고 생각하고 있는 사람은 그다지 많지 않을 듯하다. 실제로 전일제(full time)의 일을 하면서 육성자의 일을 하고 있는 사람도 있어, 육아 · 가사 · 일을 잘 소화하면서 (이렇게 말하는 것은 나쁘지만) 지역사회의 압박을 느끼고, 익숙하지 않는 일에 책임을 져야 하므로 큰 일이라고 생각한다.

나는 기타가타초 내의 단위 아동회 활동을 정리하는 사무국으로서, 육성자의 '억지로 하여 부담스럽다.' 는 느낌을 될 수 있는 한 경감시켜 주고 싶었다. 그렇지 않아도 '억지로 하고 있다.' 고 느끼고 있는 육성자에게 나의 대수롭지 않은 한마디나 좋지 않은 대응으로 단숨에 기분이 침울해질 수도 있기 때문이다. 그때 웃는 얼굴로 편한 분위기를 만들어 주고, 난처한 일이 생기면 언제든지 상담할 수 있는, 심지어 아동회 활동의 푸념도 말할 수 있는 사무국이 되자고 결심했다. 육성자에게 차례로 돌아오는 '하는 수 없이 하는 역할' 이지만, 이왕 하는 거 될 수 있으면 즐겁게 활동할 수 있도록 하자고 생각한 것이다. 그런 가운데 고맙게도 '아동회 육성자가 된 덕분에 여러 좋은 만남이 있었다.' , '사무 일을 도와주면 좋겠다.' 라는 말을 하는 분이 많아졌다.

아동회 활동 등 '하는 수 없이 하는 역할' 의 활동을 지원할 때나 볼런티어 활동 등 '스스로 자진하여 의욕이 넘치는 사람의 활동' 을 지원할 때, 기본적으로 그 지원 방법은 같다고 본다. 나의 모자란 경험으로 지금 생각하고 있는 그 키워드는 '즐거움' 이다. '하는 수 없이 하는 역할' 이라면 물론이고 자신이 자진해서 행하는 볼런티어 활동이라도 실제의 활동에는 재미있지 않은 일도 일어난다. 그러나 지원자(행정측)는 활동가가 그것을 극복해 즐겁게 활동할 수 있도록 어떻게 해야 할지를 고민하는 것이 중요하다고 생각한다. 구체적으로는 활동가가 부담이 안 되는 쪽으로 생각하거나 공감하는 일이다. 부담이 되지 않도록 한다고 해도, 단지 활동의 빈도나 내용을 경감시키는 것이 아니라, 활동가가 가지고 있는 지식이나 기술, 마음을 끌어냄으로써 적극적인 마음을 가지도록 하는 것이 중요하다고 생각한다. 부담을 없애는 것만을 생각하면 활동 자체가 없어질지도 모른다. 또한 활동가에게 공감한다는 것은 활동가 측에 서서 이야기를 들을 수 있다는 것이다. 활동가가 자신이 요구할 수 있다고 느끼거나, 자신이 하는 일의 대단함을 이해하는 동지가 있다고 느낄 수 있으면, 하는 수 없이 하는 역할이라도 적극적인 마음을 갖고 일할 수 있지 않을까 생각한다.

자신은 외톨이가 아니라 인정을 받고 있고, 무엇인가 도움을 줄 수 있다는 생각은 대단히 중요하다. 활동 자체에 의미가 있기 때문에 행한다는 것만이 아니라 이런 생각으로 의욕적으로 변하게 되는 것도 좋다고 생각한다. 활동 자체의 가치보다도 이러한 감각에 흔들리게 된다면 그것은 "불순한 동기' 라고 일컬어질지도 모르지만, 오히려 이 점을 중요시하는 것으로써 많은 사람이 볼런티어에 참가하기 쉬워질 수 있다. 정론(正論)으로 "볼런티어는 멋있다. 사회를 위하여 열심히 하자!" 라고 하기보다도 "볼런티어에는 이렇게 즐거운 것이 있구나!" 라고 하는 쪽이 더 의욕이 생긴다. 물론, 자기중심적인 활동이 되지 않도록 배려할 필요가 있다.

나는 이 일로 많은 볼런티어를 만날 수 있었고, 그 적극적인 힘에 완전히 매료되었다. 누군가를 위해서 무언가를 한다는 것을 자신의 기쁨으로서 즐길 수 있고, 그 여유에 존경이나 동경의 기분을 느끼며, 나도 저 사람과 같이 즐기면서 생활하고 싶다고 생각하게 되었다. 사회인으로서도 볼런티어로서도 나는 아직 시작의 단계에 있다고 생각한다. 향후 어떤 일을 하고, 어떻게 살아갈지, 아직 고민하면서 모색하고 있는 상태지만, 볼런티어나 평생교육과 관련하여 어떠한 형태로든 일하고 싶다. 이윤을 추구하기보다는 마음이 에너지가 되는 '볼런티어' 에 큰 매력과 가능성을 느끼고 있다.

6. 재일동포 참정권운동을 처음 시작한 일본인 볼런티어–기후현 미타케초(함께 살고, 함께 생존하는 일본을 목표로)–[11]

1) 소외된 외국인 주민

1997년 1월 기후현(岐阜県) 미타케초(御嵩町)에서 산업폐기물 시설 건설을 둘러싸고 주민투표를 행하게 되었다. 지금까지 일본 각지에서 행해진 주민투표는 그 투표 자격을 '일본 국민' 으로 한정하고, 재일한국, 조선인 사람들은 투표할 수 있는 권리가 없었다.

그럼 왜 그렇게 된 것일까? 일본 헌법은 제8장 92조에 지방자치를 규정하고, 그 구체적인 유지 · 운영에 대해서는 지방자치법에 의해 상세히 규정하고 있다. 이 지방자치법 제1조에 있는 지방자치의 본래 취지는 주민의 참가에 의한 주민자치라고 하는 것이 일반적인 이해다. 이렇게 지방자치는 국민이 아닌 주민의 의사와 주민의 손에 의해 경영되는 정치 형태며, 헌법과 지방자치법 스스로 주민공동체의 위치를 부여하고 있다.

그러면 이러한 지방자치체의 '주민' 을 어떻게 이해하면 좋을까? 지방자

11) 이 글은 미즈노 준노스케(水野準之助) 씨의 글을 옮긴 것이다.
연락처: 우편505-0121 岐阜県 可児郡 御嵩町中 1001-3, 전화: (0574)67-4959 FAX: (0574)67-2024, E-mail:suya@abox23.so-net.ne.jp

치법 제10조에 “시 · 정 · 촌의 구역 내에 주소를 소유하는 자는 해당 시 · 정 · 촌 또는 이를 포괄하는 도 · 도 · 부 · 현(都道府県)의 주민이다.” 라고 규정되어 있다. 일본의 국적을 소유하는 국민만이 아니라 각각의 지방자치제에 거주하는 자가 주민이라고 명문으로 규정되어 있는 것이다. 따라서 외국인도 특정한 시 · 정 · 촌에 주소를 두고 거주하고 있는 자는 해당 시 · 정 · 촌의 주민이다. 지방자치단체가 그 주민을 법적으로 확정하고 주민에게 서비스를 제공하며, 주민의 자치참여 등의 권리를 행사하는 법적 근거를 갖고 있다. 그런데 지방자치법 제13조의 2에 ‘주민의 지위에 관한 정확한 기록을 항상 정비해 두지 않으면 안 된다.’ 고 되어 있다. 이를 위해 제정된 주민기본대장법의 적용 대상에서 외국인은 제외된 것이다(동법 제39조 적용 제외). 이 법률은 일본 국적을 소유하지 않는 자, 그 외에 정령(政令)으로 정해진 자에 대해서는 적용되지 않는다. 즉, 지방자치법 제10조가 ‘시 · 정 · 촌의 구역 내에 주소를 소유하는 자’ 를 주민이라고 명문으로 규정하면서 다른 한편으로 주민의 지위에 관한 구체적인 기록에서 외국인 주민을 제외하고, ‘일본 국민인 주민’ 으로 한정시키고 있는 것이다.

그리고 미타케초는 주민투표를 행할 즈음하여 투표방법을 공직선거법에 준해서 행한다고 하였기 때문에 외국인은 제외된 것이다. 그것은 공직선거법의 제4장 제21조에 ‘선거인명부의 등록은…… 계속해서 3개월 이상 해당 시 · 정 · 촌의 주민기본대장에 기록되어 있는 자에 대하여 행한다.’ 고 되어 있다. 이것이 법적 장애가 없는 각종 사회참여까지도 외국인 주민을 배제해 온 이유다.

이러한 지방자치 본래의 취지에 반하는 지방자치의 실태에 대해서, 그동안 지방자치단체는 물론 헌법 및 행정법을 전공한 학자마저도 그 법적 모순과 문제에 관심을 보이는 일이 없었고, 이 문제의 당사자인 재일한국 · 조선인도 지방자치단체의 주민 위치 부여에 문제를 제기해 오지 않은 것이다.

2) 확대되는 파문

미타케초에서 주민투표가 행해지게 된 해 5월, 나와 재일한국인 친구 몇 명은 '외국 국적의 사람들이 투표할 수 없는 것은 이상하다.' 고 목소리를 냈다. 그리고 나는 투표 자격자로서 '외국인 등록을 하고, 3개월 이상 마을 내에 주소를 소유하는 스무 살 이상인 사람' 이 가능하게 주민투표 조례를 개정하도록 직접 청구를 한 것이다. 그러나 미타케초는 소극적이었고, 이 조례 개정은 의회에서 부결되어 6월에 행해진 산업폐기물 시설건설의 찬반을 묻는 주민투표에 외국 국적 주민이 참가하지 못한 채 끝나 버렸다. 한편, 우리가 행한 일은 일본 전체에 큰 파문으로 퍼져 갔다.

각 지방의 주민투표운동에서는 그 후 아이치만국박람회(愛知万博)의 부지조성, 고베 신공항건설의 찬반, 시가현 비와호(琵琶湖) 공항건설의 찬반 등등 차례로 주민투표 조례안에는 외국 국적 주민의 투표권이 포함되게 되었다. 그러나 실제로 투표가 행해질 때까지는 그로부터 5년이 더 걸렸다.

3) 역사적인 사건

2002년 3월 31일, 일본에서 처음으로 영주 외국인이 참가한 주민투표가 시가현(滋賀県) 마이하라초(米原町)에서 행해졌다. 동사무소 기자회견에 참석한 무라니시(村西) 통장은 '법적 구속력이 없는 주민투표라고는 해도 외국인에게 지방참정권(선거권)을 인정하지 않고 있는 상황에서, 영주 외국인에게 지방정치 참여의 길을 연 것은 그 의미가 크다.' 고 의견을 말했다.

또 류타니(龍谷) 대학의 다나카 히로시(田中宏) 교수는 '지방자치단체 스스로가 영주 외국인에게 '주민' 이라는 위치를 부여하고, 투표권을 인정한 의의는 크다. 처음부터 국적을 매개로 하는 국정참정권과 주민이 된 지위에 근거하는 지방참정권과는 성질을 달리하고 있다. 그렇기 때문에 대법원도 1995년에 영주 외국인에게 지방 수준의 선거권을 부여하는 것에 헌법상의 문제가 없다고 판단한 것이다. 달리 말하면, 영주 외국인이 '국민' 은 아니더라도 '주민' 이라고 할 수 있는 것이다. 이 같은 주민으로서 영주 외국인이 지역사회의 일원으로 지역이 안고 있는 문제에 대해서 의견을 표명하고, 한 표를 행사하는 것은 지극히 자연스러운 일이다. 지금까지 각지의 주민투표에서 영주 외국인이 제외되었던 사실이 오히려 부자연스럽다. 마이하라초(米原町) 사례를 계기로 어느 지방자치단체도 주민투표 조례를 정하려고 할 때, 영주 외국인의 투표권을 어떻게 할지를 생각하지 않을 수 없게 된 것이다.

실제로 그 후 일본에서는 국가의 방침에 의해 지방의 시 · 정 · 촌의 합병이 진행되고 있어 주민의 의사를 묻는 '합병의 찬반을 묻는 주민투표' 가 각지에서 행해지게 되고, 대부분 지역에서 영주 외국인의 투표권이 인정되었다.

4) 참된 주민으로 살 수 있기 위해서

지금 한국 민단의 가장 중요한 운동 중의 하나로 전력을 다하는 활동이 지방참정권획득운동이다. 여기서 주목해야 할 것은 지방참정권 부여 법안이 성립된다고 한들, 지금까지 말해 온 주민투표의 투표권을 인정받게 되는 것은 아니라는 점이다. 따라서 이렇게 조례에 의한 주민투표가 행해질 경우에 그 투표권이 누구에게 있을지는 '참정권' 의 문제가 아니라, 정말로 지방자치의 원칙인 '주민참가' 의 문제임을 명확히 해야 한다.

다른 말로 하면, 지역사회의 절대적 다수자인 일본 국민인 주민이, 소수자인 외국인 주민의 인권과 민족성을 인정하고 존중하여, 같은 지역사회의 주민으로 사회 발전에 기여하는 파트너로 받아들이는 자세가 필요한 것이다. 그런 생각에서 '함께 사는 주민 모임'을 발족시켜, 미타케초에서 보다 많은 주민에게 한국 알리기 활동을 하고 있는 중이다.

'재일(在日)'이라고 하는 영화의 상영, 김치 만들기 강좌, 최양일 감독의 강연회, 류타니(龍谷) 대학 교수 다나카(田中) 선생의 강연회, 미타케초 공민관에서 매주 토요일 한글 강좌를 개강하고 있다. 그 외에도 학교교육, 사회교육에서 재일외국인의 인권교육이나 인권연수를 실시하고 있다.

5) 마음의 아픔을 이해할 수 있는 역사교육

다음은 2002년에 기후현 다지미시(多治見市)의 세이카(精華) 초등학교 6학년 1반의 어린이들에게 한국을 가르쳤을 때의 상황이다. 나와 한국인 유학생 정진교 군이 한글, 한국과 일본과의 관계 등을 강의했다. 3회 강의 때는 마침 수업참관의 날이었으므로, 어린이와 어머니가 함께 강의를 받는 상황이 되어 버렸다. 그때 어머니들의 감상을 일부 소개한다.

> 부모의 입장에서도 처음으로 접한 한글이었으므로, 대단히 공부가 되었습니다. 함께 발음하거나, 교과서를 들여다보면서 공부하니 마치 학생이 된 기분이었습니다. 가까우면서 먼 나라라고 일컬어지는 나라의 말과 문화를 공부하는 것은 상당히 좋은 일이라고 생각합니다.
>
> 교실을 처음 엿봤을 때는 깜짝 놀랐습니다. 미즈노(水野) 선생님이 한국의 역사를 가르치고 계셨고, 저희도 모르는 것이었으므로, 어린이와 함께 공부했습니다. 앞으로 시대, 국제적 감각은 매우 중요하다고 생각합니다. 어린이들은 매우 큰 흥미를 가지고 한국에 대해서 공부하고 있었고, 저희 때의 강요된 학습과는 달리, 스스로 공부하고 있다는 것을 잘 알 수 있었습니다.

미즈노 선생님의 이야기는 역사적 견해로서도 매우 신선했습니다. 또한 여러 가지에 대해 깊이 생각하게 되었습니다. 북한과의 관계가 큰 화젯거리가 되고 있는 오늘, 적절한 시기에 이야기를 들을 수 있어 아이뿐만 아니라 어른도, 더욱 한반도와의 역사를 포함해서 여러 가지 일에 대해 알고 싶은 계기가 되었습니다.

아이에게 물으니, 전번에 미즈노 선생님은 슬픈 관계의 시대에 대해 이야기해 주셨던 것 같아, 그것도 부디 듣고 싶다고 생각하고 있습니다. 저도 최근 일본의 침략을 전 일본 병사가 이야기한 영화 등을 볼 기회가 있어, 그렇게도 인간이 비참한 일을 행할 수 있는 존재라는 것에 큰 충격을 받았습니다. 그것과 함께, 이렇게 일본은 가해자였는데도 피해자로서만 전쟁을 이야기해 왔던 것은 아닌가라는 생각을 하게 되었습니다. 당한 사람이나 나라는 그 원한이나 슬픔을 계속 이어가고 있기 때문에 그 사실을 인식하지 않은 채로는 새롭게 다음 스텝으로 나아갈 수 없는 것은 아닌지, 다소 비관적으로도 생각하게 되었습니다. 그런데 미즈노 선생님의 이야기에는 그것뿐만이 아닌 강한 메시지가 섞여 있는 것같이 느꼈습니다. 슬픈 역사뿐만이 아니라 그 옛날은 일본의 나라 건설도 한반도의 사람들과의 협력을 통해서 할 수 있었던 것이라고 하는 점, 그 사람들도 실제로는 난민이었던 점, 아스카 시대를 연 것도 당의 관계를 빼고는 이야기할 수 없다는 것 등 몰랐던 것을 매우 이해하기 쉽게 설명해 주셨던 것 같습니다. 일본의 역사적 사실도 주변의 나라와 관련하여 생각하지 않으면 더욱더 깊은 진실은 눈에 들어오지 않는다고 하는 것, 그렇게 하면 보다 넓은 시야에서 역사나 사물을 볼 수 있다고 하는 것을 배울 수 있었다는 생각이 듭니다. 거기에는 미즈노 선생님의 '아이에게는 다른 나라보다 좋은 관계를 쌓게 하고 싶다.' 고 하는 바람이나 그러한 미래를 만들어 주겠다고 믿고 있는 깊은 뜻을 느끼고, 큰 감동을 받았습니다. 한 반만이 아니라 다른 반에도 꼭 들려 주시기를 바랍니다.

이처럼 초등학생인 어린이 외에도, 2002년 8월 미타케 초등학교 교사들에게 하계 인권 강좌를, 2004년의 여름에는 미타케초 가미노고(上之鄕) 중학교 교사들에게 인권 강좌를 행하였다. 앞으로도 한 · 일 교류의 폭넓은 활동을 계속하면서, 함께 사는 사회를 목표로 하고 싶다.

제11장

평생학습마을 만들기의 새로운 주역 –비영리민간단체(NPO)

1. NPO의 개념

우리나라에서는 NGO(비정부조직)와 NPO(비영리민간단체)를 혼용해서 사용하고 있으나, 일본이나 미국에서는 이를 구분하여 사용하고 있다.

NPO는 영어의 Non Profit Organization의 약어로 행정과 같이 공공적 사업을 하며, 기업과 같이 유연한 조직으로 지역사회 과제 해결 및 학습지원활동, 볼런티어 활동, 사회공헌 활동을 추진하는 비영리민간단체다. NGO도 NPO와 마찬가지지만, NPO가 주로 국내의 활동이 중심인 단체인데 비하여 NGO는 그 활동과 사업이 주로 국제적 차원에서 인권, 환경, 평화, 의료복지 등의 활동을 하는 점에서 NPO와 구분되고 있다.

일본에서 NPO는 넓은 의미로 공익법인, 볼런티어단체, 시민단체, NPO 법인까지 포함하는 약 40~50만 개의 단체를 말하며, 그 가운데 볼런티어단체 수가 123,000개(2006.4 사회복지협의회 조사)[1]이다. 좁은 의미의 NPO

는 특정비영리활동 법인격을 부여받아 정식으로 등록된 26.000개 NPO법인(2006년 내각부 국민생활국 통계자료)이다.[2] 그 가운데 의료보건복지 관련 NPO법인이 14,600개, 평생교육 관련 NPO법인이 11,900개, 마을 만들기 관련 NPO 법인이 10,000개다.

1995년 고베 대지진을 계기로 시민활동단체, 자원봉사단체 등의 법인격의 필요성이 클로즈업 되어 당시의 초당파 'NPO 의원연맹'을 중심으로 한 의원입법으로, 1998년에 '특정비영리활동촉진법'(일명 NPO법)이 제정되었다. 이로써 조건을 충족시키는 각종 시민단체와 볼런티어 단체가 정식으로 특정비영리활동 법인으로 은행구좌를 개설하고, 부동산 등기, 전화개설 등을 할 수 있으며, 행정기관의 각종 위탁사업 및 위탁관리 등을 할 수 있다.

특히, 2000년 이후 지역사회에서 지역 활성화 기업을 만들어 보급하는 커뮤니티 비즈니스의 주체로서 활동하는 사례도 생겨나고 있다. 또한 중앙정부와 지방자치단체의 재정 핍박 등으로 행정과 NPO와의 협동적 사업이 붐을 이루고 있다.[3]

특정비영리활동촉진법에 나타난 특정비영리활동

- 보건, 의료 또는 복지의 증진을 도모하는 활동
- 사회교육의 추진을 도모하는 활동
- 마을 만들기의 추진을 도모하는 활동
- 학술, 문화, 예술 또는 스포츠의 진흥을 도모하는 활동
- 환경 보전을 도모하는 활동

1) 사회복지협의회 http://www3.shakyo.or.jp
2) 내각부 국민생활국 NPO홈페이지 안내 http://www.npo-homepage.go.jp/
3) http://ja.wikipedia.org/wiki/NPO

• 재해구조활동

• 지역안전활동

• 인권 옹호 또는 평화의 추진을 도모하는 활동

• 국제협력활동

• 남녀 공동 참여 사회의 형성의 촉진을 도모하는 활동

• 청소년의 건전 육성을 도모하는 활동

• 정보화 사회의 발전을 도모하는 활동

• 과학기술의 진흥을 도모하는 활동

• 경제활동의 활성화를 도모하는 활동

• 직업능력의 개발 또는 고용 기회의 확충을 지원하는 활동

• 소비자의 보호를 도모하는 활동

• 전 각 호의 활동을 실시하는 단체의 운영 또는 활동에 관한 연락, 조언 또는 원조활동

2. NPO와 평생학습사회의 관계

제2차세계대전 이후 지속적으로 추진되고 있는 사회교육 행정으로 지역과 생활과제를 해결하여 잘 사는 지역 만들기를 위한 각종 학습 기회가 제공되어 왔다. 학습 프로그램이 끝나면 지역 평생교육기관에서 자주적인 단체나 동아리를 만들도록 시설 사용료나 보조금 지원, 각종 자료 제공 등을 해 오고 있다. 이러한 단체는 지역에서 점차 자주적인 활동을 추진하면서 지역사회에 공헌하고 있으며, 사회교육 관련 단체로 성장하고 있다. 이 과정에서 지역의 교육 · 문화 · 스포츠를 비롯한 다양한 사업을 행정과 협동하여 추진한다.

지방분권시대, 고령화 사회, 지식기반사회, 시민참여사회에 지방행정과 대등한 파트너로서 새로운 공공성을 만들어 가는 모습은 우리나라의 '시민 없는 시민단체' 와는 대조를 이루고 있다. 투쟁 중심의 시민단체도 필요하지만, 지역과제와 생활과제를 학습하면서 스스로 해결하거나 행정과 협동을 통해 해결하는 지역을 재생하는 대안적 비영리민간단체 NPO활동에 주목해야 한다. 일본 지역의 황폐화와 고령화 등은 우리나라보다 더 심각하다. 이러한 심각한 각종 사회문제의 해결은 행정이나 지역주민의 힘만으로는 어렵다. 지역사회의 문제를 지역주민이 주체적으로 학습과 참여를 통해 자연스럽게 해결하는 시스템이 필요하다.

여기에 소개하는 일본 평생교육 관련 NPO 사례는 새로운 시대의 '사회변혁의 전력 자원' 으로서 참여사회의 주체 형성이 필요한 우리나라의 입장에도 많은 시사점을 줄 것으로 기대한다. 시민적 공공성을 재생하는 NPO 조직은 기존 비영리 섹터의 한계를 넘어 학습하는 조직, 인적 자원의 양성 및 활용하는 대안적 제도로 정착하는 데 주목할 필요가 있다.

3. 실학의 관점에서 평생학습마을 만들기 프로그램 개발 -효고현 니시와키시-[4)]

청년 시절(1965년)부터 보이스카우트 활동을 하고 있었던 나는 그때부터 자연의 경이로움에 반해 아웃도어(outdoor) 프로그램 연구에 몰두했다. 1991년, 보이스카우트 지도자로서 현역을 떠나면서, '보이스카우트 활동

4) 이 글은 아즈마 마사유키(東正行, 코튼볼 은행 대표) 씨의 글을 옮긴 것이다. 연락처: 도토리팽이 돌리기 대회 목화체험공방, 주소: 兵庫県 西脇市 郷瀬町 671-86, 전화 0795-23-2232

본연의 모습' 을 연구 주제로 조사 · 연구를 시작하여 1996년 「평생학습시대의 보이스카우트 운동(활동)의 역할에 관한 일 고찰」로 마무리하였다.

이 연구의 내용은 현재 과제가 되고 있는 평생학습과 오버랩(overlap) 되면서 아웃도어 프로그램의 활동 지침을 만드는 것이었다. 그 틀은 다음과 같다.

- 자기 자신의 활동의 근원을 만든다.
- 스스로 생각하고, 스스로 행동하고, 스스로 책임진다.
- 자신의 힘을 살려 활동한다.

이상의 세 가지 기둥을 시스템화해 가려는 것이다. '행하면서 배운다(Learning by doing)' 는 액션을 시스템화하는 것으로 결과적으로 사회활동과 커뮤니케이션 만들기, 지역 만들기로 나아가는 구조다.

아웃도어 프로그램 '만남 놀이 시스템' 을 개발하고 누구라도 공통 · 공유 · 공감할 수 있는 액션 프로그램의 테마를 찾는 등, 평생학습의 관점에서 프로그램을 기획하는 것이다. 액션 프로그램의 장은 야외를 기초로 하고, 손으로 기억하고, 발로 깨닫고, 눈으로 강한 인상을 새기고, 가슴에 사무치게 하는 체험활동을 주체로 한다. 이 활동에는 아동에서 어른, 장애우까지 누구라도 가볍게 참가할 수 있을 내용으로 하는 것이 포인트다.

1) 공통 · 공유 · 공감할 수 있는 활동의 장소 찾기

1997년 전국평생학습마을만들기연구회 대표의 후쿠도메 쓰요시(福留强) 선생과의 만남을 통해 선생이 제창하고 있는 지역 애니메이터(animator)는 내가 생각하고 있는 리더와 같다는 것을 알았다. 나는 지역 애니메이터가 되어 전국 공통과제를 함께 생각하는 사람들과 만났고, 그와 활동을 공유할 수 있다고 생각했다.

지역 애니메이터는 지역에 뿌리를 내린 활동을 중심으로 하기 때문에 마을 산을 활동 장소로 삼아 건물이 없는 박물관, '자연의 선물로 가득 찬 숲의 박물관' 을 지역 애니메이터 활동의 장으로 결정했다. 그리고 전국 공통으로 대응할 수 있는 활동 프로그램으로서 '도토리 팽이 돌리기 대회' 를 기획하였다. 또한 1998년에는 마을 만들기 코디네이터(coordinator) 강좌를 수강해 인정을 받고, 전국적으로 대응할 수 있는 활동의 장을 생각하였다. 1999년 일본에 솜이 전래된 지 약 1,200년이 된 때에 동의한 사람들과 목화씨앗은행인 '코튼 볼(cotton ball) 은행' 을 설립하였는데, 이는 전국적으로 전개할 수 있는 시스템이 되었다.

내가 지역 애니메이터와 마을 만들기 코디네이터의 자격을 취득한 동기는 전국 공통 테마를 가짐으로써 활동을 공유하거나 공감할 수 있는 사람들과의 관계가 형성된다고 생각하였기 때문이다. 그리고 그 활동 방법으로 '선물로 가득한 숲의 박물관' 과 '대지에 따스한 코튼 볼 은행' 의 활동을 생각하며 시스템을 구축하였다.

두 개의 활동을 구축할 즈음에 마을 만들기는 먼저 사람 만들기로 종래의 관습에 반항하는 자를 중요하게, 둘째 네트워크에 의한 마을 만들기로 다른 분야의 인재들과의 네트워크 형성하기, 셋째 마을 만들기는 놀이하는 마음을 중요시 하며 지식과 교양에 뿌리를 내린 기획으로 발상을 전환하였다. 시작(input)은 '놀이하는 마음', 내용은 '마을 산 · 마을 땅 활동', 끝(output)은 '생활문화의 전승' 으로 연결되도록 구상한 것이다. 이것은 실제로 혼자서 행동해 보면 알 수 있는 것으로, 평생학습의 시점에서 생각한 내용이다. 이를 행동으로 옮기면서 배운다고 하는 구조다.

행동하면서 배우는 시스템의 개념은 현재 과제인 환경, 복지, 생활문화, 마음의 교육을 중심으로 하여 성장, 생활활용, 지속, 네트워크를 기조로 각

각 개별 프로젝트를 전개해 가는 방식이다.

이것으로 '만나서 노는 시스템' 의 액션 프로그램이 완성되고, 다음으로 다양한 활동 사례를 만들어야 했다. 활동할 때에는 시야를 넓히는 것과 학식 경험자와 다른 분야의 사람을 참여 기획자로 얻으면 다층적인 내용으로 전개될 것이라 보고, 하나하나 작은 것부터 착실하게 활동을 시작하기로 했다. 이것과 병행하여 시간은 걸리지만 중추역할을 담당할 수 있는 인재를 찾는 것과 활동자의 양성에 주력하는 것을 생각했다. 활동은 3년을 주기로 하면서 개선하는 평가 시스템으로 되어 있다.

2) '도토리와 솜' 을 목표로 하는 것

1998년 이후 마을 산 활동으로 '자연 선물 가득한 숲의 박물관' 활동은 마을 산 풍경을 다음 세대에 전하고자 그 고장 주민과 도시 주민의 협동을 통해 시작하였다. 잡초 베기나 가지치기 작업 등이 시작되면 마을 산을 상징하는 봄의 무희 호랑나비, 여름에는 하늘가재 풍뎅이가 수많이 서식을 하게 된다. 가을에는 그 고장 주민과 삼림 볼런티어 환경교육그룹, 지역 애니메이터 등이 마을 산의 은혜를 살린 마을축제를 개최할 수 있었다. 아동에서 어른까지 자유롭게 즐길 수 있는 자연체험의 학습 공간이 된 것이다.

또한 '도토리 팽이 돌리기 대회' 는 1998년에 9개 현 14개 시 · 정 · 촌의 1,500명이 참가하여 제1회 전국대회를 실시할 수 있었다. 내용은 숲 만들기 그룹과 학교, 지역 애니메이터 등이 각각의 지역에서 행한 대회기록을 가지고 모여서 전국 순위를 매기는 것이다. 지금까지 참가자로 3세 아이부터 92세 고령자까지 있는 등 지역마다 즐거운 내용을 포함시킬 수 있는 대회로 운영되고 있다.

목화씨앗은행인 '대지의 따스함 코튼 볼(cotton ball) 은행' 은 5년간 전국에 코튼 볼을 알리는 목표를 세웠고 3년째인 2002년에 그 목표를 달성했다. 그리고 현재 13개 지역에 은행이 설립되어 있지만, 지점을 더욱 넓혀가기 위한 지혜를 짜고 있다.

목화 만들기는 새로운 커뮤니케이션을 만드는 방법이라고 생각되고, 학교의 종합학습이나 고령자의 원예작업 요법, 아동과 어르신의 체험활동, 향토 자료관에서의 워크숍(workshop) 등 폭넓게 대응할 수 있다. 지금까지 가꾼 지식을 지혜로 변화시키면 새로운 활동을 창조할 수 있다.

이런 활동을 추진하는 데에는 심벌이 필요하다고 생각하였고, 그 캐릭터를 '도토리'와 '목화'로 삼았다. 도토리는 마을 산 활동의 심벌로 하여 식(食)과 주거의 문화를 생각하는 소재로, 목화는 의(衣) 문화를 생각하는 소재가 되었다.

3) 동양문화로 물과 생명의 21세기 실현을

평생학습의 관점에서 '도토리와 솜'의 액션 프로그램을 만들면서 이것은 인간의 역사라는 점에 착안하게 되었다. 인간생활 영위의 3원칙은 의식주다. 여기서 솜은 의복의 문화로, 의복의 재료혁명과 산업혁명으로 인간에게 있어서 은혜의 식물이다. 또한 도토리 열매는 아주 오랜 옛날부터 생명을 유지하게 하는 음식으로써, 흉작이나 재해 때 식재료가 되었고, 도토리 나무는 주거 재료나 생활의 도구로 사용되어 왔다. 도토리는 마을 산에서 땔감을 구하는 활동으로, 목화는 마을의 농사활동으로 생각되어, 오랜 옛날부터 면면히 이어져 내려 온 일본인 생활문화의 양식을 재구축해 나가는 액션 프로그램이 되었다.

'도토리와 솜'의 기원 등을 조사해 가는 중 일본에는 대륙으로부터 수많은 식물이 유입되어 왔음을 알게 되었다. 그에 따라 활용법과 기술의 전파,

도래라고 하는 형태로 다수의 기술자들이 초대되었다는 사실에 대해 재인식하게 되었다. 사면이 바다로 둘러싸인 풍부한 자연환경 아래 일본은 한반도를 비롯하여 각국의 사람에게서 문화를 전수받고, 풍부한 나라 만들기를 목표로 해 왔다.

이러한 인식이 명치시대에 들어, 전통적인 동양문화를 배제하고 서양문화를 적극적으로 받아들여 근대화를 꾀하면서 일본은 농업국가에서 공업국가로 급속히 발돋움하였다. 100년 남짓의 노력으로 경제대국이 된 일본은 의식주와 관련된 재료를 외국에서 수입하여 자급률이 낮은 나라가 되었고, 고도 성장기를 경계로 대량생산, 대량소비, 대량폐기의 나라가 되었다. 21세기에 들어서 국제적으로 지구환경 문제가 대두되고 생활 전반의 재검토가 이루어졌지만, 한 번 물질의 풍요로움을 맛보게 된 이상 원래 상태로 되돌아간다는 것은 어려운 일이다. 그러나 이보다 더 심각한 것은 물질적 풍요를 대신하여 정신적 풍요를 잃어버린 것이다.

이제부터는 각지에서 문화재가 발굴되고 새로운 발견이 있는 가운데 종전의 역사인식을 크게 바꾸어 자연에 감사하고, 자연과 공생하는 사고의 동양문화가 꽃을 피우고 독특한 문화가 형성된 것으로 이해된다.

2003년에 기후(岐阜)한국교육원 원장 김득영 박사와의 만남은 한반도로부터 문화와 기술 전파를 깊이 연구하는 계기가 되었고, 특히 '도토리와 목화' 의 연구에서는 여러 가지 의문을 풀어갈 수 있어 즐거웠다. 21세기는 물과 생명의 세기라고 말하고 있지만, 동양사상 중에는 5행(木火土金水)의 순환에 의해 우주의 영속성이 보장되고 있는 지금, 자연과의 공생을 생각할 때 동양사상을 재구조화하여 학습하는 것이 중요하다는 생각이 든다.

평생학습의 관점에서 생각한 '만나서 노는 시스템' 은 나의 머릿속에서 목화처럼 부풀어 오르고, 도토리처럼 수많은 열매를 달고 있다. 이것을 함께 활동하자고 많은 사람에게 호소하고, 연결망을 넓혀 가는 것이 나의 역할이라고 생각하여 각지역의 촉진자로서 역할을 하고 있다.

4. 사회교육시설 볼런티어 전국교류회 활동
-교류와 연수로 '관 · 민' 협동의 네트워크 만들기-[5)]

현재 일본은 여가 · 고령 · 정보사회라고 부르고 있으며, 물질적으로도 확실히 풍요로운 나라다. 그렇지만 행정조직은 거대화되고 있고, 재정적으로는 어려움을 겪고 있어 개혁을 외치고 있는 데 비해 그다지 일이 진척되지 못하고 있는 것이 실상이다. 한편, 가정, 지역, 직장 등에서는 인간관계가 희박하게 되면서 볼런티어 활동이 주목받고 있다.

이러한 가운데, 최근 가장 놀라운 점은 미술관이나 박물관, 도서관, 평생학습센터 등 사회교육시설에서 평생학습을 중심으로 하는 볼런티어 희망자가 급증하고 있다는 사실이다. 예산삭감이나 직원의 일손 부족을 보충하는 측면에서도 볼런티어 활동은 없어서는 안 되는 존재다. 그러나 희망자가 많은데도 불구하고, 시설 측의 정비가 제대로 갖추어지지 않았기 때문에 볼런티어 도입은 그다지 진행되지 않고 있다. 그 이유는 시민과의 협동이라고 하는 사고방식에 대한 평생교육시설 측의 이해가 완전하지 않다는 점과 코디네이터의 부족을 들 수 있다.

그래서 현재 우리는 볼런티어가 주최자가 되어 볼런티어 코디네이터의 양성 강좌를 중심으로 행정직원과 시민 볼런티어가 서로 배우면서 네트워

---

5) 이 글은 오쿠보 구니코(大久保邦子, 보넷사회교육시설 볼런티어 교류회 사무국장)씨의 글을 옮긴 것이다.

연락처: 埼玉県 比企郡 鳩山町 鳩ケ丘 2-11-9, 大久保, TEL/FAX 049-296-7020, E-mail vnet-hato@nifty.com

크를 해 가는 활동을 전개하고 있다.

1) 활동의 계기

1987년 국립부인교육회관(현재 독립행정법인 국립여성교육회관. 약칭 누엣쿠)의 10주년 기념 사업으로 누엣쿠 볼런티어가 기획한 '사회교육시설의 볼런티어에 대해서 생각하는 교류회'가 만들어진 것이 계기가 되었다. 정원 100명으로 당시 일본에서 볼런티어는 복지 관계가 주류로 그 분야의 전국적인 집회는 이미 개최되고 있었지만, 사회교육이나 평생학습 분야의 전국적인 모임은 처음이었다. 이후 참가자의 강한 요청도 있어 계속해서 개최하게 되었다. 주최 이름은 '사회교육시설 볼런티어 교류회'로 약칭하여 'Vnet'이다.

2) 조직 · 운영

주최자인 사무국 직원은 누엣쿠 볼런티어 요원이 중심이 되고, 사무국도 '누엣쿠'의 볼런티어 룸(volunteer room)에 두었다. 3년째부터는 참가자 중 전문가 10여 명이 운영위원이 되어 기획에 참여하였다. 운영위원은 전국 각지의 미술관 · 여성회관 볼런티어나 지방자치단체 직원 등으로 구성되어 있다.

활동의 포인트는 매년 교류회의 내용을 반드시 보고서로 정리하여 정부나 도 · 도 · 부 · 현(都道府県)의 교육위원회 관계자에게 송부하는 것이었는데, 볼런티어 현장의 소리와 과제를 알리는 것이 그 목적이었다.

자주적 활동이기 때문에 주요 자금원은 보고서의 매상과 참가비용으로 충당하고 있으며, 사무국 요원과 운영위원도 자발성에 근거한 평등한 입장에서 원활하게 운영하고 있는 것이 특징이다. 일체의 활동은 무상의 볼런티어로 추진하고 있다.

10년째인 1998년에 활동의 자립을 목표로 하여 사무국을 '누엣쿠 볼런티어 룸' 에서 현재의 주소로 이전하였다. 처음 활동부터 '누엣쿠' 의 협력과 협찬, 지도 등을 받아 움직여 왔고, 그 관계는 현재까지 계속되고 있다.

3) 활동의 전개

Vnet(Volunteer Network)의 특징은 사회교육시설에서 자신들의 볼런티 과제를 찾아 '학습회=교류회' 를 개최하면서 통신망을 구축해 온 것이다. 시종일관 '과제해결' 을 위한 자발적인 활동이며, 운동체라고도 할 수 있다. 그 증거로 매년, 전년도 모임의 테마를 분석하고 새로운 과제를 설정하고 있다. 거의 5년을 주기로 그 형태나 방향성은 변화되고 있다. 아마 진화했다고 말할 수 있을지도 모른다.

제1기(1987~1992년) 시설 볼런티어는 현장의 고민을 서로 이야기하는 교류회로 정원이 100명이었다. 제1회는 1일 일정이었지만, 제2회부터는 1박 2일로 늘렸으며, 매회 보고서를 발행하였다. 5주년에는 이시바시(石橋)재단에서 보조금을 받아 5주년 기념 특집호『평생학습 볼런티어 현재 그리고 미래』를 출판하였다.

제2기(1993~1997년) 교류와 현장 과제 도출의 제1기가 지나고 다음 단계는 그 과제해결을 위한 학습회였다. 간판도 '세미나' 로 하고 정원을 70명으로 하였다. 이때부터 볼런티어끼리의 '속마음 모임' 에 행정직원의 참가도 늘어났고, 내용도 보다 깊어지기 시작하였다.

IAVE(International Association for Volunteer Effort) 세계회의(1994년)와 제

28회 전국볼런티어연구집회(1997년, 일본 청년봉사협회 주최)에서는 평생학습 분야를 중심으로 심포지엄과 필드워크 · 포럼(forum)을 개최하였다. 세계회의를 위해 제작한 비디오는 그 해의 일본 문부과학성 선정작품이 되었다.

제3기(1998~2000년) 10년간의 활동 실적이 인정되어 1998년부터 4년간, 일본 문부과학성 위촉사업 '볼런티어 코디네이터 양성 강좌' 를 실시할 수 있게 되었다. 대상은 행정직원과 볼런티어 코디네이터였으며 지망 정원은 40명이었다. 내용도 4박 5일로 늘어나게 되었다. 양성 강좌를 위해 제작한 비디오 '진실로 볼런티어 코디네이터를 생각한다.' 는 현재 각 지역의 양성 강좌에서 교재로 사용하고 있다.

또한 10년간 협력해 주신 운영위원을 대신하여 연구자와 편집자, 행정직원 약 10여 명이 어드바이서 스태프가 되어 주었다. 이는 사무국이 '누엣쿠' 에서 독립한 것이 계기가 되었다. 이밖에 활동이 더욱 확대되기를 바라면서 '볼런티어 통신' (A4판 8페이지, 연 4회를 발행하고 있다. 구독료는 연간 1000엔)을 발행하고 있다.

4) 현재화되어 온 현장의 과제와 Vnet의 활동

제1기에서 내놓은 내용 및 키워드

- 사회교육시설에는 어떤 활동이 있다고 생각하는가?
- 시설에서 볼런티어의 위치 부여는 어떠한가?
- 직원과의 역할 분담은 어떠한가?
- 직원과의 관계 내지는 파트너십은 어떠한가?
- 직원의 이동으로 중단하는 볼런티어 활동은 없는가?

제2기로 좁혀진 키워드

- 시설 내에서 볼런티어의 주체성과 자발성은 어떻게 담보되는가?
- 볼런티어의 조직 · 운영은 어떠한가?
- 행정의 행동원리에 대하여 '볼런티어는 아메바와 같이 난반사(亂反射)한다.'
- '거대한 아마추어집단' 이기도 한 행정의 실태(행정 측의 발언에서)
- 코디네이터의 중요성
- 시설에서 평생학습 볼런티어 활동은 시설 외로 환원되어야 한다.

제3기의 활동과 전개 1995년 한신(阪神) · 아와지(淡路) 대지진 재해 때 볼런티어 코디네이터가 없는 것이 문제가 되어 정부는 드디어 그 양성에 착수하였다. 1998년부터 4년간, 일본 문부과학성 위촉 '볼런티어 코디네이터 양성 강좌' (평생학습과 사회교육시설 분야 담당)를 개최하였다.

이때 Vnet가 양성 강좌에서 목적으로 한 것은 다음과 같다.

- 양성 강좌의 스타일을 제안하는 것
- 코디네이터로서 직원의 의식개혁
- 현대적인 주제나 과제를 받아들이는 것의 중요성
- 조직 · 운영에 대한 타성주의화의 극복과 발전

5) 활동의 성과와 향후 과제 및 전망

Vnet가 자유롭게 기획 · 운영할 수 있는 자주적 활동이라는 조건을 통해 얻을 수 있었던 몇 개의 성과가 있다.

가장 큰 성과는 시간을 들여 계속해서 과제를 추구함으로써 여러 가지 상황이 눈에 들어온 것이다. 일상적인 활동에서 볼런티어 측에서는 행정의 폐쇄적인 조직 · 운영의 실태와 공과(功過)가 눈에 들어왔다. 행정 측에서도 볼런티어의 운영이 때로는 제멋대로 될 가능성을 실감하였을 것이다. 행정뿐만이 아니라 볼런티어도 조직의 타성주의(mannerism)화가 활동의 정체로 연결되는 것을 배웠다.

지금 재정적으로 공공시설의 운영은 어딜 가도 어렵다고 말하고 있지만, 기획이나 운영 면에서 시민감각을 받아들이거나 볼런티어와 함께 유연한 활동을 전개함에 따라 활성화되어 가는 기관도 있다.

Vnet에서는 정보를 교류하거나 새로운 전략을 창출하는 것의 중요성과 가능성을 배워 왔다. 그 하나의 포인트는 시점을 바꾸어서 생각하는 것이다. 그렇다고 하더라도 같은 사람, 같은 조직에서 같은 업종만으로 생각하고 있어서는 발전에 한계가 있다. 교류를 하는 것, 과감하게 외부의 공기, 다른 문화의 관점을 받아들이는 것에 대한 큰 효용성도 배웠다.

또 하나의 중요한 포인트는 관 · 민을 막론하고, 개인으로서 자율성을 확보하는 것이다. 자율성 속에서 혼자 생각하고 책임을 지는 것, 상대의 입장을 생각하는 것 등이 존재한다. 공공시설의 볼런티어 활동에는 직원, 볼런티어, 그리고 지역주민이 서로 서로 배우는 인큐베이션(incubation)의 진수가 있다는 것도 배웠다.

그런데 이와 같은 전국적인 활동이 볼런티어 활동으로서 지속될 수 있었던 가장 큰 이유는 '누엣쿠' 라고 말하는 국립의 평생학습센터가 존재하였기 때문이다. 다양한 형태로 직원을 비롯한 관계자가 계속해서 관련을 맺고 있는 것이다. 광대한 시설, 싼 숙박료, 정보센터를 비롯한 풍부한 환경! 이러한 시설이 없으면 활동은 생길 수 없었다. 이런 의미에서 Vnet의 활동은 관과 민, 쌍방의 오랜 협동(collaboration)이기도 하다.

17년째를 맞이한 2004년 봄 세미나를 끝내고 Vnet는 활동을 잠시 멈추게 되었다. 그렇지만 과거를 되돌아보면서 그 정리를 하는 작업은 계속될 것이다. 아메바와 같이 유연한 조직체는 과제가 있는 한은 계속 활동할 것이며, 그 활동이 언제 다시 재개될지 아무도 모른다는 점이 Vnet의 매력이라고 할 수 있다.

5. 신주쿠 NPO 커뮤니케이션 · 스퀘어 21(CS21) 이야기-많은 만남이 시대를 개척한다-[6)]

1) 유니버셜 디자인과 만남

1999년 1월 25일 커뮤니케이션 · 스퀘어 21(CS 21)의 시작을 위한 준비가 한창일 때 친구와 지인, 그리고 여러 사람에게 협력을 요청했다. 그러나 상당수의 사람들이 이해하지 못하고, '이상론으로 사업화는 위험!', '기분은 알지만 무리!' 라는 충고를 해 왔다. 막연한 자신감으로 일단 해 보겠다는 의욕밖에 없었던 나는 이런 충고를 염두에 두지 않은 채 혼자 달리기 시작했다.

디자인 포 올(Design for All)이라는 모두를 위한 것을 목표로 한 유니버셜 디자인(universal design)과의 만남이었다. 쉰 살이 되고, 사업을 막 시작한 나에게 이는 하나의 새로운 길로 보였다. 특정한 사람을 위한 배리어 프리(barrier free)에서, 모든 사람을 위한 유니버셜 디자인이라는 개념이라면 우리가 지금 어떻게 생활해야 할 지가 머릿속에서 좌표로 설정되어 그 활동

6) 이 글은 가노우치 미치코(叶內路子, 도쿄 신주쿠 NPO법인 커뮤니케이션 · 스퀘어21 이사장) 씨의 글을 옮긴 것이다. 연락처: NPO법인 커뮤니케이션 · 스퀘어21 東京都 新宿區 三榮町 17 齊藤 2 building 1階 TEL:03-3350-1388 FAX:03-5360-3633, URL:http//www.npocs 21.com E-MAIL:staff@npocs 21.com

에 강한 의욕과 확신, 그리고 에너지로 가득 찼다. 고령화 사회를 맞이해 사람의 수명도 길어졌으니 '어차피 사는 인생 다양한 사람을 만나고, 친하게 지내고, 서로 도움이 되게 살자!' 라는 생각이 있었다.

그리고 순식간인 5년, 지금까지 많은 만남을 통해 많은 결실을 얻을 수 있었다. CS 21이 완수한 많은 성공. 그것은 동료 한 사람 한 사람이 생각을 같이 하고, 힘을 합쳤기 때문에 실현된 길이었다. 앞으로도 동료와 서로 지탱하면서 함께 계속해서 달리고 싶다.

2) '마음'의 유니버셜 디자인에서 유니버셜 서비스로

2001년 NPO(비영리민간단체) 법인격을 취득, 활동이 크게 확대되었다. 유니버셜(Universal)에 근거하는 상품 만들기, 사람 만들기, 시스템 만들기의 제안에 흥미를 갖고 CS 21의 활동 이념을 필요로 하는 행정, 기업 등에서 일이 들어오기 시작했다.

유니버셜 디자인(UD)은 상품 중심의 개념이 아니다. 유니버셜 디자인의 개념을 깊게 이해하는 인재를 키우고, 사람과 상품과 관계 속에서 그것을 살리기 위한 시스템이다. 이러한 상품과 사람, 그리고 시스템의 관계 만들기에 가장 힘을 쏟을 필요가 있다고 생각한다.

비즈니스는 물론 일, 행정, 복지 서비스의 현장에서도 기본은 같다. 하드웨어(物)에 부족한 배려를 소프트웨어(心)로 보충한다는 '마음의 유니버셜 디자인' 을 깊게 이해하여 생활에 활용할 수 있는 인재를 찾는 서비스가 유니버셜 서비스다. 누구나 같은 생활인(인간)으로서 벽 없는 커뮤니케이션을 할 수 있는 마음을 갖고 매뉴얼에 집착하지 않으며, 그 상황에 적절한 마음의 유연성을 갖고, 고객의 인간성과 상황을 존중하여 유효한 커뮤니케이션을 할 수 있는 인간이 되는 것이다.

3) '마음'의 유니버셜 디자인으로부터의 발전-피포마크 운동

▶▶▶ 신주코 피포마크

첫 번째 활동으로는 피포마크의 보급·개발이다. 피포는 작은 새 '피짱'의 첫글자 피와 하마 '히포(hippopotamus 또는 hippo)'의 끝글자 '포'를 합성한 것이다. 하마의 입 안을 청소해 줌으로써 먹이를 얻는 새(피짱)와 새가 청소를 해 줌으로써 병에 걸리지 않는 하마(포짱)의 정다운 상생관계처럼 더불어 살고, 서로 도움이 되는 관계를 심벌로 삼았다.

'잘 부탁합니다', '고맙습니다' 처럼 '돕거나 도움을 받으며 서로 지켜봐 주는' '기쁜 관계', 우리도 그런 관계를 만들고 싶다는 생각에서 시작한 활동이다. 현재는 그 심벌마크를 '피포배지'로 판매하고, 여러 가지 이벤트를 통해 보급·개발운동을 행하고 있다.

다양한 인생의 무대에서 아무에게도 상담할 수 없고, '어떻게 하면 좋을지 모르겠다.'는 닫힌 인간관계가 '상생'이라는 의미의 소중함을 이해함으로써 '잘 부탁합니다', '고맙습니다'라는 마음의 열린 관계로 발전하는 것이다.

4) 이벤트 개최 경험을 마을 만들기에 살린다

2001년 10월, 일본 최초로 시즈오카현(静岡県) 히가시이즈초(東伊豆町)에서 공인된 크로스컨트리로 유니버셜 런(Uni-Run)이 개최되었다. 유니런은 시각장애우 24명, 휠체어를 탄 장애우 15명, 의족을 한 사람 1명, 그 외 건강한 고령자와 젊은 사람 40여 명이 참가한 대회다. 맑은 가을 하늘 아래 시각 부자유자도, 휠체어를 이용하는 사람도, 어르신도, 건강한 젊은이도 모두 공인 크로스컨트리 코스를 달리고 걸었다. 이 고장의 중학생 90명도 볼런티어로 참여하여 휠체어를 밀거나, 눈이 부자유스러운 이의 손을 잡아 주면서 마음이 모두 하나가 되어 가는 모습을 똑똑히 지켜 보았다. 감동을 서로 공유함으로써 사람들은 깨닫고 아름다움을 키운다는 사실을 확신할 수 있었다.

'유니런' 행사 1개월 후 11월 25일에는 히가시이즈초 상공회의소 기획으로 '유니버셜 워크' 라는 거리 걷기가 개최되었다. '자신의 마을에서 불편한 곳이나 좋은 곳을 자신의 눈과 발로 확인하자.' 라는 의미의 행사였다.

이 경험을 살려 2003년 1월 19일 '히가시이즈초 유니버셜 워크 주민포럼' 이 열렸다. 주제는 '마음의 유니버셜 디자인에 기초한 마을 만들기' 였다. 이 주제에 어울리게 고령자와 중학생, 이 고장 사람, 마을 외의 사람, 장애가 있는 사람과 없는 사람, 누구라도 참가가 가능하여 약 100명의 사람이 참가하였다. '마을 만들기' 라면 하드웨어적인 면을 먼저 생각하는 경향이 있지만, 가능한 한 지금 있는 것을 살리는 연구와 서로 대화를 나누고 돕는 것이 가장 중요한 일인 사실을 알 수 있었다. 혼자서 할 수 있는 것은 혼자서 한다는 '자립 지원형' 의 '마을 만들기' 이다.

이러한 지역활동의 축적으로 2004년 1월 22일 '히가시이즈초 유니버셜 디자인 배리어 프리(barrier free)의 마을 만들기 주민포럼' 이 열렸고, 유니버셜 디자인 모델타운을 선언 '누구에게나 상냥한 마을' 을 목표로 하고 있다.

5) 마을 만들기를 마을에서 살린다

CS 21은 1999년부터 동경 요츠야(四谷)지구 상점연합회와 협력해서 요츠야 사랑축제로 명명한 '지역주민 주최형'의 이벤트를 개최해 왔고, 그 실적을 바탕으로 하여 신주쿠구 요츠야 지구는 '모빌리티 타운(mobility town)'을 선언하였다. 이 선언은 '요츠야를 살기 편하고 좋은 고장으로 만들기 위해 마을 속에 있는 마음과 물건의 장애물(barrier)을 제거하여 나이 먹고 핸디캡을 가지고 있어도 안심하고 즐겁게 살 수 있는 마을, 모빌리티 타운을 목표로 한다.'고 표방하고 있다. 동시에 축제의 장에 주민도 점포를 내고, 거기에서 사는 분들과 함께 어울려 축제를 고조시켰다. 이렇게 하여 2001년에는 '요츠야를 매우 좋아하는 축제'에 신주쿠구 고령자복지활동 조성사업으로 배리어 프리(barrier free) 부스를 개설하였다. 중 · 장년층의 의료건강 상담, 세금 · 연금 · 간호 · 라이프 플랜 상담, 배리어 프리 주택상담, 퍼스널 컴퓨터 강좌, 휠체어 사용방법 강좌, 다용품 추진기구 소개, IT 체험, 점자명함 작성 데모, 배리어 프리 갤러리, 물품, 식품판매 등과 함께 한국 가정 요리도 출점하였다.

또한 신주쿠구 평생학습재단의 위탁사업으로 평생학습 강좌 '배려와 안심의 고장 신주쿠'를 6회에 걸쳐 개강한 것을 비롯하여 후쿠오카현(福岡県), 가고시마현(鹿児島県), 스미다쿠(墨田区) 학습 가든, 지바현(千葉県) 사카에초(榮町), 시즈오카현(静岡県) 히가시이즈초(東伊豆町), 와카야마현(和歌山県) 시라하마초(白浜町) 등에서도 개발 강좌와 출장 강연을 하고 있다.

동경도 신주쿠구 산에이초(三榮町)의 CS 21사무소는 '커뮤니케이션 스퀘어(square)'로서 다양한 이벤트에 장소를 제공하고 있다.

6) 국적을 초월하여 확대되는 교류

2003년 9월 27일, '제2회 피포 유니버셜 미니 역전마라톤'이 동경 신주쿠의 도립 도야마(戸山) 공원에서 개최되었다. 오후 0시 40분, 나카야마 히로코(中山弘子) 신주쿠구청장의 출발 신호와 함께, 25개 팀의 제1 주자가 일제히 한 걸음을 내디뎠다. 남녀를 막론하고, 초등학생, 고령자(60세 이상), 휠체어를 탄 사람, 시각장애자, 건강한 사람 총 5명이 1팀이 되었다. 오전 중에 코스를 달리기 시작하면서 종합예상 시간을 신고하였다. 얼마나 가까운지를 알아 맞히면 '꼭맞춤상' 도 주었다. 이 대회에는 중국, 태국, 스리랑카, 네팔, 파키스탄, 방글라데시, 라오스 등의 7개국에서 장애가 있는 외국인도 참가하였다. 참으로 연령 · 국적에 관계없이 다양한 개성을 가진 사람들이 하나의 목표를 향해 가는 장이 된 것이었다.

나카야마 신주쿠구청장은 개회식의 인사에서 "피포 · 유니버셜 미니 역전마라톤이 목표로 하는 서로 돕는 공생의 사회는 정말로 제가 계속해서 호소하고 있는 것과 같은 취지입니다. CS 21의 여러분이 스스로 기획, 코디네이터하고, 많은 볼런티어와 구민 여러분의 협력과 각 기업 · 행정의 후원, 협찬에 의해 실시하는 미니 역전 마라톤의 모습에서 저는 앞으로의 마을 만들기의 방향성을 보았습니다."라고 말하면서 NPO CS 21의 활동을 높이 평가하였다. 1999년부터 풀뿌리 민주주의 활동을 계속해 온 우리에게는 그 이념과 목적이 옳았다는 확신을 주었으며, 동시에 큰 도달점을 보게 되었다.

7) 해외와의 교류 시작

2004년에는 일본뿐만 아니라 해외의 여러 나라 사람과의 교류를 목표로 해서 '피포여행클럽' 을 설립하였다. 여행을 통해서 인생의 감동과 사는 기쁨을 함께 나누어 가지자는 것을 목표로 하고 있다. 여행하는 사람이나 여행객을 받아들이는 사람도 생생하게 교류할 수 있는 여행은 커뮤니티의 구축이나 재생에도 연결된다.

8) 더욱 발전하는 프로젝트

2004년에는 '사람과 자전거의 공생 · 공존' 을 목표로 하는 프로젝트를 동경 신주쿠의 주민조직, 중학생, 시각장애우들과 함께 시작하여 보도(步道)의 위험 실태를 밝히고, 개선에 대한 제안을 정리하였다.

일본 사회는 지금까지 종적 행정이 강력한 권한을 가지고, 사회의 조직, 방향성에 깊이 관여해 왔다. 이는 국가로서 통일적인 힘을 발휘하는 데에는 적합하였지만, 기업과 국민의 활력을 충분히 살릴 수 없었고, 창조적인 방향으로 사회를 나아가게 하는 힘을 저지했다는 사실도 부정할 수 없다. 따라서 이제는 행정 · 기업 · 시민이 더욱 수평적인 관계가 되고, 각각의 역할을 충분히 발휘할 수 있는 시스템이 요청되고 있다.

행정 · 기업 · NGO · NPO가 처음부터 협동해 가는 것이 21세기의 글로벌 스탠더드가 되고 있다. 이런 의미에서 행정 · 기업 · NGO · NPO와의 공존 · 공생이 최대의 과제다.

6. 평화의 학습도시 다테야마를 바꾼 NPO활동[7)]

1) 역사적 배경

태평양을 바라보며 동경만 입구에 있는 보소반도(房総半島) 남단의 지바현(千葉県) 다테야마시(館山市)는 고대부터 근대에 이르기까지 여러 지역과

7) 이 글은 이케다 에미코(池田惠美子, NPO법인 미나미보소(南房總) 문화재 · 전적보존활용 포럼 이사) 씨의 글을 옮긴 것이다. 연락처: 千葉県 館山市 宮城 1039, TEL&FAX: 0470-24-0224/휴대: 090-6479-3498, http://www.internet-ex.com/npo/index.html, e-mail:emiko@awa.or.jp

의 교류와 교역의 중요한 거점이었다. 종래의 지도를 뒤집어 남북을 반대로 놓고 보면, 해류를 따라 해양민족이 이 땅에 들어 온 심정이 십분 이해될 것이다. 조정의 제사를 담당하고 있었던 이무베(忌部) 일족이 삼베 등의 문화를 가지고 시코쿠의 아와(阿波)에서, 키이(紀伊)·이즈(伊豆)반도를 거쳐서 보소(房総)에 상륙하여, 같은 발음의 아와(阿波)라고 명명하였다. 이 땅에서 동일본의 개척이 시작되었으며, 미나미보소(南房総) 아와는 문화의 유입·발신원이다. 또한 아와와 한국의 제주도에서는 해녀의 전복잡기 기술교류가 있었다고도 전해지고 있으며, 중국 배인 원순호가 보소 앞바다에서 조난당했을 당시 사람들이 목숨을 걸고 구조를 하였다는 기록도 남아 있다.

근대에 접어 들면서 아와는 제2차세계대전 때에 동경을 지키기 위한 중요한 요새지대로 지정되었다. 전쟁 말기에는 제2의 오키나와(沖縄)전쟁으로 상정된 본토 결전을 대비하여 7만 명의 군인이 배치되어 많은 군시설이 조성되었다. 그때 인력동원으로 판 몇 킬로에 달하는 지하참호 내에서는 전투 지휘소와 작전사령실·위령제를 지내는 봉안전 등도 볼 수 있으며, 이외에 사격장과 엄호소, 포대 등 50군데 가까운 전쟁유적이 지금도 현존하고 있다. 다테야마(館山) 해군 항공대는 최전선의 병기개발과 실전 훈련부대로서, 또 병설된 주기(洲埼) 해군 항공대는 일본 전국 유일의 병기정비학교로 중요한 임무를 지니고 있었다.

한편, 지역주민은 그 당시 억압된 생활을 할 수밖에 없었다. 농민에게는 식량공출명령과 함께 꽃 만들기 금지령이, 어민에게는 화약원료가 되는 해초류의 공출령이 내려지는 등 군대의 지배하에 있었다. 다테야마는 환상적인 마린블루(Marine' s blueness)의 빛을 방출하는 갯반디의 서식지로 유명한데 전시에는 중학생들에게 근로동원으로 갯반디를 채집하라는 명령이 내려졌다는 기록도 남아 있다. 갯반디를 말려 다시 적시면 발광하는데, 이 성질을 군사적으로 이용하여 갯반디 조명탄을 개발하려고 하였던 것 같다.

전시 중 계엄령 상태에서 전쟁에 관한 이야기를 하는 것이 허락되지 않았던 민중은 전후(戰後)에도 이야기하는 일이 없었으므로 이들의 역사는 대부분 구전되지 않았다.

또 하나 다테야마에는 전쟁에 얽힌 숨겨진 비석이 있다. 이는 시내의 여성 보호시설 내에 있는 '종군위안부'의 비석이다. 1965년 어느 보호시설에 사는 한 여성이 종군위안부였던 자신의 반생을 고백하였다. 남쪽의 섬까지 끌려가서 매일 몇십 명의 군인을 상대해야만 했던, 미칠 것 같았던 기억을 이야기하였다. '동료들은 남쪽 섬의 정글에 버려져 백골이 되었고, 세상에서 잊혀져 가고 있다. 그 동료의 위령비를 세워 주기 바란다고…….' 라는 그 여성의 외침을 듣고 시설의 이사장인 그리스도교의 후카쓰 후미오(深津文雄) 목사는 전쟁의 그림자로 사라진 여성을 애도하여 시설 내의 언덕 위에 '종군위안부'라고 하는 비석을 세웠다. 이것이 방송에 보도되고, 한국의 KBS에서도 방송된 것을 계기로 '종군위안부 문제'는 세간에 널리 알려지게 된 것이다.

2) 지역에서 무엇을 배울 수 있는가

이러한 숨겨진 역사에 빛을 가한 것은 홋카이도(北海道) 출신으로 다테야마에서 생활하는 고등학교 교사인 아이사와 노부오(愛沢伸雄) 선생이다. 그는 고등학생에게 세계사를 가르치면서 어떻게 가르칠 것인가 하는 테마로 지역의 역사를 착실하게 조사・연구하여 이 연구 결과를 학생과 시민에게 계속해서 전해 왔다.

아이사와 선생의 수업을 듣고, 여학생들은 대단히 마음 아파하며, "우리도 무엇인가 할 수 없을까?"라고 생각하기 시작했으며, 당시 내전이 막 끝난 아프리카의 우간다에 고아와 에이즈(AIDS)가 만연하고 있다는 사실을 알고, 학생회 주최로 우간다 지원 바자회를 시작했다. 이는 도중에 끝나지 않고, 10년 동안 지원을 계속한 결과 우간다에 학교가 세워지게 되었다. 이 학교는 여학교인 지바공립 아와미나미 고교와 같은 'AWA-MINAMI 양재학교' 라고 이름을 붙였다. 한 공립 고교학생회의 힘으로 저 멀리 타국에 교육의 장소를 제공하게 된 것이다.

이러한 아이사와 선생의 수업실천 보고는 전국에서 높은 평가를 받았고, 전쟁유적에서 평화를 배우기 위해 많은 사람이 다테야마를 방문하게 되었다. 최근 10년간 약 6,000명이 방문했고, 계속 높아지는 요구에 부응하기 위해 아이사와 선생과 뜻을 같이 하는 시민이 모여 연구 · 조사 · 가이드를 사업으로 하는 NPO법인 '미나미보소 문화재 · 전적보존활용포럼' 을 조직하게 되었다. 현재 등록되어 있는 약 100명의 가이드 후보생 대부분은 정년퇴직을 한 고령자다. 이들은 적극적으로 지역의 역사를 배우고 젊은이에게 배운 역사를 계승하는 평화의 전도사가 되어 눈부신 활약을 보이고 있다. 가이드라고 해서 해설자만 있는 것은 아니다. 예를 들면, 입호 때 헬멧을 건네주는 담당을 하든가, 교통담당 등을 하기도 한다. 전쟁유적은 국가의 관할이거나 사유지이지만, 방치된 것을 유적으로 정비하고, 견학하기 쉽도록 풀베기를 하는 등 멤버들은 각각 할 수 있는 분야에서 지역에 공헌하고 있다.

다테야마시의 행정 측면에서도 전쟁유적의 중요성을 인식하고, 전쟁유적의 사적화를 고려하여 '지역 전체 필드 평화박물관 구상' 을 책정하였다. 그리고 2004년 4월 1일에 구 해군 아카야마(赤山) 지하벙커를 일반에게 공개하기로 결단하였다. 벙커를 개방한 이후 시민을 비롯해 일반 입장자는 4개월 만에 5,000명을 넘었다. 2004년 8월에는 시민이 주체가 되어, '제8회 전쟁유적보존 전국심포지엄 다테야마 대회' 를 개최하였다. 평화학습을 추진하는 전국의 교육 관계자나 음악 관계자의 모임도 다테야마에서 열리고 있다. 갯반디의 환상적이고 아름다운 빛을 보며, 전시(戰時) 중의 에피소드를 배운 음악가는 뮤지컬로 '갯반디~코스모 블루는 평화의 빛깔' 이란 곡을 만들어 주었다. 이 멋진 곡은 다테야마에서 출발한 평화의 노래로서 서서히 전국으로 퍼져 나가는 조짐을 보이기 시작하였다.

또 다테야마에는 1624년에 건립된 국제평화를 기원하는 비석이 있다. 비석의 사면에는 일본어 · 중국어 · 범어의 초기 글자 · 한글의 4개 국어로 '나무아미타불' 이라고 새겨져 있다. 이것은 지바현 지정문화재인데, 왜 쇄국정책을 취했던 에도시대에 반도의 끝인 이 땅에 타국의 언어로 이런 비석을 세웠는지는 지금도 수수께끼다.

아이사와 선생은 학생들과 이 수수께끼에 도전하는 수업을 행하였다. 시대 배경은 도요토미 히데요시의 조선 침략과 도쿠가와 이에야스(家康)의 조선 통신사 교류가 힌트가 되었다. 또한 앞에서도 말한 것과 같이 이 땅이 아시아와 직접 교류가 있었던 땅이라는 점도 영향을 미쳤을 가능성이 적

<大巖院石塔碑文>

▶▶▶ 임진왜란 때 끌려간 조선인이 세긴 나무아미타불 비석

지 않다.

이것을 계기로 2002년 한 · 일 우호의 해에는 '한 · 일 심포지엄 다테야마(館山) 대회' 를 개최하였으며, 동시에 한 · 일 역사교육자협의회도 열렸고, 한 · 일 고등학생의 합동수업도 행해졌다. 이 땅은 전쟁에 중요한 지역임과 동시에 평화의 땅이다.

이 지역에 와서 단지 전쟁유적에 대해 배우는 것만이 아니라 전쟁의 양면(가해와 피해) 혹은 전쟁과 평화의 양면을 배우는 것이야말로 진정한 평화의 본연의 자세를 통찰할 수 있는 것인지도 모른다.

3) 전 망

나는 『미나미보소 고향 발견 마보로바』라고 하는 책을 발행하고 있다. 캐치플레이즈는 '쓰는 사람과 읽는 사람의 마음의 교류지' 다. 이 책에서 나는 일방적인 정보발신이 아니고 상호 교류, 네트워크 만들기를 의도하고 있다. 이 책을 만들기 시작한 계기는 20년 만에 돌아온 고향이 놀라울 정도의 매력으로 가득 차 있고, 그것을 이야기로 전해 주는 멋있는 친구를 만났기 때문이다. 고향에서 사업을 하는 사람들의 훌륭함을 전해 주고 싶고, 그 고장의 매력을 발견하는 것의 재미를 알리고 싶은 생각에서 시작한 것이다.

쓰는 사람과 읽는 사람이 서로 자극을 받아 가며, 자신이 생활하는 발 밑에는 어떤 역사가 있고, 어떤 자연이 있으며, 어떤 매력이 있는 것인가라고 하는 데 관심이 널리 퍼지고 있다. 또한 전쟁유적 워킹 · 식물애호 워킹 · 전국시대의 성곽유적 워킹 · 비치 컴인…… 등 고향 강좌가 다채롭게 꽉 짜여 있다. 특기를 가지고 있는 사람 누구나 강사가 되어, 놀면서 배우는 즐거움에 사는 보람을 느끼기 시작하고 있다. 이외에도 농 · 어업 체험도 인기가 있어 자신의 식량을 스스로 만들자는 사람과 가정야채농원을 시작하는 사람도 늘어나고 있다.

지역의 매력을 찾는 일은 지역에 애착을 갖게 만들고, 자기 지역에서 생활하는 것에 대한 긍지를 키워 내는 것이다. 새롭게 배울 때마다 사람들의 눈이 빛나고 있다. 특히, 정년 퇴직 후의 고령자 층이 많고, 그 사람들이 교육현장에 출장배달강좌를 하러 나가며, 어린이와 함께 마을의 보물찾기를 시작하고 있다. 관광(觀光)을 글자 그대로 해석하면 빛을 본다는 뜻이 되지만, 자기 고장 관광이야말로 마을 만들기의 원점이다.

발 밑을 다시 보는 것이, 그대로 자신의 삶의 태도나 가치관을 다시 묻는 계기가 된다. 자신이 생활하는 지역을 배우는 것이 긍지와 사는 보람으로 연결되며, 기타 지역의 사람들과 교류를 하거나 서로 배우면서 지역은 활기를 띠고, 동시에 지역 경제 진흥으로도 연결된다. 우리의 희망은, 첫째는 젊은이에게 고용의 기회를 제공하는 것이고, 둘째는 이 지역에서 배우는 방법을 터득한 사람들(청소년들)이 각자 살고 있는 땅으로 돌아왔을 때, 자신의 지역에 관심을 가지기 시작하고, 전국의 여기저기에서 지역의 메시지를 서로 발신하는 것이다. 그때 어떤 가능성이 생길지는 알 수 없다. 이것이 평생학습마을 만들기의 성공 사례가 되어, 마을 만들기 바로 그것을 배우기 위해 전국에서 많은 사람이 오고, 아이들에 의한 '평화심포지엄', '환경회담' 이 개최되는 것도 꿈이 아닐지도 모르겠다.

또 국내뿐만 아니라 아시아 제국, 특히 한국의 여러분과도 역사적 사실(우호와 애도)을 서로 나누어 가지면서 훌륭한 관계를 쌓아 가고 싶다. 언젠가 다테야마의 땅에서 '평생학습마을 만들기 일 · 한 · 조(日韓朝) 심포지엄' 개최를 마음속으로 기원해 본다.

7. 시민이 주역인 평생학습마을 만들기[8)]

1) 가니시의 개요

가니시(可兒市)는 일본의 한가운데 있는 기후현(岐阜県)의 남동부에 위치하고, 나고야시(名古屋市)의 위성도시로 급속히 발전하고 있는 인구 98,000명의 도시다.

역사에 그 이름이 등장하는 것은 상당히 오래 전의 일이다. 지금으로부터 1800년경에 『일본서기』에 등장한 게이코(景行) 천황의 가궁(仮宮)인 영궁(泳宮), 아케치 미쓰히데(明智光秀) 공이 태어난 땅이라는 '아케치(明智) 성지' 와 많은 고분군, 숨은 크리스천의 슬픈 이야기 등 역사적 낭만이 도시의 도처에 남아 있다.

또한 시로 승격한 지 20주년이 되어 세계 제일의 장미공원 '꽃 페스티발 기념공원' 숲을 만든 도시이기도 하다.

2) 현재 활동에 이르기까지

1998년도에 가니시가 주최한 '평생학습 지도자 양성 강좌' 를 수강한 멤버들이 문부과학성이 인정한 사회통신교육으로 평생학습 인스트럭터(instructor)의 자격을 얻고, '평생학습추진회 가니' 라는 볼런티어 그룹을 결성하였다. 학습 볼런티어로서 주로 교육위원회의 지원 등 평생학습활동

8) 이 글은 마루야마 에이코(丸山英子, NPO 평생학습 가니 사무국장) 씨의 글을 옮긴 것이다.
연락처: 岐阜県 可兒市 虹ケ丘 3丁目 30番地, 전화 · FAX 0574-65-6176, e-mail ma-eiko@ma.ctk.ne.jp

을 추진하는 가운데 '우리에게 요청되는 활동은 무엇인가?', '장기 비전에 근거한 활동방침' 등의 의견이 나오게 되고 여러 가지 검토를 거친 결과, 새로운 활동의 발전과 조직의 강화를 목표로 하여 2003년 6월 'NPO법인 평생학습 가니'를 설립하기에 이르렀다.

지역주민 모두가 즐겁고 보다 풍요로운 생활을 목표로 하며, 평생학습 정보의 수집과 제공 · 학습상담 · 평생학습지원 사업 등의 평생학습추진사업을 행하고, 시민의 입장에서 생각하며 행정과의 협동을 유지하면서 지역사회의 발전에 기여하고 싶다고 생각하고 있다. 사회교육(주로 평생학습) 분야의 NPO법인은 전국적으로도 희소하여, 시행착오를 거치면서 지역의 요구에 부응하기 위해 노력하고 있다. '시민이 주역인 평생학습마을 만들기'를 목표로 하고, 다음 분야의 활동을 전개하고 있다.

- 사회교육의 추진을 꾀하는 활동
- 마을 만들기의 추진을 꾀하는 활동
- 청소년 건전 육성을 꾀하는 활동

3) 중심활동

평생학습상담 학습상담은 학습을 시작하려고 하는 사람과 이미 학습을 하고 있는 사람의 쌍방의 커뮤니케이션을 꾀하면서 학습내용 · 학습방법 · 학습계획 등에 대해서 지도나 조언을 행하는 것이다. 학습 볼런티어로서 2년이 경과한 2001년 7월, 교육위원회로부터 학습상담을 위탁 받고 시작한 이래, 중요한 사업의 하나로서 대응하고 있다. 상설이 아니고 월 3회의 순회상담을 하기 때문에 큰 발전은 보이지 않았지만, 연간 약 80~90건의 상담을 행하고 있다. 주된 상담 내용은 강좌의 소개 · 서클 소개 · 자격취득의 방법 등 학습의 첫 걸음을 시작하는 지원이 많다. 학습상담을 계기로 활동과 학습을 시작했다는 기쁜 소리도 들려 오고 있다. 잠재적 학습자를 어떻게 학습에 결부시켜 갈지, 대응자의 자질 향상과 학습정보의 정비 등 많은 과제를 안고 있지만, 평생학습을 추진하는 데 있어서 학습상담은 중요한 역할을 수행하므로 새로운 내용의 충실을 꾀하고 싶다. 또한 상설로 학습상담에 대응할 수 있도록 관련 기관에 제안하고 싶다.

활력 넘치는 소년(創年)[9] **세미나** 중·노년의 사는 보람 만들기와 지역사회의 참획을 지원하는 것을 목적으로 한 '활력넘치는 소년(創年) 세미나'는 폭넓은 학습기회를 제공하는 총 10회의 연속 강좌다. 인생 강좌·복지·환경·건강·역사·음악·사회학·평생학습 강좌 등 다양하며, 단기 여행과 하이킹도 있다. 2003년에도 계속해서 제2기를 받았다. 2004년에는 정원을 초과한 53명(정원 45명)으로 7월에 시작하였다. 가니시는 70%가 신주민으로 구성된 위성도시로, 정년을 맞이하여 지금까지 관련성이 희박했던 지역사회에 관심을 갖고 어떻게 사는 보람을 찾아낼 수 있을지를 많은 시민이 모색하고 있다. 우리는 평생학습상담을 실시하는 가운데서 파악해 온 지역 과제에 근거하여 시민의 입장에서 행정당국의 기획에 없는, 자유롭고 유연한 내용이나 방법을 선택하여 참여형으로 즐기면서 활동을 계속하는 것의 중요함을 전수해 주고 싶다. 이 강좌는 남성 참가가 대단히 많은 것도 특징이다. 다행히 많은 참가자에게서 높은 평가를 얻어 방향성이나 실시방법에 자신을 가질 수 있었으며, 이것을 계속하는 것이 우리의 사명이라는 생각으로 힘을 내고 있다. 이 강좌에서는 회의장 코너에 '나의

9) 노인을 어떻게 부를까 고민하던 후쿠도메 쓰요시 선생이 노인의 기본 개념을 지혜를 창조하는 세대로 보고 이렇게 지칭한 것이다. 발음도 소년이어서 꺼져 가는 노인의 이미지를 변환시킨 용어로서 최근에 사용되고 있다. 우리나라에서도 노인을 지혜와 보람이 소생하는 세대로서 소년(蘇年)으로 불러 볼 수 있다.

평생학습' 이라고 제목을 붙여 전시 코너를 마련하고, 수강자와 가까운 사람의 판넬 전시를 행하고 있다. 이것도 상당한 호평을 받아, 평생학습의 개발과 추진에 크게 도움이 된다는 반응을 보이고 있다.

또한 작년의 수강자(48명)의 요망으로 서클 '생애 있는 이런 모임(生涯あるこう会)' 이 발족하고, 매월 1회, 등산 · 하이킹 · 사적 순방 등으로 동료 만들기의 고리를 넓혀 가고 있다.

이 '소년 세미나' 운영의 어려움은 자금문제다. 세미나의 내용을 더 심층적으로 질을 높게 하기를 요구할 때, 모두 수익자 부담으로 실시하게 되면 수강료가 비싸져, 시민에게 마음 편히 참가하기 쉬운 강좌를 제공하는 것이 어려워진다. 그러므로 각종 조성금과 볼런티어 강사의 발굴 등에 의해, 저렴하고 양질의 교양 강좌를 제공할 수 있도록 노력하고 있다. 시민의 요구는 다양하고 넓은 분야에 걸쳐 화제가 풍부한 것을 요구하고 있어, 어떻게 그 요구에 부응할지가 문제로 대두되었다. 또 기획 · 운영에 관련한 회원 학습과 넓은 정보수집 능력도 필요하게 되었다. 지역에 뿌리를 내린 자유로운 발상의 시민 강좌를 계속하여 수강생이 그 학습 성과를 지역사회에 환원함으로써 함께 보람을 느끼고 만남이 풍부한 마을 만들기로 발전시키고 싶다.

청소년의 봉사 · 체험활동의 지원 평생학습상담과 병설해서 청소년 볼런티어 상담을 행하고 있다. 상담 내용으로는 활동단체의 소개가 중심이고, 아직 그 건수는 미미하다. 또한 청소년과 관련하여 타 단체와 네트워크 교류회를 개최하거나, 자주 강좌로서 여름방학에 부모와 함께하는 체험 강좌를 실시하고 있다. 2003년의 '전승놀이' 도 호평이었지만, 올해는 '부모 자녀가 함께하는 고대인 기후' 라는 제목으로 나고야 대학(名古屋大學) 명예교수 이토이가와 준지(絲魚川淳二) 선생을 초청하여 지질학적으로 기후현(岐阜県)의 역사를 배우고, 생명의 귀중함과 자연의 귀중함을 생각하는 강좌를 개최하였다. 또 다카야마시(高山市)의 박물관과 빛 기념관의 협력에 의해 화석이 생긴 모양을 영상으로 배우거나, 실제로 화석을 만지는 체험도 하면서 참가한 부모와 자식이 함께 자기 고장을 재발견하는 기회를 제공할 수 있었다.

또한 다음의 모임은 가니시의 사회교육과 청소년육성 관계위원의 위촉을 받아 시민의 소리를 반영하고 있다.

- 가니시 사회교육위원
- 가니시 지역정보화추진협의회위원
- 꽃의 마을 가니 수제품 그림책 대상 실행위원
- 가니시 아동센터협의회위원
- 가니시 청소년 생생활동센터 협의회위원
- 동 코디네이터
- 지역아동교실 실행위원
- 가니시 가정교육추진협의회위원

4) 향후 계획

NPO법인격을 취득한 지 1년이 경과하였다. 평생학습 분야에서 희소한 NPO법인으로서, 우리의 활동에 대하여 각 방면의 관심도 높아지고 있다.

초기에는 주로 조직의 강화와 연수 사업에 주력했다. 행정과의 협동을 고려해서 법인화한 것이지만, 아직 첫걸음을 뗀 데 지나지 않아, 협동의 키포인트로서 대등한 원칙이나 상호 이해라는 면에서도 과제가 산적해 있다. 우선 조직력을 끌어 올리고 실적을 쌓으며, 신뢰관계를 강화하여 이상적인 협동체제를 구축해 가고 싶다는 생각이다.

고령화 사회의 도래나 학습의 다양화 등에 의해 시민의 생애에 걸친 학습활동을 지원하는 것이 더욱 요구되고 있다. 그래서 널리 자립한 시민의, 볼런티어 정신을 자기의식 속에 확립할 수 있도록 지원하고, 지역의 활성화로 연결시켜 가는 것을 목적으로 하고 있다. 또한 지역 관련 단체와의 활동을 단일화하는 것도 중요한 과제다. 연계를 깊게 함으로써 서로를 향상시키고 보다 큰 흐름을 형성하도록 하고 싶다.

학교, 가정, 지역사회가 일체가 되어, 풍요로운 정신의 늠름한 청소년을 육성하기 위해서, 코디네이터로서 역할을 충분히 발휘할 수 있도록 활동을 진행시키고 싶다.

회원 16명이 중심이 되어 활동하고 있어, 일부 회원의 업무부담이 큰 것도 고려해야 하는 문제다. 각각의 회원이 가지고 있는 볼런티어의 인식 차이도 있어, 볼런티어 조직 운영의 어려움도 통감하고 있다. 그러나 이들 모두는 평생학습이라는 공통성과 목적의식을 가진 동료들이다. 충분히 서로 이야기하고 상호 이해를 위해 노력하며, 고락을 함께하고 그 달성감도 함께 느끼고 싶다.

장기적인 활동방침의 확립, 자주운영에 의한 자금상의 문제, 조직 구조상의 문제 등 안고 있는 문제도 많지만, 회원의 유연한 협력관계 아래서 향상심과 희망을 갖고 회원 스스로 즐겁게 사는 보람 만들기 장으로 발전하기를 바란다.

어떻든 모든 출발점은 사람과의 만남이다. 그러기 위해서 무엇보다 우선 좋은 인간관계의 구축이 필요하다. 성의를 갖고 대하면 길은 반드시 열린다는 말을 믿고, 목적을 향하여 한 걸음씩 착실하게 걸어가고 싶다.

8. 평생학습을 통한 시니어 NPO활동[10)]

1) 우리 마을

내가 살고 있는 야마구치현(山口県) 히카리시(光市)는 야마구치현 동부의 세토나이카이(瀬戸内海)에 접한 인구 5만 명 규모의 도시다. 역사적으로는 세토나이카이 대륙과 항해의 거점으로서 번성하였고, 그 후 산업도시로 발전해 왔다. 항해의 수호신으로 각지에서 널리 믿고 있는 사원도 있다. 국립공원으로서 흰 모래밭 해안선이 푸른 소나무 밭으로 뻗쳐 있어 일본 굴지의 해수욕장이며, 여름에는 파도타기(boardsailing)나 캠프를 즐기러 오는 이들로 붐빈다.

2) 사회참여의 시작

정년 이후의 준비를 위해 '건강 보람 만들기 상담원' 자격을 취득하며, '정년 이후는 과거에 얽매임 없는 새로운 시작이다.', '진정 사는 보람은 많은 사람과의 관계 속에 있다.' 등을 배울 수 있었다. 젊었을 때부터 교육에 관심을 가지고 있었기 때문에 정년 후는 평생학습을 라이프 워크(life work)로 정했다. 평생학습 지도자(instructor) 자격을 취득하는 강좌에서 '성인은 자기주도적인 학습이 기본이다.', '학습 메뉴를 작성해 운용하는 것이 중요하다.'는 것과 동시에 평생학습은 언제나 '배움'이며, '깨달음'

10) 이 글은 후쿠모리 히로마사(福森宏昌, 시니어 네트 히카리 대표) 씨의 글을 옮긴 것이다.
연락처: 山口県 光市 虹ケ丘 2-16-23, 전화: 0833-72-4813(FAX겸), http://www.kvision.ne.jp/~korenet/, mail address: fhironet@giga.ocn.ne.jp

이 중요하다는 성인교육의 본질을 깨닫고 기뻤다.

1999년 11월에 다니던 기업에서 정년퇴직을 하면서 바로 사회참여 기획활동을 시작하였다. 기업인으로 38년간 직장생활을 하였기 때문에 지역사회와의 관계가 소원해서 지역사회의 참획을 위해서는 먼저 내 고장을 이해할 필요가 있다고 생각하였다. 그래서 내 고장의 사찰과 신사를 처음으로 순례하였다. 사찰과 신사는 지역역사의 거점이며, 지역의 지리 · 역사 · 문화 · 생활을 이해하는 데 도움이 되었다. 또한 내 고장의 평생학습 그룹에 참가함에 따라 지역에서 활약하고 있는 사람들과의 인맥을 만들 수 있었다.

그리고 지역과제를 이해하기 위해서 각종 강좌를 자주적으로 수강하였다. 주로 볼런티어 실천 강좌, 남녀공동 참여기획연수, 순환(recurrent)교육 포럼, 평생학습포럼, 전국볼런티어연수회, 지방자치법연수, 평생학습 볼런티어 활동 코디네이터 양성 연수, 야마구치 현립 대학 현민 대학 복지 관련 세미나 강좌 수강, 평생학습마을 만들기 코디네이터 양성 강좌 등을 수강해 평생학습의 과제와 지역활동의 과제에 대해서 배울 수 있었다. 또한 많은 사람을 만나 활동의 아이디어를 얻을 수 있었다.

3) 동료 만들기로부터 모임의 발족

'인터넷 정보를 고령자(senior)에게 활용하도록 도와주고 싶다.' 는 생각과 '인터넷에서 친구 만들기를 하고 싶다.' 는 생각으로 시니어 인터넷 체험교실을 우리 고장 인터넷 회사 지원을 얻어 개최하였다.

2000년 4월에 제1회를 개최하고부터 2개월마다 1회씩 개최하여 총 6회 90명의 수강자를 받아들일 수 있었으며, 2000년 8월 시니어 · 인터넷 체험교실 동료와 함께 모임을 발족시켰다. 이는 일본 정부의 IT 기본법에 근거하였고, 평생학습심의회에서는 2000년 11월에 「새로운 정보통신기술을 활용한 평생학습의 추진방책에 대해서」라는 보고서를 냈다. 여기에서는 정보통신기술을 활용하여 평생학습 관련 시설에서 학습기회와 정보, 그리고 학습자원을 충분히 활용할 수 있게 하는 동시에 정보 문해(문자 해득, literacy)를 몸에 익히기 위한 학습기회와 연수체제의 정비를 지적하였다. 2001년도에 인구의 약 6%를 대상으로 일제히 IT 강좌를 각 지방자치단체에서 시작하였다.

나는 지방자치단체의 IT 강좌 모임에 강사로 파견되어 정보 볼런티어 활동을 다녔다. 2001년도에는 28개 강좌의 지원을 행하였고, 총 1,760시간의 지원을 하였다. 또한 2002년도에서는 10개 강좌 1,400시간을 지원했다.

4) NPO법인 설립

2001~2002년까지 2년간 지방자치단체 IT 강좌를 지원하면서 시민의 입장에서 IT강습이 필요하다는 것을 깨닫고, 2002년 10월에 시 평생학습과와의 협동으로 모델 강좌를 실시하였다. 그리고 모델 강좌의 수강생에게 양호한 평가를 얻어 2003년도의 예산을 제안하였다. 그 결과 2003년도의 사업으로 '후레아이(만남) 퍼스널 컴퓨터 학습회' 를 히카리시(光市)에서 위탁받을 수 있었다. 또 그때까지 자주적으로 실시해 온 퍼스널 컴퓨터 상담도 시의 사업으로 정식 인정을 받아 2003년 사업으로 위탁받게 되었다.

시와의 협동사업을 추진하는 것으로 회원들은 지도자의 의식을 갖게 되었고, 보다 책임 있는 활동으로 발전해 갔다. 시니어 정보생활 어드바이서는 시니어가 퍼스널 컴퓨터와 네트워크를 활용해서 생활을 풍요롭게 하거나 사회참여의 도구로 활용해 갈 수 있도록 도와주는 지도자다. 많은 회원이 이 자격을 취득해 자격 강좌를 실시하는 단체로서 인가를 받게 되었다.

이러한 활동을 거쳐 보다 공익성을 가진 활동을 해 보고 싶다는 생각으로 '시민에 대하여 IT의 활용을 촉진하는 사업' 과 'IT를 활용해서 사회참여활동을 촉진하는 사업' 을 행하고, 지역사회 발전에 기여하는 것을 목적으로 NPO법인을 설립하게 되었다. 2004년 3월에 설립총회를 개최하여 2004년 6월에 NPO 법인으로서 정식으로 활동을 시작하였다.

5) 향후 시니어 네트의 히카리의 활동

시니어 네트는 전국에 150개 이상의 단체가 있고, 최근에는 전국 시니어 네트 포럼도 개최하고 있다. 2004년 7월에 시니어 네트 야마구치를 설립하고, 각지의 시니어 네트가 연계해서 활동을 시작하였다. 시니어가 IT를 활용해서 사회참여 활동을 촉진하는 것은 앞으로의 정보화 사회에서 중요한 과제다. 마음이 풍요로운 고령자 생활을 목표로 하여 활동을 넓혀 가고 싶다. 특히, 제2차세계대전 이후 세대의 사회참여가 앞으로 시작되기 때문에 이를 위한 활동의 장을 제공하고 싶다. 또한 '생애현역 사회 만들기' 를 목표로 시니어 네트 야마구치를 발전시켜 가고 싶다. 시니어 네트 히카리는 향후 다음과 같은 활동을 하고자 한다.

시니어 네트 연계사업 다음과 같은 목적을 담당하여 현 내 시니어 네트의 연계사업을 진척시켜 가고 싶다.

- 시니어 세대가 스스로 가꿔 온 기술과 인생경험을 지역사회에 활용한다.
- 고도정보화가 진행되는 가운데 IT를 활용하여 정보를 제공한다.
- 현 내(県內) 각 지역의 IT활용 그룹과 연계하여 시니어 네트 그룹의 활동 지원과 상호 연계 강화를 꾀한다.

협동사업 시민을 대상으로 IT 강습과 퍼스널 컴퓨터 상담 위탁사업을 하고 있다. 이 실적을 살려 향후 IT를 활용한 시민참여 협동사업을 추진해 가고 싶다.

시니어 정보 지도자 양성사업 시니어 네트 히카리는 시니어 정보생활 어드바이서를 양성하는 강좌 실시 단체로 인정을 받고 있다. 현 내 어드바이서 양성사업을 시니어 네트 야마구치와도 연계하여 행하고 싶다.

평생학습 지원사업 시민참여의 평생학습을 추진하기 위해서 홈페이지를 활용하여 시민에게 평생학습의 기회를 제공하는 사업을 추진하고 싶다.

볼런티어 단체 지원사업 돌격대 취재반이 취재를 해서 각 볼런티어 단체의 활동 상황을 홈페이지에서 공개하고 있다. 앞으로도 평생학습 볼런티어 활동을 행하고 있는 단체의 지원을 적극적으로 하고 싶다.

6) 평생학습 추진에 관한 코디네이터 활동

코디네이터로서 평생학습 추진 활동이 있다. 평생학습에 관심을 가지고 정년퇴직 후의 활동을 하면서 느낀 것은 배움에 따라 활동이 조금씩 넓혀진다는 사실이다. 가케가와시나 가메오카시, 히가시히로시마시 평생학습을 조사하는 동안에 '평생학습마을 만들기'가 앞으로 중요한 테마가 되고 있다는 사실을 알았다.

내 개인의 평생학습활동은 2001년 2월부터 2003년 5월까지 2년간 야마구치현 평생학습추진협의회 위원으로 위촉을 받아 광역의 평생학습진흥에 힘써 왔다.

2003년은 히카리시 평생학습추진 서포터로 위촉을 받아 평생학습 서포터 뱅크 활성화를 추진하고 싶다고 생각하였다. 또한 시민기획 강좌를 적극적으로 추진해 가고 싶은 열망도 있다.

2003년의 히카리시 마을 만들기 간담회 멤버의 위촉도 호평을 받았으므로 협동의 마을 만들기를 목표로 제안을 해 가고 싶다. 그리고 현(県) 영역의 활동으로 지역에서 생애현역추진원으로서 일하고 싶다.

7) 평생학습마을 만들기 포부

평생학습마을 만들기 시민참가 시스템은 아직 미비하다고 할 수 있다. 특히, 앞으로 제2차 베이비 붐 세대가 지역사회에 진출하는 것에 대하여 그들을 받을 준비가 불충분하다고 생각한다. 따라서 생애현역추진원의 활동이나 시니어 네트 간의 연계를 통해 사회참여의 장과 기회 제공을 넓혀 가고 싶다.

야마구치현 현민활동심의위원이나 히카리시 마을 만들기 시민간담회의 제언을 통과시켜 마을 만들기 추진에 적극적으로 참획해 가고 싶다.

시니어 네트 히카리는 중 · 노년층의 사회참여에 대한 구체적인 예라고 할 수 있다. 이 단체에서의 활동을 통해 중 · 노년 사회참여의 장을 제공해 가고 싶다. 또한 활동을 통해서 협동사업을 추진하며, 이번의 협동사업이 금후의 모델 사업이 되도록 실적을 만들어 가고 싶다.

이제부터 기대되는 협동사업을 구체적으로 추진해 가는 것이 행정과 시민단체의 의식개혁으로 연결될 수 있을 것이다. 스스로 활동하면서 느낀 것은 사회 진출을 위한 학습 시스템이 아직 불충분하다는 것이다. 평생학습은 끝(output)을 중시한다고 말하고 있지만, 끝, 즉 학습 성과 활용을 중시하기 위해서는 자주적인 그룹으로서 활동 무대를 만들지 않으면 안 된다. 이제부터 자신의 활동 무대는 자신이 만들 필요가 있다. 이를 위하여 그룹을 만드는 방법이나 운영 방법 등을 프로그램화하는 것이 필요하다.

볼런티어 활동은 시민성 키우기를 바탕으로 중요한 역할을 수행하기도 한다. 그러면서 평생학습 볼런티어는 성장해 간다. 이런 의미로도 조직적 평생학습을 추진해 갈 필요가 있으므로 그 시스템을 만들고 싶다.

제12장
모두가 주역인 평생학습도시 만들기를 위한 제언

1. 21세기 초강대국 전략으로 평생학습 정책 재음미

일본 평생교육의 정책은 시대 변화에 따라 국가 이데올로기 주입장치, 민주시민 사회의 전환장치, 지역과 사회문제를 해결하는 사회자본, 인적자본을 형성하는 역할을 수행해 오고 있다. 그 결과 명치시대의 교육개혁 성과로는 동아시아의 패권을 잡게 되었고, 패전 이후 일련의 교육개혁은 경제대국으로 자리 잡게 하였다. 1980년부터 일관되게 추진하고 있는 평생학습개혁 정책은 교육 정책 차원을 넘어 정부기관의 통합 정책으로 추진되고 있다. 이는 21세기 지식국가의 생존과 번영을 담보한 대개혁 사업이라 할 수 있다.

1980년대 평생학습 정책 변화는 산업사회의 신화가 지식정보사회에 더 이상 통용되지 않는다는 현실인식에서 시작된다. 산업사회형 교육구조의 병리현상이 곪아 터지기 시작한 것도 이때였다. 이 과정에서 유교적 덕목 상실, 가정과 지역사회의 공동체 파괴, 청소년 비행 증가, 행정의 비대화, 학교붕괴현상, 청년실업 증가, 고령사회화 문제, 연금증대, 정보화 · 세계화의 적응, 기업의 경쟁력 강화 등의 다양한 문제군이 동시에 발생하였다.

더 이상 삼두마차식 일본 국가 경영이 어렵게 되자, 지식사회형의 평생학습체제 구축, 시민참획과 협동, 파트너십의 사회 구축, 지방분권형 사회 구축을 부추기는 정책이 급물살을 타며 등장하게 되었다. 이때 새로운 지식사회의 신화를 창조할 일본적 모델 만들기 시나리오가 만들어진다. 학력사회의 병폐를 차단하고, 개성 중시 사회구조로의 전환을 위한 종합적인 사회 정책으로서 평생학습사회 건설이 바로 그것이다.

세계의 흐름을 잘 읽는 나카소네 전 총리는 총리 직속 임시교육심의회를 만들어 평생학습사회 건설 계획을 주문하였다. 그 결과 '평생학습체제로의 이행' 정책이 나오게 된 것이다. 이 정책이 나온 지 20년이 지나고 있지만, 아직도 평생학습사회의 건설 정책은 지속되고 있으며, 일본 전 사회의 통합정책 이념이자 신일본 신화 창조 개념으로 발전하면서 거대 일본을 움직이는 원동력이 되고 있다. 중앙에서 지방으로, 집권에서 분권으로, 서구적 합리성 사회에서 거버넌스 사회로, 평생교육사회에서 평생학습사회로 변화하고 있다. 이처럼 조용하면서 장기적인 로드맵에 의해 추진되고 있는 정책을 여러 나라가 주시하고 있고, 많은 나라가 이를 벤치마킹하고 있다.

전 산업에 평생학습을 도입하면 1차와 2차 산업은 1.5, 2.5산업으로 발전되고, 3차 산업은 3^2산업으로 창조된다. 또한 평생직업능력 향상을 통한 평생고용 가능성과 사회적 결속력, 시민 주체적 참여 도시(마을) 만들기가 가능하게 된다. 이것이 바로 학습사회의 건설이다.

2. 전 사회통합과 종합행정으로서 평생학습 실천

평생교육은 원래 교육제도의 개편과 교육개혁의 대안으로 출발하였다. 이러한 교육개혁이 전 사회 통합과 행정개혁의 기본 이념으로 자리 잡기까지 많은 노력과 실천이 수반된다. 평생교육은 교육기관에서 수행하지만, 평생학습은 모든 행정기관에서 실시가 가능하다. 평생교육은 원래 전 생애의 시간적 차원의 수직적 통합과 가정 · 마을 · 학교 · 직장과 같은 공간적 차원의 수평적 통합의 의미를 가진다. 따라서 모든 행정 영역에서 관련성을 갖고 있는 부문을 종합하여 실천하는 네트워크 행정이 평생학습 행정이다. 이는 행정의 효율성과 효과성을 동시에 올리면서 모든 학습기회의 조건정비를 통합적으로 추진할 수 있는 장점이 있다. 따라서 평생학습이 모든 행정의 상위 이념으로 종합행정으로서 재구조될 필요가 있는 것이다.

21세기 지식창조사회와 지혜사회를 담보하는 평생학습도시(마을) 만들기는 교육, 복지, 문화, 스포츠 등의 네트워크형 평생학습 행정이 요구되고 있다. 서구에서 나온 평생교육 개념을 행정의 기본 이념으로 받아들여 종합행정으로 발전시키고, 시민의 자율적 참여를 유도하여 거버넌스(協治, Governance)를 실현하고 있는 일본의 사례는 좋은 본보기라고 할 수 있다.

전 지구적 공동의 문제와 지역의 과제는 중앙정부나 지방정부, 기업이나 단체의 힘만으로 해결할 수 없는 한계점에 이미 다다랐다. 현재와 같이 급격하게 변화하는 사회에서는 변화를 창조할 개인과 집단의 학습 및 교육이 필요하며, 각 지역과 시민은 가정과 마을의 의무와 책임을 공유할 때다.

유네스코(UNESCO) 제29회 총회의 '현재 세대의 미래 세대에 대한 책임에 관한 선언' (1997)에서는 '미래 세대에 공평하고 지속 가능하며, 보편적 사회경제적 발전의 상태를 보장할 책임이 현재 세대에 있고, 미래 세대의 선택의 자유를 보장해야 한다.' 고 선언하고 있다. 우리 사회도 정치적 민주화가 이루어진 만큼 지역과제 해결을 위한 참여학습과 공동학습의 실현이 가능한 기반정비와 추진이 이루어져야 할 시점이다. 현재 우리나라도 세계적인 문제군과 지역문제를 동시에 통합적으로 해결하지 않으면 안 되는 평생학습마을 만들기 운동에 모두가 불을 지펴야 한다.

그러기 위해서는 우선 교육 관련 행정기구의 통합, 교육행정과 일반 행정의 평생교육 관련 사업의 종합 정비 및 담당 업무의 통합 등이 필요하다.

3. 평생학습마을 만들기는 지방자치단체의 시대적 의무

평생학습마을 만들기는 공동성과 지역성, 자립성을 살리는 특색 있는 마을 만들기로 지역주민의 삶의 조건을 변화시킬 인간 만들기에서 시작된다.

지역 평생학습 만들기에는 다음과 같은 원칙이 있다.

- 평생학습마을 만들기의 출발점은 다양한 계층의 시민참가와 자주적 공무원 학습조직의 형성이다. 이를 위해 공무원의 시민 코디네이터 강사로서의 역할이 요구된다.
- 기본적인 활동은 학습네트워크 형성과 그 활동이다. 지역의 학교와 평생학습관, 그리고 자치센터 등 교육, 복지, 문화시설의 통합관리를 지방자치단체의 시대적 의무로 규정하는 것이 필요하다.
- 현장조사와 실태조사는 기본 전제다.
- 지역 활성화와 결합할 때 현실적이고 지속성이 담보된다.
- 시민과 시민단체, 그리고 각 기관의 협동에 의해 시민적 공공성이 창조된다.

평생학습을 위한 마을 만들기(기반정비)와 평생학습에 의한 마을 만들기(소프트 사업, 인적자원활용)를 입체적으로 추진하면서 전 주민의 참여 기획과 연계한 협동적 마을 만들기의 설정이 성공의 관건이다.

4. 가마학 협동의 평생학습마을 만들기

우리나라도 이미 주 5일 사회가 도래되었다. 주 5일 사회가 되면 주 5일만 일하고 나머지는 여가시간이다. 직장과 일 중심사회에서 지역, 그리고 가족중심 사회로 대전환이 시작된 것이다. 주 2일은 가정과 지역에서 가족과 함께 여가 · 스포츠 활동, 교육과 학습, 그리고 문화활동 등을 하게 된다. 따라서 가정과 마을, 그리고 학교가 협동하여 가정교육과 마을교육을 책임지는 새로운 역할학습과 공동학습이 필요하다.

필자는 가마학(가정 · 마을 · 학교) 협동학습의 필요성을 강조해 왔다. 모든 지역에서 저마다 평생학습운동을 통해 가마학 협동 시스템을 가동하기를 기대한다. 예를 들면, 학교와 지역사회의 연계, 융합, 협동의 단계를 고려하여 시 · 도 교육청과 시청에서는 주 5일 사회추진위원회나 지역교육 활성화위원회 등 지역교육 활성화를 꾀할 수 있는 조직을 만들 수 있다. 또한 단위학교에서는 가마학 협동을 위한 조직을 만들어 수업지원과 방과 후 학교, 그리고 주말학교 등의 협동체제를 만들 수 있다.

학교와 지역을 연계하는 현행 사업은 어느 한쪽이 일방적으로 주도하기 때문에 지속적인 추진이 어렵고 일회성 행사로 끝나는 경향이 있다. 어느 한쪽에 과중한 부담을 안겨 주어도 지속적으로 추진하는 데 한계가 있다. 그러므로 가정과 마을, 그리고 학교가 각각 독자적인 교육기능을 발휘하고 상호 협력하면서 역할을 분담하는 협동이 필요하다. 이를 위해 교육목표를 공유하고 그 성과도 공유하자는 것이다. 가마학 협동 모형은 다음과 같다.

- 지역교육 시설 발신형: 지역 청소년 시설이나 자치센터 등의 평생교육 사업 · 활동과의 협동
- 교육청(시청) 발신형: 지역의 교육력과의 연계, 융합
- 교육자원 통합형: 청소년 체험활동을 지역 기관 · 시설에서 실시
- 시스템 정비형: 기관, 시설, 단체, 지도자 등의 지원체제 구축
- 학교 중핵형: 학교 도서관 개방, 학교중심 커뮤니티 만들기 등

5. 평생학습마을 만들기 볼런티어 양성

볼런티어를 '도우미' 라고 부르기도 하는데, 사실은 도우면서 많은 것을 배운다. 필자는 도우미보다는 '나누미' 라는 용어가 더 잘 어울린다고 생각한다. 나누는 것도 배워야 한다. 볼런티어 활동은 평생학습과 깊은 관계가 있다. 볼런티어 실천 강좌도 볼런티어센터에서만 할 것이 아니라 평생학습 운영에 반드시 볼런티어를 양성하는 강좌를 개설하여 지역을 지원해야 한다. 평생학습센터에 볼런티어센터의 기능은 필수적이다.

우리나라에서도 개개인의 학습 성과를 '직업능력, 볼런티어 활동, 지역사회 발전' 에 활용하도록 통합적 접근을 추진할 필요가 있다. 평생학습센터에서 배운 내용과 성인 각자의 사회적 경험, 학습 성과를 서로 활용함으로써 매력 있는 지역사회가 될 것이다. 지역에서 스스로 활동하면서 주위 사람에게 의욕을 주고, 지역활동에 참가를 호소하는 이른바 지역활동 상담자로서 평생학습 볼런티어를 지역에서 양성해야 한다.

6. 인간 만들기가 마을 만들기의 핵

평생학습은 인간 만들기의 과정이다. 강한 신념과 비전을 갖고 있는 지도자가 있으면 학습도시는 시작된다. 그 다음으로 공무원이 사회적 책임과 열정이 있으면 그 조직은 활성화된다. 모든 공무원은 자기가 하는 일에 전문성을 갖고 있다. 희망하는 공무원에게 그 전문성을 중심으로 지역주민에 서비스하는 지역 출장강사(가칭)제도를 도입하게 되면 그 지역은 저절로 혁신된다. 자신들이 잘 알고 있고 할 수 있는 업무를 강화시키고, 성취감도 갖게 되며, 업무의 달성감도 얻게 된다. 공무원을 교육시키기보다는 그들이 잘하는 업무를 지역에 알릴 수 있도록 기회의 장을 만들어 주면 신바람이 날 것이다. 야시오시의 사례가 일본 전역으로 확대되어 저절로 지역 공무원의 의식개혁과 업무혁신이 이루어지고 있는 점은 시사하는 바가 크다.

지역의 변화를 공무원만으로 관리하고 해결하는 데 한계에 이르렀다. 전 지역의 성원이 학습을 통해 지역공동과제 해결과 지역창조를 위한 활동의 장을 만들어야 한다. 그러기 위해서는 우선 시민대학과 마을 만들기 코디네이터 양성 강좌를 개설하여 평생학습 인간 만들기를 해야 한다. 학교형 교양 강좌 중심에서 가정과 지역과제 해결형 · 창조형 평생교육 강좌로 교육과정을 바꾸고 주민 주체적 운영으로 틀을 바꾸면 사람은 변하게 된다.

지역 성인학습은 청소년 학습과 달리 자기 주도성을 갖고 있는 성인을 주 대상으로 하고 있다. 성인의 평생학습 성과가 가정과 지역에서 반영될 수 있고, 그들의 경험과 지식을 함께 나누면서 지역의 과제를 공동으로 해결하는 학습구조가 필요한 시점이다. 해밀턴의 지역 만들기에서 성인교육의 명제를 음미해 볼 수 있다.

- 높은 수준의 지식과 기술을 갖고 있는 시민단체는 활동 목적을 성공리에 달성할 가능성이 높다.
- 의사결정을 할 때 협력할 수 있는 시민은 변혁을 목표로 한 활동에 강한 책임감과 의욕을 갖고 참가할 수 있다.
- 지역주민이 실제로 안고 있는 요구를 충족시키는 시도는 그렇지 않는 활동에 비해 보다 많은 시민의 협력을 얻는다.
- 지역에 뿌리 내린 활동에 협력하는 전문가 가운데 자신들의 역할을 학습 촉진자로 인식하고 있는 사람은 지역주민이 받아들이기 쉽고 신뢰하기 쉽다.
- 지역 주도로 행하는 지역과제의 해결 방법은 행정의 획일적인 개입보다 좋은 결과를 가져온다.
- 성인 학습이 주민의 중심활동으로 행해짐으로써 참가자 간의 횡적인 관계가 강하고 지역과제의 해결을 향해 효과적으로 활동할 수 있게 된다.
- 통상적으로 형식 교육은 사회변혁을 초래하기보다는 사회현상을 유지하는 방향으로 움직인다. 이에 반해 준형식 교육은 사회변혁, 즉 사회의 현상을 개량하거나 근본적인 전환을 촉진하는 것을 목표로 대응할 수 있다.
- 민주주의의 이념에 의하면 사람들이 자신의 운명을 자기 자신이 결정하도록 한다. 즉, 자기결정의 노력을 하는 것에 의해 자립을 목표로 한 움직임을 만든다.
- 많은 지역사회에서는 재능과 에너지 면에서 보면 많은 형태의 주민이 살고 있다. 그들이 조직화할 때 그들의 능력을 지역사회의 향상을 위해 활용할 수 있을 것이다.
- 사회변혁은 밑으로부터 해야 할 것이다. 왜냐하면 밑으로부터의 방식은 주민이 자신의 생각을 표명할 수 있는 장을 보장하기 때문에 주민

참여의 강한 동기 부여가 되고, 지역사회에 내재된 요구의 파악, 활동 계획의 실시, 지역 만들기를 민주적으로 추진하는 데 도움이 된다.

평생학습을 통해 사람 만들기가 이루어지면, 그 사람들의 학습 성과가 마을 만들기의 자원이 되어 마을이 활성화된다.

에필로그

- 나의 일본 평생교육연구 및 실천의 소고 -

일본 사회교육연구 및 평생교육에 입문한 지 20년이나 흘렀다. 초등학교 교사 8년 만에 단국대학교 김도수 교수의 지도로 일본 평생교육연구를 처음으로 시작하였다. 일본 문부과학성 자료와 서적 등 사전을 찾아가며 어렵게 번역하면서 간신히 석사논문을 썼다.

박사과정에 진학하면서 1989년부터 1991년까지 일본 유학을 하였다. 그때부터 본격적으로 일본 평생교육에 관해 연구를 시작하였다고 생각된다. 많은 관련 자료를 탐독하면서 일본 평생교육연구가 필자의 평생교육사업임을 자각하였다.

유학하던 바로 그때가 일본 평생학습의 원년(평성 원년, 1999년)으로 일본은 학습사회 건설을 위한 하드웨어 정비, 학습정보와 학습상담 시스템의 구축, 지도자 양성 등에 열을 올리고 있었다. 일본에서 첫 6개월은 오사카 외국어 대학교에서 보냈다. 대학은 오사카의 외곽에 있는 신개발 도시인 미노시(箕面市)였다. 주말에는 대학 근처에 있는 미노시 '히가시 평생학습센터' 에서 일본어 볼런티어들에게 일본어 지도를 받았는데, 일본어 공부보다 평생학습사회가 이루어지고 있는 현상을 보고 큰 충격을 받았다.

'히가시 평생학습센터' 는 현재에도 지역거점의 평생학습시설이다. 공민관, 도서관, 학습센터, 강당, 회의실, 공예실, 도예실, 음악실, 요리실, 간이 운동장 등 교육, 문화, 스포츠 등의 복합기능을 하는 종합시설이다. 이러한 학습센터가 각 지역마다 있어 교육 · 문화 · 스포츠만이 아니라 지역 활성화센터나 지역문화 창조센터로서 기능을 하고 있다. 할머니와 아주머니들이 시장 가는 길에 학습센터에 들러 운동도 하고 학습활동과 볼런티어 활동 등을 하고 나서 유유히 자전거를 타고 가던 모습은 지금도 부러움으로 남아 있다.

일본은 왜 평생학습사회의 건설을 위해 그렇게 많은 인력과 시설, 그리고 공적 자본을 투입하는 것일까? 나라교육대학 고토세이야(後藤誠也) 교수의 지도를 받으면서 관련 논문 및 서적을 탐독하고 현장체험을 시작하였다. 일본의 사회교육과 평생교육은 교육과 정치의 중간 영역에 위치하고 있으며, 정부 차원에서 공공성이 확보되어 있었다. 우리나라는 학계에서조차 평생학습이라는 용어 사용이 아직 낯설고 익숙하지 하지 않은 시기였다.

박사논문을 준비하면서 자방자치시대가 도래함에 따라 지역 평생학습운동을 하여야겠다고 다짐한 적도 있었다. 경실련이 처음 생겼을 때 안양시 경실련 집행위원으로 한동안 활동하면서 평생학습도시 운동의 필요성을 역설하고 함께 운동을 하자고 주문하였으나, 이러한 생각은 하나의 이상으로만 받아들여졌다.

1995년, 일본 평생교육정책연구로 박사학위를 받고 군포시, 안양시, 의왕시의 시장과 교육장, 경기도 도지사를 찾아다니면서 평생학습도시와 평생학습 지역 만들기를 제안하며 호소하였다. 그러나 우리나라 현실에서는 제도상 어렵겠다는 이유로 반응이 없었다. 시청과 교육청을 움직일 제도를 마련하는 것이 필요했다. 당시 군포시 최진학 시의원(2006년 현재 경기도 도의원)과 장학사, 교원 몇 사람과 함께 일본 아모오미시, 아키다시, 우츠노미야시를 중심으로 평생교육 시스템 구축의 실태를 파악하기 위한 학습여행을 떠났다. 그 이후 최진학 의원은 평생학습도시 만들기 운동 및 조례제정에 헌신하여 우리나라에서 최초로 군포시에 평생학습추진위원회 조례가 제정되는 데 기여하였다. 필자도 광명시 평생학습센터가 개원할 때 센터의 운영 및 학습도시 만들기에 관한 일본의 사례 및 관련 정보를 제공할 수 있었다.

2001~2004년까지 일본 기후한국교육원장으로 재임하는 동안 일본의 특색 있는 평생학습지역의 조사 및 관계자 면담을 통해 많은 새로운 사실을 알게 되었다. 기회가 되면 새로운 시각에서 이러한 내용을 논문으로 정리해 보고 싶다.

2001년, 일본에 부임하였을 당시는 후소사 역사 교과서 왜곡문제가 일단락되고 한 · 일 월드컵으로 화해의 무드가 조성되었다. 일본인과 재일동포에게 한 · 일 교류의 역사를 알리기 위해 부임 초 6개월간을 준비하였다. 기후민단본부의 후원으로 2개월에 한 번씩 약 2년 6개월간 '기후코리아컬처포럼'을 개최하면서 한 · 일 간의 지혜와 상생의 역사적 교훈 찾기를 하였다. 그 내용은 왕인 박사, 팔만대장경, 왜구, 임진왜란 비사, 조선통신사, 명성황후 시해사건, 1세대의 식민지 체험 사례 등이었다. 일본인과 재일동포들은 모두 놀라워했으며 재일동포에게는 자부심과 긍지를, 일본인에게는 역사적 반성과 지평을 넓히는 계기를 마련했다. 또한 전쟁 없는 아시아, 상호 학습과 지혜의 교류를 통해 21세기 뉴르네상스 시대를 열자는 희망의 메시지도 전했다. 2년 반 동안의 포럼 자료는 『고대로부터 한 · 일교류의 역사』(기후한국교육원, 2004)라는 일본어판으로 출판하여 47개 지역의 민단본부, 19개의 한국교육원, 영사관과 대사관 등에 배포하고 귀국하였다.

지금은 서로 돕고 서로 살리는 상생의 시대다. 양국 국민의 지혜의 교류가 필요한 시점이다. 필자는 그동안 시가현 산토초 루치시민대학, 시가현 교육위원회 사회교육주사협의회, 기후현 가니시 문화센터, 기후현 미노 지역 공민관장협의회, 지바현의 성덕대학, 동경의 상지대학, 기후현 내 다수의 초 · 중 · 고등학교와 몇몇 단체 등에서 태극기를 걸고 태극사상을 이야기하면서 동아시아 상생의 시대를 열자는 강연도 하였다. 또한 일본 내 평생학습이 잘 된 지역은 홋카이도에서 혼슈, 시코쿠, 큐슈, 오키나와까지 찾아가 조사하고 면담하면서 평생학습을 통한 상생의 교류를 제안하였다.

2003년에는 대한민국 제2회 평생학습축제가 대전에서 열렸다. 일본의 평생학습도시 관계자와 시민단체, 그리고 교수 등 약 100여 명이 참석하였다. 학자들의 교류도 중요하지만 양국의 지역공무원 및 시민단체 간의 학습 교류가 지역 활성화로 이어진다고 믿었기에 어려움 속에서도 추진하였다. 우리나라 평생교육센터 · 한국평생교육총연합회 · 평생교육학회 관계자와 아주대학교 최운실 교수, 대전대학교 이창기 교수, 공주대학교 양병찬 교수, 전북대학교 권인탁 교수 등의 지원 및 협력으로 한 · 일 국제포럼과 세미나가 열리게 되었다. 2004년의 제3회 제주 평생학습축제와 2005년 제4회 광명 평생학습축제에서도 관계 기관의 지원으로 한 · 일 평생학습 세미나 및 포럼이 이어졌다. 일본 평생학습축제에도 2001년부터 매년 적극적으로 참여하고 있다. 2003년 오키나와축제 때는 대전 지역 평생교육연합회와 같이 한 · 일 교류행사를 가졌고, 2004년 에히메 평생학습축제 때에는 니이하마시(新居浜市)와 전일본평생학습마을만들기협회 관계자 등과의 협력으로 한 · 일 풀뿌리 시민문화포럼이 열리게 되었다. 그때 아주대학교 최운실 교수, 김철 국장, 전북 가천초등학교 서기봉 교장, 필자 등의 발표도 있었고, 교류 행사도 있었다. 양국의 평생학습축제 때 상호 방문과 편의 제공, 국제 세미나 등의 행사가 정부 차원에서 이루어지길 기대해 본다.

프랑스혁명기의 콩도르세의 공교육 계획(1792년)에 직업교육과 성인교육을 포함한 일종의 평생교육을 사회의 의무라고 주장하며, '전 생애를 통해 누구라도 지식을 확보하고, 새로운 지식을 습득하지 않으면 안 된다.' 등의 공교육론을 전개하였다. 영국에서도 자본주의 성립과정에서 나타난 혼란을 노동조합과 대학을 연결하여 '노동자에게 대학을' 이라는 성인교육운동이 19세기 후반부터 일어났다. 일본 또한 명치유신(1868년) 이후 교육개혁에서 학교교육 개혁만이 아니라 사회교육(성인교육) 개혁도 지속적으로 추진하였다. 제3차 교육개혁이라 할 평생교육 개혁은 복지국가 이후의 사회개혁으로 21세기 세계를 리드할 일본적 모델을 창조한다는 야심찬 장기계획 아래 기업, 정치, 행정이 혼연일체가 되어 추진하고 있다.

누구나 학습하는 권리가 보장되며, 개개인의 학습 성과가 정당하게 인정되고 평가되는 사회가 평생학습사회다. 우리나라도 미래 세대를 생각하면서 학교교육과 성인교육, 그리고 지역교육, 문화 · 스포츠를 통합한 평생학습사회 만들기를 추진해야 할 것이다. 이 일은 그동안 관심을 갖고 열심히 연구하고 실천하고 있는 사람들만이 아니라 온 국민의 몫이자 책임이다.

참고문헌

김도수, 김득영(1988). 일본평생학습체계화 연구. 1996년도 교육부 해외지역연구.

김득영(1995). 일본 평생교육정책의 변천에 관한 연구. 단국대 대학원 박사학위 논문.

김득영(2001), 일본의 평생학습도시, **평생교육소식**, 16-19. 서울: 한국교육개발원 평생교육센터.

김득영(2002). 일본의 공민관. **평생교육소식**. 서울: 한국교육개발원 평생교육센터.

김득영(2002). 일본의 학교개방, **평생교육센터 인터넷 용어사전**.

김득영(2003). 일본 농촌지역 평생학습도시 사업의 전개. 2003년도 한국평생교육연합회 연차대회 발표, 한국평생교육총연합회.

김득영(2003). 일본의 학교와 지역사회의 연계정책동향과 사례. 2003년도 경기도평생교육연합회 국제세미나 발표자료.

김득영(2003). 지방분권 시대에 있어서 한일 양국의 평생학습마을 만들기 과제와 전망 토론. 한국교육개발원. 지역혁신을 위한 평생학습도시 조성사업의 동향과 과제, 한 · 일평생학습국제세미나.

김득영 역(2003). 후쿠도메 쓰요시 저. **평생학습마을만들기론**. 대전지역평생학습정보센터.

김득영(2004). 일본 농촌사회 평생학습도시 사업의 전개. 2004년도 한국평생교육 총연합회 춘계 연차대회, pp. 17-60.

김득영(2004). 일본의 대학개방의 현상과 과제에 대한 토론-가가와 마사히로, 일본 대학개방의 현상과 과제. 한국평생교육총연합회, 2004년도 한일평생학습세미나: 학습사회를 위한 실천전략, 라마다프라자 제주호텔, 2004. 9.21.

김득영(2004). 지역행정 경쟁력 확보를 위한 평생학습마을 만들기 추진. 좋은 인간관계(2권 2호).

김득영(2004). 지역행정 경쟁력, 교육으로 푼다-한일비교-. 한국지역사회교육협의회 제22차 지역사회교육포럼.

김득영(2005). 일본 국제경쟁력 확보 목표로 대학개혁. 학교법인 동명문화학원 가족지 동명포럼. 기획특집 세계 대학들의 최근동향, 제28호(가을호). 동명정보대학교.

김득영(2005). 일본의 학습도시, 한국평생교육총연합회, 지역평생교육활성화의 비전과 전망(2005 전국평생교육포럼, 용인시 평생교육센터.

김득영, 박현정 역(2004). 아동 · 청소년의 사회화. 서울: 한국청소년개발원. 연구보고04R27

남상영, 사사가와 고이치 역(2003). 후쿠자와 유키치. 학문의 권장. 서울: 화원.

양병찬(2002). 평생학습마을도시만들기. 서울: 한국교육개발원평생교육센터.

이희수 외(2001). 지역단위평생교육체제 구축방안연구. 한국교육개발원.

이희수 외(2002). 주 5일제 근무제 대비 학교시설을 이용한 평생교육 활성화 방안. 서울: 한국교육개발원평생교육센터.

이희수 외(2002). 지역평생학습사회의 실현 방안연구. 한국교육개발원.

이희수 외(2002). 평생학습시범 사업의 평가 및 모델 도시 구축 · 운영 방안연구. 한국교육개발원.

한국평생교육 총연합회(2005). 전국평생교육포럼(용인시 평생학습센터 개소식 기념).

Hamilton, E. (1992). *Adult Education for Community Development*. Greenwood Press.

Mezirow, J. D. (1961). Community Development as a Process. *In Community Development*. No. 4. Washington, D.C.: National Training Laboratories.

Roberts, H. (1979). *Community Development Learning and Action*.

Toronnto:university of Toronto Press.

오쓰키 히로키(大槻宏樹) (1981). 자기교육의 계보와 구조. 동경: 와세다대학출판부
미야하라 세이치(宮原誠一) (1990). 사회교육론. 동경: 국토사.
시마다 슈이치 · 후지오카 사다히코(島田修一 · 藤岡貞彦)(1989). 사회교육개론. 동경: 青木書店.
다나카 마사부미(田中雅文) 외 역, E. 해밀턴 (2003). 성인교육이 사회를 변화시킨다. 동경: 옥천대학출판부.

岡本包治, 池田秀夫 編 (1989). 生涯学習まちづくり. 東京: 第一法規.
岡本包治 監修 (1991). 生涯学習まちづくり推進委員の手引き. 東京: 日常出版.
岡本包治 編 (1989). 生涯学習のまちづくりノウハウ. 東京: ぎょうせい.
岡本包治 編 (1990). 文化とふれあいのまち. 東京: ぎょうせい.
岡本包治 編 (1992). まちづくり文化 · 芸術の振興. 東京: ぎょうせい.
過疎を逆手にとる会 (1987). まちが輝く～逆手流まちづくり作法. 東京: 第一法規.
掛川市 (2001). 36景 · 掛川市という名のテーマパーク. 掛川市.
橋本徹 (1991). 地域を創る知恵~まちを活性化させる意識と構造一. 東京: 学陽書房.
久世公尭 (1982). 地域づくりの道標 · 続 · 地方自治の知恵. 東京: ぎょうせい.
国立教育政策研究所社会教育実践研究センター(2002). 地域における通学閤宿活動の実態に関する調査研究. 東京: 国立教育政策研究所社会教育実践研究センター.
国立教育政策研究所社会教育実践研究センター(2002). 青少年の体験活動ボランティア 活動. 東京: 国立教育政策研究所社会教育実践研究センター.
国立教育会館社会教育研修所 (1997). 生涯学習宣言市町村事例集.
菊地榮治 (2001). 福祉教育 · ボランティア学習の構造と實践に關する總合研究. 國立教育政策研究所.
宮本憲一 (1995). 地方自治と働きがいのある仕事のための協同. 非營利協同の時代 · 研究年報 ①. 東京: アンドシー出版.
今西幸蔵 (2001). 21世紀の宝生涯学習～市民社会へのパスポート.
今野雅裕 (2002). 学校と地域のネットワーク. 東京: ぎょうせい.

金子郁容 (1992). ボランティア~もうひとつの 情報社会. 東京: 岩波新書.
金ヶ崎教育委員会 (1989). 生涯学習による'まちづくり'と'人づくり'. 金ヶ崎教育委員会.
吉田英知 (1999). 自立する地域~自助・互助・公助のまちづくり. 東京: PHP研究所.
南里悦史 (1992). 自治體の生涯學習計劃の都市開發と地域形成の課題について, 日本社會教育學會 編, 生涯學習體系化と社會教育. 東京: 東洋館出版社.
大谷毅 (1986). リゾートビジネス. 東京: 日本経済新聞社.
大藏省印刷局 (1988). 教育改革に關する答申(II).
大藏省印刷局 (1988). 教育改革に關する答申 II.
渡辺博史 (2000). コミュニティ形成と学習活動. 東京: 学文社.
島田修一, 藤岡貞彦 (1989). 社会教育概論. 東京: 青木書店.
東北産業活性化センター 編 (2000). コミュニティビジネスの実浅~NPOによる地域密着型事業の展開~. 東京地研.
藤波彰 (2001). わたしの生涯樂習. 東京: ビジネス教育出版社.
鈴木真理, 佐々木英和 編 (2003). 社会教育と学校. 東京: 学文社.
望月照彦 (1989). 地域産業創世記~まち創造のパースペクティブ. 東京: ぎょうせい.
毎日新聞地方部編 (1981). アイデア地方自治.
文部科学省, 平成16年度国土施策創発調査事業 '合併市町村における. 'テーマの豊かなまちづくり'の展開方策検討調査'ー地域の自立とまちづくりを担う人材育成に関する調査ー(2005)ー文部科学省委託事業ー株式会社ドゥリサーチ研究所.
文部科学省生涯学習政策局社会教育課 (2001). 平成12年度生涯学習分野のＮＰＯの連携によるまちづくり支援事業実施事例集.
文部科学省生涯学習政策局社会教育課 (2002). 平成13年度生涯学習分野のＮＰＯの連携によるまちづくり支援事業実施事例集.
梶原拓 (1989). 地域活性化大学. 東京: 実業之日本社.
飯尾紀彦 (1991). 地域イベントとまち開発. 東京: 北土社.
白石克己, 広瀬隆人 編 (2001). 生涯学習を拓く. 東京:ぎょうせい.
白石克己, 佐藤晴雄, 田中雅文 編 (2001). 学校と地域でつくる学びの未来. 東京: ぎょうせい.
福留强 (1987). グループ活動と青少年. ~健全育成のための計画と運営~. 東京: 学

文社.
福留强 (1999). 魅力のまちづくり～生涯学習でまちを変える. 東京: 財団法人・全日本社会教育連合会.
福留强 (2001). いまこそ市民改革を. 東京: 文芸社.
福留强 編 (1991). 生涯学習ナウ. 創造のまち104の試み 東京: 第一法規.
福留强 編 (1998). 生涯学習都市・亀岡はいま. 東京: 教育新聞社.
福留强 編 (2001). まちづくりボランティア. 東京: Book House Japan.
福留强 編 (2002). 子どもの心を育てる. 東京: 日常出版.
山崎丈夫 (2000). まちづくり政策論入門. 東京: 自治体研究社.
山崎充 (1991). 豊かな地方づくりを目指して. 中公新書.
山本恒夫, 福留 强 編 (1989). 生涯学習コミュニティ. 東京: 第一法規.
山本恒夫 編著 (1989). 生涯学習ハンドブック. 東京: 第一法規.
三井不動産SQ研究所 (1994). まちづくりの知恵と作法. 東京: 日本経済研究所.
上彬孝實, 岸本幸次郎 編 (1988). 생애학습시대의 지도자상(生涯学習時代の指導者像). 東京: 亜紀書房.
上彬孝實, 全平泰志 編(1999). 생애학습과 계획(生涯学習と計劃). 京都: 松籟社.
生涯学習審議会 (1999). 生活体験・自然体験が日本の子どもの心をはぐくむ. (答申).
生涯学習と地域づくり研究会 (1999). 生涯学習による地域づくり一全国の自治体の動向-(文部省委託事業).
生涯学遊研究会 編 (1989). 生涯学遊ネットワーク. 東京: 日常出版.
西川芳昭他 編 (2001). 市民参加のまちづくり. 東京: 創成社.
笹井宏益 編 (2000). 高等教育機関相互の学習支援ネットワークの形成過程とその制度化に関する総合的研究. 文部省科学研究費造成金 基盤研究. 国立教育研究所.
小谷直道 (1999). 市民活動時代のボランティア. 東京: 中央法規.
小宮山博仁 立田慶裕 編 (2004). 인생의 변화하는 평생학습의 힘. 東京: 신평론.
小島和人他 編 (1998). 表現する市民たち～地域からの映像発信. 東京: 日本放送出版協会.
小坂善治郎 (1991). イベント戦略の実際. 東京: 日本経済新聞社.
松下圭一 (1999). 自治体は変わるか. 東京: 岩波新書.
松沢利行 (2001). 出前講座でまちが変わる. 東京: 全日本社会教育連合会.
岸裕司 (1999). 学校を基地にお父さんのまちづくり. 東京: 学文社.
額賀信 (2001). 過疎列島の孤独 東京: 時事通信社.

若松進一 (2000). 昇る夕日でまちづくり. 東京: アトラス出版.
延藤安弘 (1990). まちづくり読本. 東京: 晶文社.
宇都宮県鹿沼市教育委員会 編 (2000). 学校をつくる地域をつくる. 東京: 草土文化.
日本生涯教育学会 (1990). 生涯学習事典. 東京: 第一法規.
日本社會教育学会 編 (1992). 生涯学習体系化と社會教育. 東京: 東洋館出版社.
日本社會教育学会 編 (1997). ボランティア・ネットワーキング. 東京: 東洋館出版社.
日本生涯教育学会 編 (1997). 生涯学習の施策と環境の總點検(제18호). 日本生涯教育學會.
日置雅晴他 (2000). 市民のためのまちづくリガイド. 東京: 学芸出版社.
浅野恭平 (1993). いなかの挑戦. 東京: 実務教育出版.
財・明日の日本を創る協会 (1990). 明日のまち みんなのまち〜ふるさと創り運動の記録.
財・地域活性化センター 監修 (1996). 地域づくり読本〜理論と実践. 東京: ぎょうせい.
財・地域活性化センター 編 (1993). 地域づくリハンドブック. 東京: 自治大臣官房企画室.
田村明 (1987). まちづくりの発想. 東京: 岩波新書.
田村明 (1990). まちづくりの実践. 東京: 岩波新書.
田村明, 森啓 編 (1983). 文化行政とまちづくり. 東京: 時事通信社.
全国生涯学習市町村協議会 (2000). 生涯学習市町村フォーラム.
全国生涯学習市町村協議会 (2003). 生涯学習推進のための地域政策調査研究報告書.
全国生涯学習まちづくり研究会 編 (1998). 地域アニメーター〜地域の活性化とまちづくりのために. 東京: 全日本社会教育連合会.
井上繁 (1989). 地域づくり診断. 東京: 同友館.
佐藤一子 (2002). 子どもが育つ地域社会. 東京: 東京大学出版会.
佐藤一子 編 (2001). NPOと参画型社会の学び〜２１世紀型の社会教育. 東京: エイデル研究所.
酒田哲 (1991). 地方都市・21世紀への構想. 東京: 日本放送出版協会.
中央教育審議会 (2003). 新しい時代にふさわしい教育基本法と教育振興基本計劃の在り方について. 文部科学省.

亀地宏 (1991). まちづくり紀行. 東京: ぎょうせい.
進藤宗幸 (1994). 市民のための自治体学入門. 東京: ちくまライブラリー.
青垣町生涯学習推進会議 編 (1990). まちづくり生涯学習への発展. 東京: 第一法規.
總務庁行政監察局 編 (1996). 평생 언제나 자유롭게 배울 수 있는 사회를 목표로. 東京: 大藏省印刷局.
総合研究開発機構 (1981). 日本の生涯教育. 東京: 総合研究開発機構(NIRA).
榛村純一共 編 (2001). 社会を変える教育・未来を創る教育. 東京: 清文社.
内沢昭治 (1989). 生涯学習に生命を燃やす. 東京: ぎょうせい.
萩原茂裕 (1991). お互いの力でまちづく. 東京: 日本広報協会.
太田和紀 (1990). 自治体組織の活性化. 東京: ダイヤモンド社.
特定非営利活動法人・全国生涯学習まちづくり協会 編 (2001). まちづくりボランティア. 東京: ブックハウスジャパン.
八田節也 (2001). まちづくり革命. 東京: 同友社.
平松守彦 (1990). 地方からの発想. 東京: 岩波新書.
平松守彦長 (1982). 一村一品のすすめ. 東京: ぎょうせい.
奥田道大 (1993). 都市型社会のコミュニテイ. 東京: 勁草書房.
香川正弘 編 (1992). 生涯学習概論. 東京: 東洋館出版社.
後房雄(1996). ワーカーズーコープ, NPO. 社會的協同組合一 市民社會主導の自由主義的改革のために. NPOと新しい協同組合・研究年報 ②. 東京: アンドシー出版.
真壁静夫 編 (1995). 韮崎の生涯学習 心の3・3方式. 東京: 第一法規.

あしたの日本創る協会 編 (1987). わが町の国際交流. 東京: あしたの日本創る協会.
エココミュニケーションセンター 編 (1999). 市民のイニシアティブ～志木市民がつくった環境プラン. 東京: つげ書房新社.
ラインハルト・グレーベ 著. 中村静夫訳(1984). みんなでまちを造った. 集文社.
NPOとまちづくり研究会編 (1997). NPOとまちづくり～まちを支える市民事業体. 東京: 風土社.

http://academy.meiji.jp/ccs/index.html
http://ja.wikipedia.org/wiki/NPO

http://popo.or.jp/vgakkai/shin8.html(일본 볼런티어 학회)
http://www.alc.co.jp/clubalc/vj/what/history01_01.html
http://www.ashita.or.jp 재단법인 '내일의 일본을 창조하는 협회'
http://www.city.kanuma.tochigi.jp 가누마시의 학사융합 사이트
http://www.city.kanuma.tochigi.jp/kyouiku/volunteer/volunteer.htm)
http://www.consortium.or.jp/
http://www.hosei.ac.jp/career/career/characteristic.html
http://www.hosei.ac.jp/career/career/characteristic.html
http://www.hyogo-c.ed.jp/~gimu-bo/tryyaru.htm
http://www.ic-net.or.jp/home/ieseinen/vora/(야마가타 영볼런티어)
http://www.jca.apc.org/janic
http://www.kantei.go.jp/jp/singi/tiikisaisei/dai3/3gijisidai.html
http://www.mext.go.jp/a_menu/shougai/chiiki/shien/05061001.htm 2005년도 일본 문부과학성의 지역 만들기 진흥 사업의 개요
http://www.mext.go.jp/b_menu/houdou/16/08/04081301.htm 문부과학성 지역 만들기 지원실
http://www.mext.go.jp/b_menu/toukei/002/002b/mokuji16.html) 문부과학성, 『문부과학통계요람』, 2003~2005년도
http://www.mhlw.go.jp/ topics/seido/anteikyoku/kyouiku/index.htm
http://www.npo-homepage.go.jp/(내각부 국민생활국 NPO홈페이지)
http://www.pref.aomori.jp/manabi/02jigyou/taiken-forum/15-taiken-tanaka.pdf (아오모리현 교육청 평생학습과 교육지도그룹, 청소년의 볼런티어 학습에 기대)
http://www.town.shonai.fukuoka.jp
http://www.tuchidousyo.hiroshima.schoolnet.gr.jp/)
http://www.tv-naruto.ne.jp/mitunaruto/gikai/shisatsu_narashino.html
http://www.ufji.co.jp/entre/jirei/kinki/2-4_kinki/2461hyogo.pdf
http://www.wls.co.jp/company.html
http://www.wls.co.jp/company.html
http://www3.shakyo.or.jp (일본사회복지협의회)

찾아보기

인명

| 내 용

〈사례 부분 집필자(가나다순)〉

- **가노우치 미치코**(叶内路子) 신주쿠 NPO법인 커뮤니케이션 · 스퀘어21 이사장
- **나가타 노부오**(永田伸夫) 시키 이로하 시민대학 운영위원장
- **다나카 히로코**(田中弘子) 히로사키시 중앙공민관 관장
- **다메마사 히사오**(爲政久雄) 히로시마시 공민관 직원
- **마루야마 에이코**(丸山英子) NPO 평생학습 가니 사무국장
- **마츠자와 도시유키**(松澤利行) 야시오시 기획부 이사
- **미즈노 준노스케**(水野準之助) 마타케초 볼런티어
- **사토 리에**(佐藤理惠) 카메오카시 KITY 회장
- **쇼지 이사무**(庄司勳) 기요미카타 시민대학 학장
- **아다치 미호**(足立美穗) 키타카타초 촉탁직 공무원
- **아즈마 마사유키**(東正行) 코튼볼 은행 대표
- **에리구치 미치루**(江里口 充) 마을 만들기 코디네이터
- **오케다 겐**(桶田潔) 동경도 미즈호초 사회교육 주사
- **오쿠보 구니코**(大久保邦子) 사회교육시설 볼런티어 전국교류회 사무국장
- **오하타 노부유키**(大畑伸幸) 마스다시 교육위원회 지역교육 코디네이터
- **우치다 하루요**(內田晴代) 기후시 어린이 거처 만들기 코디네이터
- **이케다 에미코**(池田惠美子) NPO 미나미보소 문화재 · 전적보존활용 포럼 이사
- **쓰보이슈**(坪井修) 마이바라시 시장 비서
- **쿠도 히데오**(工藤日出夫) 기타모토 시 의원
- **타카이 타다시**(高井正) 아다치구 교육위원회 사회교육주사
- **하나다 노리코**(花田 紀子) 전 마에쓰에무라 교육장
- **후지나미 아키라**(藤波彰) 전 야시오시 시장
- **후지이 요시타카**(藤井義孝) 시라카와초 낙습관 관장
- **후쿠모리 히로마사**(福森宏昌) 시니어 네트 히카리 대표

김득영(金得永)

광주교육대학교 졸업
단국대학교 대학원(석사, 박사)
일본 나라교육대학교 대학원 수료
일본 기후한국교육원장,
교육인적자원부 한일역사공동연구위원회 연구실장 역임
현재　안양시 관양초등학교 교감
　　　교육인적자원부 정책자문위원
　　　한국 학교평생교육연구회 회장
　　　경기도 평생교육연합회 공동대표
　　　한국평생교육연합회 이사
　　　아주대학교 교육대학원 강사

〈저 · 역서〉
평생학습마을 만들기론(역),
선진국의 학교교육, 한계 없는 학습, 아동과 청소년의 사회력(공역)
古代からの韓日交流の歴史(편), 韓國の平生教育とまちづくりの 推進(공저)
〈논문〉
일본 사회교육제도에 관한 연구(석사)
일본 평생교육정책변천에 관한 연구(박사)
일본의 학습도시, 일본 평생교육체계화에 관한 연구
군포시 평생학습 추진체제의 구축 과정 외 다수

e-mail: kdy8021@hanmail.net

일본 평생학습도시 프런티어

- 평생학습이 국가를 바꾼다 -

2006년 9월 1일 1판 1쇄 인쇄
2006년 9월 5일 1판 1쇄 발행

편저자 • 김득영
펴낸이 • 김진환
펴낸곳 • 학지사
121-837 서울시 마포구 서교동 352-29 마인드월드빌딩 5층
대표전화 • 02-326-1500 팩스 • 02-324-2345
등록 • 1992년 2월 19일 제2-1329호
홈페이지 www.hakjisa.co.kr

ISBN 89-5891-364-9 93370
가격 15,000원